Möglichkeiten und Grenzen von Einziehung und Verfall bei unternehmensbezogenen Straftaten

Europäische Hochschulschriften

European University Studies

Publications Universitaires Européennes

Reihe II **Rechtswissenschaft**

Series II Law

Série II Droit

Band/Volume **5966**

Stefan Reißig

Möglichkeiten und Grenzen von Einziehung und Verfall bei unternehmensbezogenen Straftaten

PL ACADEMIC RESEARCH

Bibliografische Information der Deutschen Nationalbibliothek
Die Deutsche Nationalbibliothek verzeichnet diese Publikation in der Deutschen Nationalbibliografie; detaillierte bibliografische Daten sind im Internet über http://dnb.d-nb.de abrufbar.

Zugl.: Halle-Wittenberg, Univ., Diss., 2017

3
ISSN 0531-7312
ISBN 978-3-631-73737-8 (Print)
E-ISBN 978-3-631-73734-7 (E-PDF)
E-ISBN 978-3-631-73735-4 (EPUB)
E-ISBN 978-3-631-73736-1 (MOBI)
DOI 10.3726/b12247

PL Academic Research ist ein Imprint der Peter Lang GmbH.
Peter Lang – Frankfurt am Main · Bern · Bruxelles · New York · Oxford · Warszawa · Wien

Diese Publikation wurde begutachtet.

www.peterlang.com

Vorwort

Die vorliegende Abhandlung wurde im Sommersemester 2016 von der Juristischen und Wirtschaftswissenschaftlichen Fakultät der Martin-Luther-Universität Halle-Wittenberg als Dissertation angenommen. Für die Veröffentlichung konnten Rechtsprechung und Literatur bis Ende Mai 2016 berücksichtigt werden.

Mein ganz besonderer Dank gilt meinem Doktorvater Herrn Prof. Dr. Christian Schröder. Er hat mir bei der Themenauswahl geholfen, mich bei der Erstellung der Arbeit begleitet und die Förderung des Vorhabens im Rahmen des Graduiertenförderungsgesetzes des Landes Sachsen-Anhalt erst ermöglicht. Herrn Prof. Dr. Hans Lilie danke ich für die zügige Erstellung des Zweitgutachtens.

Ganz herzlich bedanken möchte ich mich bei meiner Ehefrau Franziska Reißig für ihre große Anteilnahme und fortwährende Unterstützung in den vergangenen Jahren.

Mein besonderer Dank gilt meinen Eltern, Beate und Bodo Reißig, welche durch ihre unentwegte Unterstützung auf meinem bisherigen Lebensweg die Grundlage für die Erstellung dieser Abhandlung gelegt haben. Ihnen ist diese Arbeit gewidmet.

Inhalt

Literaturverzeichnis

Achenbach, Hans/Ransiek, Andreas (Hrsg.), Handbuch Wirtschaftsstrafrecht, 3. Auflage, Heidelberg 2012

Albrecht, Hans-Jörg, Generalprävention, in: *Kaiser, Günther/Kerner, Hans-Jürgen/Sack, Fritz/Schellhoss, Hartmut (Hrsg.)*, Kleines Kriminologisches Wörterbuch, 3. Auflage, Heidelberg 1993, S. 157

Albrecht, Peter-Alexis, Kriminologie, Eine Grundlegung zum Strafrecht 4. Auflage, München 2010

Altenhain, Karsten, Das Anschlußdelikt, Grund, Grenzen und Schutz des staatlichen Strafanspruchs und Verfallrechts nach einer individualistischen Strafrechtsauffassung, Tübingen 2002

Baumann, Jürgen/Brauneck, Anne-Eva/Hanack, Ernst-Walter/Kaufmann, Arthur/Klug, Ulrich/Lampe, Ernst-Joachim/Lenckner, Theodor/Maihofer, Werner/Noll, Peter/Roxin, Claus/Schmitt, Rudolf/Schultz, Hans/Stratenwerth, Günter/Stree, Walter, Alternativ-Entwurf eines Strafgesetzbuches, Allgemeiner Teil, 2. Auflage, Tübingen 1969

Baurmann, Michael, Vorüberlegungen zu einer empirischen Theorie der positiven Generalprävention, GA 1994, S. 368

Becker, Gary-Stanley, Der ökonomische Ansatz zur Erklärung menschlichen Verhaltens, dt. Übersetzung, 2. Auflage, Tübingen 1991

Becker, Gary-Stanley, Crime and Punishment: An Economic Approach, Journal of Political Economy 1968, S. 169

Becker, Gary-Stanley/Stigler, Goerge-Joseph, Law Enforcement, Malfeasance, and Compensation of Enforcers, The Journal of Legal Studies 1974, S. 1

Beling, Ernst, Grundzüge des Strafrechts, 8. und 9. Auflage, Tübingen 1925

Bender, Peter, Fragen der Wertersatzeinziehung, NJW 1969, S. 1056

Benson, Michael L./Simpson, Sally S., White-Collar Crime, An Opportunity Perspective, New York 2009

Berg, Johannes, Beweiserleichterungen bei der Gewinnabschöpfung, Köln 2001

Best, Dominik, Anmerkung zu BGH 1 StR 115/02, JR 2003, S. 335

Binding, Karl, Grundriss des Deutschen Strafrechts, Allgemeiner Teil, 7. Auflage, Leipzig 1907

Blau, Günter, Findet § 2 a Abs. 4 StGB auf die Abführung des Mehrlöses (§ 49 WiStG) Anwendung?, NJW 1953, S. 332

Bock, Michael, Prävention und Empirie – Über das Verhältnis von Strafzwecken und Erfahrungswissen, JuS 1994, S. 89

Bock, Michael, Kriminologie, Für Studium und Praxis, 3. Auflage, München 2007

Bock, Michael (Hrsg.), Göppinger, Hans (Begr.), Kriminologie, 6. Auflage, München 2008

Boers, Klaus, Wirtschaftskriminologie, Vom Versuch, mit einem blinden Fleck umzugehen, MschKrim 2001, S. 334

Brenner, Karl, Gewinnverfall, eine vernachlässigte Strafvorschrift, DRiZ 1977, S. 203

Brenner, Karl, Das Bruttoprinzip gilt für den Einzeltäter und für Unternehmen, nicht nur für den unschuldigen Täter oder Dritten, NStZ 2004, S. 256

Von Buri, Maximilian, Die Natur der Vermögensstrafen, GS 30, S. 241

Busse, Andreas, Strafprobleme im Steuerstrafrecht, NJW 1959, S. 1210

Bussmann, Kai-Detlef, Causes of Economic Crime and the Impact of Values: Business Ethics as a Crime Prevention Measure, abrufbar unter: http://bussmann2.jura.uni-halle.de/econcrime/Bussmann2003-Causes_of_EconCrime.pdf, 2003, Stand: 10.12.2014

Bussmann, Kai-Detlef, Business Ethics und Wirtschaftsstrafrecht, Zu einer Kriminologie des Managements, MschKrim 2003, S. 89

Bussmann, Kai-Detlef/England, Peter/Hienzsch, André, Risikofaktor Wirtschaft? Forschungsergebnisse zur Bereicherungs- und Wirtschaftskriminalität, MschKrim 2004, S. 244

Bussmann, Kai-Detlef/Salvenmoser, Steffen, Internationale Studie zur Wirtschaftskriminalität, NStZ 2006, S. 203

Bussmann, Kai-Detlef, Nationales Recht und Anti-Fraud Management – US-amerikanische und deutsche Unternehmen im Vergleich, in: *Löhr, Albert/Burkatzki, Eckhard (Hrsg.),* Wirtschaftskriminalität und Ethik, München und Mering 2008, S. 111

Büttner, Manfred, Die Berücksichtigung einer Steuerbelastung von Taterlösen im Verfallsverfahren, wistra 2007, S. 47

Chapman, John/Pennock, Ronald (Hrsg.), Criminal Justice: Nomos XXVII, New York 1985

Claus, Susanne, Gewinnabschöpfung und Steuer, Dogmatik, Praxis, Reform, Baden-Baden 2010

Coleman, James William, Toward an Integrated Theory of White-Collar Crime, AJS 1987, S. 406

Cooter, Robert/Ulen, Thomas, Law & Economics, 4. Ausgabe, Boston, San Francisco und New York 2004

Creifelds, Carl, Die strafrechtliche Einziehung gegen den „Dritteigentümer", JR 1955, S. 403

Dalcke, Alber/Fuhrmann, Ernst/Schäfer, Karl, Strafrecht und Strafverfahren, 37. Auflage, Berlin 1961

Dannecker, Gerhard, Bruttoprinzip und Härteklausel bei Verfallsanordnung – Wert des Erlangten bei Handelskette, NStZ 2006, S. 683

Dauner-Lieb, Barbara/Langen, Werner (Hrsg.), Nomos Kommentar BGB, Schuldrecht, Band 2/2: §§ 611–853, 2. Auflage, Baden – Baden 2012

Dessecker, Axel, Gewinnabschöpfung im Strafrecht und in der Strafrechtspraxis, Freiburg 1992

Dietrichs, Gerhard, Die strafrechtliche Einziehung und die Eigentumsgarantie des Grundgesetzes, Hamburg 1964

Dölling, Dieter, Generalprävention durch Strafrecht: Realität oder Illusion?, ZStW 102, S. 1

Drathjer, Johann, Die Abschöpfung rechtswidrig erlangter Vorteile im Ordnungswidrigkeitenrecht, Berlin 1997

Dreher, Eduard/Tröndle, Herbert, Strafgesetzbuch mit Nebengesetzen und Verordnungen, 45. Auflage, München 1991

Drope, Katharina, Strafprozessuale Probleme bei der Einführung einer Verbandsstrafe, Berlin 2002

Eberbach, Wolfram, Anmerkung zu BGH 5 StR 275/85, NStZ 1985, S. 556

Ebermayer, Ludwig/Lobe, Adolf/Rosenberg, Werner, Das Reichs-Strafgesetzbuch, mit besonderer Berücksichtigung der Rechtsprechung des Reichsgerichts, 2. Auflage, Berlin und Leipzig 1922

Ebisch, Hellmuth, Wirtschaftsstrafgesetz, Berlin/Frankfurt a.M. 1959

Ehrlich, Isaac, Participation in Illigetime Activities: A Theoretical and Empirical Investigation, Journal of Political Economy, 1973, S. 521

Ehrlich, Isaac, The Deterrent Effect of Capital Punishment: A Question of Life and Death, AER 1975, S. 397

Eisenberg, Ulrich, Kriminologie, 6. Auflage, München 2005

Erbs, Georg/Kohlhaas, Max, Strafrechtliche Nebengesetze, 4. Band, München Stand 197. Ergänzungslieferung Februar 2014

Eser, Albin, Die strafrechtlichen Sanktionen gegen das Eigentum, Dogmatische und rechtspolitische Untersuchungen zu Einziehung, Unbrauchbarmachung und Gewinnverfall, Tübingen 1969

Eser, Albin, Neue Wege der Gewinnabschöpfung im Kampf gegen die organisierte Kriminalität?, Kritische Bemerkungen zu aktuellen Reformbemühungen, in: *Küper, Wilfried/Welp, Jürgen (Hrsg.),* Festschrift für Walter Stree und Johannes Wessels zum 70. Geburtstag, Heidelberg 1993, S. 833

Faure, Michael, Gewinnabschöpfung und Verfall auf ökonomischen Prüfstand, in: *Arnold, Jörg/Burkhardt, Björn/Gropp, Walter/Heine, Günter/Koch, Hans-Georg/Lagodny, Otto/ Perron, Walter/Walther, Susanne (Hrsg.),* Menschengerechtes Strafrecht, Festschrift für Albin Eser zum 70. Geburtstag, München 2005, S. 1311

Faust, Annett, Das strafprozessuale Vermögensabschöpfungsrecht, Die Sicherstellung von Vermögenswerten zugunsten des Verfalls, des Wertersatzverfalls und der Verletzten, Baden-Baden 2008

Feuerbach, Paul Johann Anselm von, Revision der Grundsätze und Grundbegriffe des positiven peinlichen Rechts, 1. Band, Neudruck der Ausgabe Erfurt 1799, Aalen 1966

Finger, August, Lehrbuch des Deutschen Strafrechts, 1. Band, Berlin 1904

Fischer, Thomas, Strafgesetzbuch und Nebengesetze, 61. Auflage, München 2014

Francke, Das Deutsche Strafgesetzbuch und die Strafsachen aus Handlungen der Zeit vor dessen Gesetzeskraft, GA 1872, S. 14

Frank, Reinhard, Das Strafgesetzbuch für das Deutsche Reich nebst dem Einführungsgesetze, 2. Auflage, Leipzig 1901

Franzheim, Horst, Der Verfall des Vermögensvorteils in Umweltstrafsachen – sein Umfang und seine Berechnung, wistra 1989, S. 87

Friedrichs, David, Trusted Criminals, White Collar Crime in Contemporary Society, Third Edition, Belmont 2007

Geiger, Thomas, Die Rechtsnatur der Sanktion, Berlin 2006

Gilsdorf, Peter, Die verfassungsrechtlichen Schranken der Einziehung, JZ 1958, S. 685

Glücksmann, Alfred, Die Rechtskraft der strafprozessualen Entscheidung über Einziehung und Unbrauchbarmachung, Breslau 1898

Gobert, James/Punch, Maurice, Because They Can, Motivations and Intent of White-Collar Criminals, in: *Geis, Gilbert/Pontell Henry-N. (Hrsg.),* International Handbook of White-Collar and Corporate Crime, New York 2007, S. 98

Göhler, Erich, Die neue Regelung zum Verfall im StGB und OWiG, wistra 1992, S. 133

Graf, Peter/Jäger, Markus/Wittig, Petra, Wirtschafts- und Steuerstrafrecht, München 2011

Güntert, Lothar, Die Gewinnabschöpfung als strafrechtliche Sanktion, Eine Untersuchung zu den Verfallsbestimmungen der §§ 73 bis 73d des Strafgesetzbuches, Köln 1983

Gürtler, Franz/Seitz, Helmut (Hrsg.), Gesetz über Ordnungswidrigkiten, 16. Auflage, München 2012

Hannich, Rolf (Hrsg.), Karlsruher Kommentar zur Strafprozessordnung, 7. Auflage, München 2013

Hartung, Fritz, Die Einziehung nach dem § 414 RAbgO, NJW 1949, S. 765

Hassemer, Winfried, Generalprävention und Strafzumessung, in: *Hassemer, Winfried/Lüderssen, Klaus/Naucke, Wolfgang,* Hauptprobleme der Generalprävention, Frankfurt am Main 1979, S. 29

Hassemer, Winfried, Warum Strafe sein muss: Ein Plädoyer, Berlin 2009

Hauschka, Christoph (Hrsg.), Corporate Compliance, Handbuch der Haftungsvermeidung im Unternehmen, 2. Auflage, München 2010

Hefendehl, Roland, Kriminalitätstheorien und empirisch nachweisbare Funktionen der Strafe: Argument für oder wider die Etablierung einer Unternehmensstrafbarkeit?, MschKrim 2003, S. 27

Heinze, Karl Friedrich Rudolf, Die Strafe der Konfiskation nach den neueren Deutschen Gesetzgebungen, GA 1857, S. 166

Hellmann, Uwe/Beckemper, Katharina, Wirtschaftsstrafrecht, 4. Auflage, Stuttgart 2013

Hellmann, Uwe, Richterliche Überzeugungsbildung und Schätzung bei der Bemessung strafrechtlicher Sanktionen, GA 1997, S. 503

Heineke, John, Economic Models of Criminal Behavior, Amsterdam 1978

Herzog, Felix, Gewinnabschöpfung unter der Flagge der positiven Generalprävention, -Zur Kritik des BVerfG-Urteils zum Erweiterten Verfall (§ 73 d StGB) –, JR 2004, S. 494

Hirsch, Hans Joachim, Strafrechtliche Verantwortlichkeit von Unternehmen, ZStW 107, S. 285

Hippel, Robert von, Lehrbuch des Strafrechts, Berlin 1932

Hofacker, Wilhelm, Die Staatsverwaltung und die Strafrechtsreform, Berlin 1919

Hofmann, Anouschka, Verfallsanordnung gegen tatunbeteiligte Unternehmen, wistra 2008, S. 401

Hohn, Kristian, Die Bestimmung des erlangten Etwas im Sinne des § 73 StGB durch den BGH, – Zur Funktion und Leistungsfähigkeit des Bruttoprinzips –, wistra 2003, S. 321

Hohn, Kristian, Abschöpfung der Steigerung des Firmenwerts als Bruttowertersatzverfall? – Anmerkung zu BGH Urt. v. 02.12.2005–5 StR 119/05 –, wistra 2006, S. 321

Hoyer, Andreas, Die Rechtsnatur des Verfalls angesichts des neuen Verfallsrechts, GA 1993, S. 406

Ipsen, Jörn, Staatsrecht II, Grundrechte, 16. Auflage, München 2013

Jagusch, Heinrich/Mezger, Edmund/Schaefer, August/Wolfhart, Werner (Hrsg.), Leipziger Kommentar StGB, §§ 1–152, 1. Band, 8. Auflage, Berlin 1957

Jakobs, Günther, Strafrecht, Allgemeiner Teil, Die Grundlagen und die Zurechnungslehre, 2. Auflage, Berlin 1993

Janssen, Gerhard, Gewinnabschöpfung im Strafverfahren, Heidelberg 2008

Jarass, Hans-Dieter/Pieroth, Bodo, Grundgesetz für die Bundesrepublik Deutschland, Kommentar, 12. Auflage, München 2012

Jastrow, Hermann, Die Vollstreckung der auf Vermögensstrafen und Bußen lautenden strafgerichtlichen Entscheidungen. Nach der deutschen Strafprozessordnung, GA 1885, S. 29

Jescheck, Hans-Heinrich/Ruß, Wolfgang/Willms, Günther (Hrsg.), Leipziger Kommentar StGB, §§ 61–79b, 3. Band, 10. Auflage, Berlin 1985

Jescheck, Hans-Heinrich/Weigend, Thomas, Lehrbuch des Strafrechts, Allgemeiner Teil, 5. Auflage, Berlin 1996

Joecks, Wolfgang/Miebach, Klaus (Hrsg.), Münchener Kommentar zum Strafgesetzbuch, §§ 38–79b, 2. Band, 2. Auflage, München 2012

Julius, Karl-Peter, Einziehung, Verfall und Art. 14 GG, ZStW 109, S. 58

Kaiser, Günther, Kriminologie, 3. Auflage, Heidelberg 1996

Kaiser, Günther, Beständigkeit und Wandel wirtschaftskriminologischer Befunde, in: *Ackermann, Jürg-Beat/Donatsch, Andreas/ Rehberg, Jörg (Hrsg.),* Festschrift für Niklaus Schmid zum 65. Geburtstag, Zürich 2001, S. 45

Kaiser, Günther/ Schöch, Heinz, Kriminologie Jugendstrafrecht Strafvollzug, 6. Auflage, München 2006

Karstedt, Susanne, Normbindung und Sanktionsandrohung, Eine Untersuchung zur Wirksamkeit von Gesetzen am Beispiel der Alkoholdelinquenz im Straßenverkehr, Frankfurt am Main 1993

Kaspar, Johannes, Die Möglichkeiten strafrechtlicher Prävention von Wirtschaftsdelinquenz aus kriminologischer Sicht, in: *Bannenberg, Britta/Jehle, Jörg-Martin* (Hrsg.), Wirtschaftskriminalität, Mönchengladbach 2010, S. 134

Katholnigg, Oskar, Anmerkung zu BGH v. 19.10.1999 5 StR 336/99, JR 2000, S. 509

Kaufmann, Arthur, Unzeitgemäße Betrachtungen zum Schuldgrundsatz im Strafrecht, Jura 1986, S. 225

Killias, Martin, Grundriss der Kriminologie, Eine europäische Perspektive, Bern 2002

Kindhäuser, Urs/Neumann, Ulfried/Paeffgen, Hans-Ullrich (Hrsg.), Nomos Kommentar Strafgesetzbuch, 1. Band, 4. Auflage, Baden-Baden 2013

Köberlein, Michael, Indien: Korruption als System, Blätter 2012, S. 31

Köbner, Otto, Die Maßregel der Einziehung nach dem Reichsstrafgesetzbuche und der Nachdruckgesetzgebung, Berlin 1891

Köhler, August, Deutsches Strafrecht, Leipzig 1917

Köhler, Michael/Beck, Wolfgang, Gerechte Geldstrafe statt konfiskatorischer Vermögenssanktion, JZ 1991, S. 797

Kohlrausch, Eduard/Lange, Richard, Strafgesetzbuch mit Erläuterungen und Nebengesetzen, 39. und 40. Auflage, Berlin 1950

Körner, Harald Hans(Begr.)/Patzak, Jörn/Volkmer, Mathias Betäubungsmittelgesetz Arzeneimittelgesetz Grundstoffüberwachungsgesetz, 7. Auflage, München 2012

Kracht, Michael, Gewinnabschöpfung und Wiedergutmachung bei Umweltdelikten, Ein Beitrag zum Potenzial des Verfallsrecht, wistra 2000, S. 326

Krumm, Carsten, Gewinnabschöpfung durch Geldbuße, NJW 2011, S. 196

Kudlich, Hans/Noltensmeier, Silke, Die Anordnung des Verfalls (§§ 73 ff. StGB) bei verbotenem Insiderhandel nach § 38 i.V.m. § 14 WpHG, wistra 2007, S. 121

Kühl, Kristian, Die ethisch-moralischen Grundlagen des Strafrechts, Eine Vergewisserung an Hand des „Lehrbuchs des Strafrechts. Allgemeiner Teil“ von Hans-Heinrich Jescheck, ZStW 116, S. 870

Kunz, Karl-Ludwig, Kriminologie, 5. Auflage, Stuttgart 2008

Kury, Helmut, Mehr Freiheitsstrafen – weniger Kriminalität? Zur (fraglichen) Wirkung härterer Kriminalsanktionen, ZfStrVo 2000, S. 323

Lackner, Karl/Kühl, Kristian, Strafgesetzbuch Kommentar, 28. Auflage, München 2014

Lampe, Ernst-Joachim, Strafphilosophie, Köln 1999

Laue, Christian, Die konventionelle Theorie als Grundlage der Wirtschaftskriminologie und des Wirtschaftsstrafrechts, in: *Bannenberg, Britta/Jehle, Jörg-Martin (Hrsg.),* Wirtschaftskriminalität, Mönchengladbach 2010, S. 116

Laufhütte, Heinrich Wilhelm/Rissing-van Saan, Ruth/Tiedemann, Klaus (Hrsg.), Leipziger Kommentar StGB, §§ 56–79b, 3. Band, 12. Auflage, Berlin 2008, (*zitiert ohne Auflage)*

Lemke, Michael/Mosbacher, Andreas, Ordnungswidrigkeitengesetz, Kommentar, 2. Auflage, Heidelberg 2005

Lenz, Manfred, Einziehung und Verfall, Kiel 1986

Lilie, Hans, Unschuldsvermutung und „Beweislastumkehr", in: *Hoyer, Andreas/ Müller, Henning Ernst/Pawlik, Michael/Wolter, Jürgen (Hrsg.),* Festschrift für Firedrich-Christian Schröder zum 70. Geburtstag, Heidelberg, München, Landsberg, Berlin 2006

Lohse, Kai, Verfall (von Wertersatz) bei Vertragsschluss aufgrund Korruption, -zugleich Anmerkung zu BGH v. 30.5.2008–1 StR 166/07, JR 2009, S. 188

Löwe-Rosenberg, Rieß, Peter (Hrsg.), Strafprozessordnung, §§ 72–136 a, 2. Band, 25. Auflage, Berlin 2004

Mangoldt, Hermann (Begr.)/Klein, Friedrich/Starck, Christian (Hrsg.), Kommentar zum Grundgesetz, 2. Band, Artikel 20 bis 82, 6. Auflage, München 2010

Mangoldt, Hermann (Begr.)/Klein, Friedrich/Starck, Christian (Hersg.), Kommentar zum Grundgesetz, 1. Band, Artikel 1 bis 19, 6. Auflage, München 2010

Maunz, Theodor/Dürig, Günter (Begr.), Grundegesetz, Kommentar, Band II, 42. Lieferung, München 2003

Maurach, Reinhart/Gössel, Heinz/Zipf, Heinz, Strafrecht Allgemeiner Teil, 2. Teilband, Erscheinungsformen des Verbrechens und Rechtsfolgen der Tat, 7. Auflage, Heidelberg 1989, (*zitiert ohne Auflage)*

Maurach, Reinhart/Gössel, Heinz/Zipf, Heinz, Strafrecht Allgemeiner Teil, 2. Teilband, Erscheinungsformen des Verbrechens und Rechtsfolgen der Tat, 5. Auflage, Heidelberg 1978

Mayer, Max Ernst, Der allgemeine Teil des deutschen Strafrechts: Lehrbuch, Heidelberg 1915

Meier, Bernd Dieter, in: *Schneider, Hans Joachim (Hrsg.),* Internationales Handbuch der Kriminologie, 1. Band, Grundlagen der Kriminologie, Berlin 2007, S. 971

Meier, Bernd-Dieter, Strafrechtliche Sanktionen, 3. Auflage, Berlin, Heidelberg 2009

Merkel, Adolf, Lehrbuch des Deutschen Strafrechts, Stuttgart 1889

Meyer, Jürgen/Dessecker, Axel/Smettan, Jürgen Rüdiger (Hrsg.), Gewinnabschöpfung bei Betäubungsmitteldelikten, Rechtsvergleichende und kriminologische Untersuchung, Wiesbaden 1989

Meyer, Jürgen, Gewinnabschöpfung durch Vermögensstrafe?, ZRP 1990, S. 85

Meyer, Karlheinz, Anmerkung zu BGH 1 StR 261/71, JR 1972 S. 383

Mezger, Edmund, Strafrecht, Ein Lehrbuch, 3. Auflage, Berlin und München 1949

Michalke, Regina, Unternehmens-Verfall, in: *Nelles, Ursula (Hrsg.),* Money, money, money..., Geldwäsche, Gewinnabschöpfung und Rückgewinnungshilfe, Baden-Baden 2004, S. 97

Miebach, Klaus/Feilcke, Burkhard, Probleme des Allgemeinen Teils des StGB in Strafurteilen aus revisionrechtlicher Sicht - Teil 2 –, NStZ 2007, S. 570

Minoggio, Ingo, Das Schweigerecht der juristischen Person als Nebenbeteiligte im Strafverfahren, wistra 2003, S. 121

Mitsch, Wolfgang, Recht der Ordnungswidrigkeiten, 2. Auflage, Berlin, Heidelberg 2005

Möhrenschlager, Manfred, Das OrgKG – eine Übersicht nach amtlichen Materialien, -Erster Teil-, wistra 1992, S. 281

Müller, Ekkehard, Die Stellung der juristischen Person im Ordnungswidrigkeitenrecht, Köln 1985

Müller, Hermann/Sax, Walter, Kommentar zur Strafprozessordnung und zum Gerichtsverfassungs- u. Ordnungswidrigkeitengesetz, 6. Auflage, Darmstadt 1966

Müller, Jens, Ökonomische Grundlagen der Generalprävention, Frankfurt am Main 1996

Müller-Dietz, Heinz, Prävention durch Strafrecht: Generalpräventive Wirkungen, in: *Jehle, Jörg-Martin (Hrsg.),* Kriminalprävention und Strafjustiz, Wiesbaden 1996, S. 227

Müller-Gugenberger, Christian/ Bieneck, Klaus (Hrsg.), Wirtschaftsstrafrecht, Handbuch des Wirtschaftsstraf- und -ordnungswidrigkeitenrechts, 5. Auflage, Köln 2011

Münch, Ingo(Begr.)/Kunig, Philip (Hersg.), Grundgesetz, Kommentar, 1. Band, 6. Auflage, München 2012

Nack, Armin, Aktuelle Rechtssprechung des Bundesgerichtshofs zum Verfall, GA 2003, S. 879

Nadler, Hermann, Wirtschaftsstrafgesetz, Frankfurt a.M. 1981

Neuefeind, Wolfgang, Strafrechtliche Gewinnabschöpfung, -Ein einführender Gesamtüberblick-, JA 2004, S. 155

Nissen, Adolph, Die Einziehung, in: Festgabe zum Doktorjubiläum des Herrn Geheimen Rates Professors Dr. Joh. Jul. Wilhelm von Planck, Strassburg 1887, S. 83

Oetker, Firedrich, Maßregeln der Besserung und Sicherung. Gemeinschädliches Verhalten, Der Gerichtssaal 92, S. 1

Olshausen, Justus, Kommentar zum Strafgesetzbuch für das Deutsche Reich, 5. Auflage, Berlin 1897

Palandt, Otto (Begr.), Bürgerliches Gesetzbuch, 71. Auflage, München 2012

Perron, Walter, Vermögensstrafe und Erweiterter Verfall, Im Spannungsfeld zwischen öffentlichen Strafverfolgungsinteressen und privaten Eigentumsrechten, JZ 1993, S. 918

Pirsching, Manfred, Sozioökonomische Bedingungen der Kriminalität, Über empirische Divergenzen und theoretische Kontroversen, MschKrim 1982, S. 163

Podolsky, Johann/Brenner, Tobias, Vermögensabschöpfung im Straf- und Ordnungswidrigkeitenverfahren, Verfall, Einziehung und vorläufige Vermögensicherung, Leitfaden für die Praxis, 4. Auflage, Stuttgart 2010

Pohl-Sichtermann, Rotraut, Geldbuße gegen Verbände, – § 26 OWiG –, Bochum 1974

Polinsky, Mitchell, Private versus Public Enforcement of Fines, The Journal of Legal Studies 1980, S. 105

Posner, Richard-Allen, An Economic Theory of the Criminal Law, Columbia Law Review 1985, S. 1193

PriceWaterhouseCoopers, Wirtschaftskriminalität 2007, Sicherheitslage der deutschen Wirtschaft, Frankfurt am Main/Halle(Saale) 2007

PriceWaterhouseCoopers, Wirtschaftskriminalität 2009, Sicherheitslage in deutschen Großunternehmen, Frankfurt am Main/Halle(Saale) 2009

Reichhart, Hans, Die Vermögensabschöpfung im Strafverfahren, Frankfurt am Main 2008

Rönnau, Thomas, Die Vermögensabschöpfung in der Praxis, München 2003

Rotberg, Hans Eberhard, Kommentar zum Gesetz über Ordnungswidrigkeiten, 4. Auflage, Berlin 1969

Roxin, Claus, Strafrecht, Allgemeiner Teil, 1. Band, 4. Auflage, München 2006

Roxin, Claus, Strafe und Strafzwecke in der Rechtsprechung des Bundesverfassungsgerichts, in: *Hassemer, Winfried/Kempf, Eberhard/Moccia, Sergio (Hrsg.),* In dubio pro liberate, Festschrift für Klaus Volk zum 65. Geburtstag, München 2009

Rutkowsky, Heinz, Anmerkung zu BGH 1 StR 387/63, NJW 1964 S. 164

Sachs, Michael (Hrsg.), Grundgesetz, Kommentar, 6. Auflage, München 2011

Säcker, Franz Jürgen/Rixecker, Roland/Oetker, Hartmut/Limperg, Bettina (Hrsg.) Münchener Kommentar zum Bürgerlichen Gesetzbuch, §§ 1–240, 1. Band, 7. Auflage, München 2015

Saliger, Frank, Kick-Back, „PPP", Verfall – Korruptionsbekämpfung im „Köllner Müllfall", NJW 2006, S. 3377

Salvenmoser, Steffen/ Schmitt, Melanie, Persönlichkeit von Wirtschaftsstraftätern, Eine empirische Studie, in: *Bannenberg, Britta/ Jehle, Jörg-Martin (Hrsg.),* Wirtschaftskriminalität, Mönchengladbach 2010, S. 151

Satzger, Helmut/Schmitt, Bertram/Widmaier, Gunter, Strafgesetzbuch Kommentar, 2. Auflage, Köln 2014

Schmid, Wolfgang/Winter, Michael, Vermögensabschöpfung in Wirtschaftsstrafverfahren – Rechtsfragen und Praktische Erfahrungen –, NStZ 2008, S. 8.

Schmidhäuser, Eberhard, Vom Sinn der Strafe, 2. Auflage, Nachdruck der 2. Auflage 1971, Berlin 2004

Schmidt, Hans Wolfgang, Weitere Hinweise zum Betäubungsmittelgesetz, MDR 1981, S. 881

Schmidt, Wilhelm, Gewinnabschöpfung im Straf-und Bußgeldverfahren, Handbuch für die Praxis, München 2006

Schmitz, Monika/Taschke, Jürgen, Haftungsrisiken von Unternehmen bei Begehung von Straftaten oder Ordnungswidrigkeiten durch Mitarbeiter, WiB 1997, S. 1169

Schöch, Heinz, Empirische Grundlagen der Generalprävention, in: *Vogler, Theo(Hrsg.),* Festschrift für Hans-Heinrich Jescheck, Berlin 1985, S. 1081

Schöch, Heinz, Göttinger Generalpräventionsforschung, in: *Kaiser, Günther/ Kury, Helmut/ Albrecht, Hans-Jörg (Hrsg.),* Kriminologische Forschung in den 80er Jahren, Projektberichte aus der Bundesrepublik Deutschland, Band 35/1, Freiburg 1988, S. 227

Schoetensack, August, Der Konfiskationsprozess, Leipzig 1905

Schönke, Adolf/Schröder, Horst, Strafgesetzbuch, 29. Auflage, München 2014, *(zitiert ohne Auflage)*

Schönke, Adolf/Schröder, Horst, Strafgesetzbuch, 20. Auflage, München 1980

Schröder. Christian, Ursachen und Bewältigung der Finanzmarktkrise aus strafrechtlicher Sicht, in: *Bannenberg, Britta/Jehle, Jörg-Martin (Hrsg.),* Wirtschaftskriminalität, Mönchengladbach 2010, S. 241

Schröder, Chrsitian, Handbuch Kapitalmarktstrafrecht, 3. Auflage, Köln 2015

Schroth, Hans-Jürgen, Der Regelungsgehalt des 2. Gesetzes zur Bekämpfung der Wirtschaftskriminalität im Bereich des Ordnungswidrigkeitenrechts, wistra 1986, S. 158

Schultehinrichs, Friedrich, Gewinnabschöpfung bei Betäubungsmitteldelikten – Zur Problmatik der geplanten Vorschrift über den erweiterten Verfall, Mainz 1991

Schwarz, Otto/Dreher, Eduard, Strafgesetzbuch mit Nebengesetzen und Verordnungen, 24. Auflage, Berlin 1962

Schomburg, Wolfgang/Lagodny, Otto/Gleß, Sabine/Hackner, Thomas, Internationale Rechtshilfe in Strafsachen, 5. Auflage, München 2012

Schünemann, Bernd, Unternehmenskriminalität und Strafrecht, Berlin 1979

Schwind, Hans-Dieter, Kriminologie, Eine praxisorientierte Einführung mit Beispielen, 22. Auflage, Heidelberg 2013

Senge, Lothar (Hrsg.), Karlsruher Kommentar zum Gesetz über Ordnungswidrigkeiten, 3. Auflage, München 2006

Simpson, Sally, Corporate Crime, Law and Social Control, Cambridge 2002

Sotiriadis, Georgios, Die Entwicklung der Gesetzgebung über Gewinnabschöpfung und Geldwäsche, Unter Berücksichtigung der jeweiligen kriminalpolitischen Tendenzen, Berlin 2010

Stern, Klaus/Sachs, Michael, Das Staatsrecht der Bundesrepublik Deutschland, Band III, Allgemeine Lehren der Grundrechte, 2. Halbband, München 1994

Stooss, Carl, Zur Natur der Vermögenstrafen, Bern 1878

Stree, Walter, Deliktsfolgen und Grundgesetz, Zur Verfassungsmäßigkeit der Strafen und sonstigen strafrechtlichen Massnahmen, Tübingen 1960

Streng, Franz, Strafrechtliche Sanktionen, Die Strafzumessung und ihre Grundlagen, 3. Auflage, Stuttgart 2012

Sutherland, Edwin Hardin, Principles of Criminology, 4. Auflage, Chicago/Philadelphia/New York 1939

Sutherland, Edwin Hardin, White Collar Crime, New York 1949

Tiedemann, Klaus, Die „Bebußung" von Unternehmen nach dem 2. Gesetz zur Bekämpfung der Wirtschaftskriminalität, NJW 1988, S. 1169

Tiedemann, Klaus, Wirtschaftsstrafrecht, Einführung und Allgemeiner Teil mit wichtigen Rechtstexten, 4. Auflage, Köln 2014

Vormbaum, Thomas/Rentrop, Kathrin (Hrsg.), Reform des Strafgesetzbuchs, Sammlung der Reformentwürfe Band 1: 1909 bis 1919, Berlin 2008

Vormbaum, Thomas/Rentrop, Kathrin (Hrsg.), Reform des Strafgesetzbuchs, Sammlung der Reformentwürfe Band 1: 1922 bis 1939, Berlin 2008

Wabnitz, Heinz-Bernd/Janovsky, Thomas, Handbuch des Wirtschafts- und Steuerstrafrechts, 4. Auflage, München 2014

Wallschläger, René, Die strafrechtlichen Verfallsvorschriften, Osnabrück, Greifswald 2002

Wegner, Carsten, Die Auswirkungen fehlerhafter Organisationsstrukturen auf die Zumessung der Unternehmensgeldbuße, wistra 2000, S. 361

Wehnert, Anne/Mosiek, Marcus, Untiefen der Vermögensabschöpfung in Wirtschaftsstrafsachen aus Sicht des Strafverteidigers, StV 2005, S. 568

Welzel, Hans, Das Deutsche Strafrecht, 10. Auflage, Berlin 1967

Weßlau, Edda, Neue Methoden der Gewinnabschöpfung? – Vermögensstrafe, Beweislastumkehr –, StV 1991, S. 226

Wieland, Josef/Steinmeyer, Roland/Grüninger, Stephan (Hrsg.), Handbuch Compliance-Management, Berlin 2010

Wimmer, August, Der nach § 4 Preisstrafrechtsordnung abzuführende Mehrerlös, MDR 1947, S. 248

Wolter, Jürgen, Systematischer Kommentar zum Strafgesetzbuch, 2. Band, 8. Auflage, Stand 11/2013, §§ 46–122 StGB

Wolters, Gereon, Die Neufassung der strafrechtlichen Verfallsvorschrift, Baden-Baden 1994

Yeager, Peter Cleary, Understanding Corporate Lawbreaking: From Profit Seeking to Law Finding, in: *Geis, Gilbert/Pontell Henry-N. (Hrsg.),* International Handbook of White-Collar and Corporate Crime, New York 2007

Zipf, Heinz, Die Rechtsfolgen der Tat im neuen Strafgesetzbuch, JuS 1974, S. 273

Zipf, Heinz, Die Integrationsprävention (positive Generalprävention), in: *Melnizky/Walter, Müller/Otto,* Strafrecht, Strafprozessrecht und Kriminologie, Festschrift für Franz Pallin zum 80. Geburtstag, Wien 1989

A. Einleitung

Die Idee, dem Täter seine gegen die Rechtsordnung erlangten Vorteile zu entziehen, ist kein Novum. Gleichwohl hat sich erst in den letzten Jahren eine rege Diskussion um die Gewinnabschöpfung entwickelt.[1] Eine hohe Bedeutung kommt hierbei den strafrechtlichen Verfallsvorschriften zu. Dabei ist besonders die Möglichkeit des Verfalls gegen Unternehmen interessant, bietet dieser doch eine der wenigen Möglichkeiten eine Sanktion[2] gegen einen Verband zu verhängen. Anknüpfungspunkt der Verfallsanordnung gegen Verbände ist der Verfall gegen den Drittbegünstigten nach § 73 Abs. 3 StGB. Die Vorschrift selbst bietet jedoch wenig Anhalt, wann eine Abschöpfung gegen einen Verband angezeigt ist und in welchem Umfang sie zu erfolgen hat. Hierzu haben sich in der Rechtsprechung und Literatur zahlreiche Auslegungskriterien herausgebildet, bis hin zu komplexen Fallgruppen. Anlass dieser Rechtsunsicherheit ist die wenig scharfe Formulierung der Norm, die eine fast unbegrenzte Abschöpfung der Unternehmensgewinne, über diese sogar hinaus des Unternehmensvermögens, anlässlich einer rechtswidrigen Tat zulässt. Zum Verständnis der Problemstellung ist es zunächst notwendig, sich mit den einschlägigen Möglichkeiten der Abschöpfung von Verbandsvermögen vertraut zu machen.

Die Bedeutung der Vermögensabschöpfung kann kaum überschätzt werden, mit Blick auf die durch Wirtschaftskriminalität verursachten Schäden. Obwohl die Wirtschaftskriminalität nur einen Bruchteil (1,2%) des gesamten Deliktsspektrums ausmacht, umfassen die Schäden mit 3.820 Mio. Euro fast die Hälfte des in der PKS mit rund 8.000 Mio. Euro ausgewiesenen Gesamtschadens.[3] Die im Dunkelfeld liegenden Schadenssummen dürften diesen noch um ein

---

1 Diese ist durchzogen von den vielseitigen Problemstellungen, die das Institut aufgrund seiner vielfältigen Wirkungen in den unterschiedlichen Bereichen entfaltet. Vgl. hierzu etwa *Claus*, Gewinnabschöpfung und Steuer; *Faust*, Das strafprozessuale Vermögensabschöpfungsrecht; *Schmid/Winter*, Vermögensabschöpfung in Wirtschaftsstrafverfahren, NStZ 2008, 8 ff.; *Sotiriadis*, Gewinnabschöpfung und Geldwäsche S. 54; aber auch schon *Franzheim*, Der Verfall des Vermögensvorteils in Umweltstrafsachen, wistra 1989, 87 ff. Hinzu kommen zahlreiche Werke zur Vermögensabschöpfung selbst, vgl. etwa; *Rönnau*, Vermögensabschöpfung; *Berg*, Beweiserleichterungen bei der Gewinnabschöpfung; *Reichhart*, Vermögensabschöpfung im Strafverfahren; *Schmidt*, Gewinnabschöpfung; *Janssen*, Gewinnabschöpfung.

2 Der BGH spricht insoweit von einer Maßnahme eigener Art, vgl. BGHSt 47, 369 ff.

3 Bundeslagebild Wirtschaftskriminalität 2013, S. 5, 6.

erhebliches Maß übersteigen. Gleichwohl beinhaltet schon dieser Verweis einen beachtlichen Mangel, da weitgehend ungeklärt ist, was vom Begriff der Wirtschaftskriminalität umfasst ist. Ausgangspunkt für die Thematik muss eine klare Umschreibung des Deliktsbereiches sein, der für eine Verfallsanordnung gegen ein Unternehmen von Bedeutung ist.

Gleichgesetzt wird der Begriff Wirtschaftskriminalität häufig mit dem Begriff des Wirtschaftsstrafrechts. Eine klare Abgrenzung der Termini sowie eine gesetzliche Definition gibt es nicht. Auch besteht keine Einigkeit darüber, wie der Begriff zu umschreiben ist.[4] Den klassischen Erklärungsansatz lieferte *Edwin Sutherland* mit der Prägung des Begriffes „white collar crime". Dabei wird im Wesentlichen auf den hohen Status des Täters im Zusammenhang mit seiner Beschäftigung abgestellt.[5] Andere Definitionen versuchen den Begriff über den Bruch des im Wirtschaftsleben nötigen Vertrauens bei wirtschaftlicher Betätigung einzugrenzen.[6] Im polizeilichen Strafgebrauch sowie im prozessualen Umgang wird mittlerweile überwiegend dem breiten Deliktsspektrum Rechnung getragen und insbesondere auf den Katalog des § 74c Abs. 1 GVG zurückgegriffen.[7] Für die Thematik der Arbeit ist ein differenzierterer Ansatz der Wirtschaftskriminalität notwendig. Die bisherigen Definitionen geben keinen Anhalt, ob eine Verfallsanordnung gegen ein Unternehmen möglich und sinnvoll ist. Allgemeine Definitionen bieten keine Möglichkeiten den ausgewählten Adressatenkreis des Unternehmensverfalls zu betonen. Hilfreicher ist eine Eingrenzung auf Straftaten, die im Rahmen eines am Wirtschaftsverkehr teilnehmenden Unternehmens begangen werden.[8] Des Weiteren sind nur solche Taten interessant, die zumindest auch rein wirtschaftlich zugunsten des Unternehmens begangen worden, also faktisch zu einer Bereicherung geführt haben. Ausgenommen sind solche Delikte, die nicht im Zusammenhang mit der wirtschaftlichen Tätigkeit des Unternehmens, der gewinnorientierten Aktivität der Organisation, stehen.[9]

Der Entzug der Bereicherung durch den Verfall bei Begehung eines unternehmensbezogenen Delikts kann das betroffene Unternehmen im erheblichen Umfang belasten. Der Verfall ermöglicht es, nicht nur die Bereicherung beim Verband abzuschöpfen, sondern das gesamte, durch die Tat „erlangte Etwas" zu entziehen.

---

4 *Richter,* in: Müller-Gugenberger/Bieneck (Hrsg.), Wirtschaftsstrafrecht, § 3 Rn. 3.
5 Vgl. *Sutherland,* White Collar Crime, S. 9 f.
6 *Schwind,* Kriminologie, § 21 Rn. 17.
7 *Dannecker,* in: Wabnitz/Janovsky, Wirtschafts- und Steuerstrafrecht, 1. Kapitel, Rn. 8.
8 *Schünemann,* Unternehmenskriminalität, S. 5.
9 Diese Einengung ist v.a. mit Blick auf die spätere Wirkung und die Begrenzungsmöglichkeiten des Verfalls zweckmäßig.

Hieraus wird der Schluss gezogen, dass nicht nur der reine Nettogewinn beim Verfallsbetroffenen, sondern das Bruttoerlangte abzuschöpfen ist. Faktisch bedeutet dies einen Eingriff, über die durch die Tat erlangte Bereicherung hinaus in das Vermögen des Verbandes. Die Folgen lassen sich anhand eines Beispiels aus der Rechtsprechung des BGH verdeutlichen. Im Fall des „Kölner Müllskandals"[10] hatte ein Unternehmen aufgrund rechtswidriger Einwirkung auf das Vergabeverfahren einen Auftrag mit einem Volumen von rund 792 Mio. DM erlangt. Als Gewinn war jedoch lediglich eine Summe von 8–9 Mio. DM eingeplant. Die Diskrepanz wird bei diesen Summen besonders deutlich. Der Bruttoverfall gegen das Unternehmen könnte bei Einzug zu beachtlichen Vermögenseinbußen bis hin zur Insolvenz des Verbandes führen. Die Problematik wird verstärkt durch die weite Formulierung des § 73 Abs. 3 StGB, die lediglich das Handeln für einen anderen verlangt. Eine Beschränkung über den handelnden Personenkreis, wie etwa bei der Einziehung über § 75 StGB wird nicht vorgenommen. Diese Problemstellung führt zu erheblicher Unsicherheit in der Anwendung des Verfalls gegen Unternehmen. Dies zeigt sich neben den zahlreichen Lösungsansätzen zur Problematik, insbesondere in der Diskrepanz der BGH Rechtsprechung[11]. Dieser Problemstellung widmet sich die vorliegende Arbeit.

Um sich den Lösungsansätzen zu nähern und insbesondere die Positionen des BGH zu verstehen, sind neben der Kenntnis der Vorschriften und Systematik der Sanktionen gegen Verbände vor allem das Verständnis und die unterschiedlichen Standpunkte zur Rechtsnatur der Verfallsregelung erheblich. Diese ist seit Einführung des Instituts umstritten und hat durch die Bruttoabschöpfung noch an Bedeutung gewonnen. Dabei kann die Rechtsnatur nur in Verbindung mit der Wirkung und dem Zweck der Vorschrift, auch in Abgrenzung zur Einziehung betrachtet werden. Dieser Zweck gibt sodann die Zielrichtung für die Wirkung des Instituts vor. Die Beurteilung der Möglichkeiten von Regelungen bezüglich unternehmensbezogener Delikte ist unerlässlich für eine Abwägung mit der Eingriffsintensität und letztlich der Betrachtung der Begrenzungsvorschläge des Verfalls gegen den Drittbegünstigten. Bei einer solchen Abwägung sind freilich auch die vom Gesetzgeber normierten Grenzen der Vorschrift ausschlaggebend.

---

10 Der Fall wird an späterer Stelle tiefgehender erläutert.

11 Vgl. hierzu die Rechtsprechung des 5. Strafsenats des BGH: BGHSt 45, 235 ff.; BGH NStZ 2006, 210 ff; und des 1. Strafsenats des BGH: BGHSt 47, 369 ff.; BGHSt 52, 227 ff.

Inwiefern diese sowie die hierfür von der Rechtsprechung entwickelten Kriterien unzureichend sind und welche der in der Literatur gewählten Lösungsansätze dieser Abwägung gerecht werden, soll im Folgenden unter Darstellung eines eigenen Lösungsansatzes aufgezeigt werden.

B. Überblick über mögliche Sanktionen gegen Verbände

Zunächst wird mit einem Überblick über die Rechtsinstitute des Verfalls und der Einziehung begonnen. Dieser dient dazu, einen allgemeinen Einblick über diese Sanktionen zu vermitteln. Im Mittelpunkt steht dabei noch nicht die Unternehmenssanktionierung, sondern die Funktionalität der Institute im gesamten Spektrum von Verstößen gegen die Rechtsordnung. Anschließend wird die Mehrerlösabschöpfung des § 8 WiStG sowie die Unternehmensgeldbuße nach § 30 OWiG beleuchtet.

I. Der Verfall

1. Die historische Entwicklung der Verfallsvorschriften

Ein kurzer geschichtlicher Überblick über die Verfallsvorschriften erlaubt es, aus der Entwicklung des Instituts Rückschlüsse für heutige Probleme zu ziehen und durch Verständnis des Lebenslaufes der Vorschriften die Dogmatik der heutigen Verfallsnormen zu durchdringen.

Die Verfallsvorschriften sind in der heutigen Ausformung eine relativ neue Erscheinung im StGB. Sie wurden erst mit Wirkung zum 01.01.1975 in das StGB eingestellt.[12] Hingegen existiert der Gedanke, den Gewinn aus einer nicht gebilligten Handlung abzuschöpfen, schon wesentlich länger. Bereits im römischen Recht wurde diese Idee durch Kondiktion der „scelere quaesita" und des „turpe lucrum" umgesetzt.[13] Die eindeutige Zuordnung dieser Instrumente zum Strafrecht ist jedoch nicht möglich, da im damaligen Recht keine saubere Trennung von Privat- und Strafrecht existierte.[14] In Deutschland gab es vor dem 01.01.1975 keine allgemeine Verfallsregelung. Sowohl in der Partikulargesetzgebung, als auch im Reichsstrafgesetzbuch fanden sich hierzu nur wenige Einzelvorschriften.[15] So zum Beispiel der § 335 RStGB, welcher das Empfangene einer Bestechung oder dessen Wert für verfallen erklärte. Weitere einzelne Regelungen, wie § 296a RStGB oder auch etwaige Vorschriften in Nebengesetzen, sind

12 *Joecks*, in: MüKo, StGB, Vor § 73 ff., Rn. 9.

13 *Sotiriadis*, Gewinnabschöpfung und Geldwäsche S. 54.

14 *Eser*, Sanktionen, S. 17.

15 *Sotiriadis*, Gewinnabschöpfung und Geldwäsche S. 55 ff.

später hinzugekommen.[16] Die Verfallsvorschriften nach dem RStGB wurden dabei nicht als eigenständiges Rechtsinstitut angesehen, sondern vielmehr als eine besondere Art der Einziehung im Sinne des § 40 RStGB behandelt.[17]

a. Die eigenständige Verfallsregelung mit Einstellung zum 01.01.1975

Dies änderte sich erst nach dem 2. Weltkrieg. Mit dem Entwurf eines neuen Strafgesetzbuches wurden Mängel im bisherigen Gewinnabschöpfungssystem erkannt. Vor allem die geringe Anzahl der bisherigen Vorschriften stellte ein Problem für eine effektive Abschöpfung des Tätergewinns dar.[18] Aber auch eine Neuregelung der Geldstrafe brachte Schwierigkeiten mit sich. Bis zu diesem Zeitpunkt gab es nur eine allgemeine Norm, die eine mittelbare Entgelts- und Gewinnmitnahme zuließ, § 27 b Abs. 2 StGB a.F.[19] Mit der Umstellung auf das Tagessatzsystem gab es für eine Gewinnabschöpfung in diesem Bereich keinen Raum mehr.[20] Auch erschien es wenig sinnvoll, die Gewinnabschöpfung nur auf die Geldstrafe zu begrenzen. Eine Entkoppelung war notwendig. Der Verfall sollte nach dem Entwurf eines Strafgesetzbuches von 1960 in den §§ 109–112 geregelt werden.[21] Es sollte sich erstmals um ein völlig selbständiges Rechtsinstitut handeln, dass das Entgelt und den Gewinn eines Täters oder Teilnehmers einer Straftat abschöpft. Diesem Entwurf folgte der E 1962[22], der den Verfall ebenfalls in den §§ 109–112 regelte. Wesentliche Änderungen finden sich vor allem bei den Vorschriften zum Drittverfall. Der E 1962 erweiterte den Anwendungsbereich, indem auf das Vorliegen eines Vertretungsverhältnisses nun verzichtet wurde.[23] Außerdem wurden Änderungen im Bereich des Umfangs der Verfallserstreckung vorgenommen. Diese beiden Entwürfe erfuhren durch den 1966 vorgelegten Alternativentwurf (AE) erhebliche Kritik.[24] Die vorgeschlagenen Verfallsvorschriften wurden als zu kompliziert angesehen und sollten vereinfacht werden. Der Begriff „Vermögensvorteil“ ersetzte die Begriffe „Entgelt“ und „Gewinn“ und fasste diese in einem Absatz zusammen. Die Vorschriften

---

16 *Sotiriadis,* Gewinnabschöpfung und Geldwäsche S. 65.

17 Siehe nur RGSt 57, 232, 232.

18 Berichtigung zum Entwurf eines Strafgesetzbuches (StGB) E 1960 S. 228.

19 *Schmidt,* Gewinnabschöpfung, Rn. 5.

20 *Zipf,* JuS 1974, 273, 280.

21 Berichtigung zum Entwurf eines Strafgesetzbuches (StGB) E 1960 S. 29.

22 Vgl. BT-Drucks. IV/650 S. 29.

23 *Sotiriadis,* Gewinnabschöpfung und Geldwäsche S. 75.

24 Alternativ-Entwurf eines Strafgesetzbuches, 1969 (in folgenden AE StGB 1969), S. 169 ff.

zur Abschöpfung des mittelbaren Gewinns wurden ebenfalls zusammengefasst, vereinfacht und zu einer Ermessenvorschrift geändert. Die wichtigste Änderung war jedoch, dass es nur noch einer rechtswidrig begangenen Tat für die Verfallsanordnung bedürfen sollte. Mithin war auch der schuldlos Handelnde vom Verfall betroffen. Dass diese Veränderung erhebliche Auswirkungen auf die Diskussionen um die Rechtsnatur des Verfalls haben würde, wurde erkannt. Die Formulierung: „der Verfall wird neben der Strafe angeordnet" wurde folglich entfernt.[25]

In Gesetzesform gebracht wurden die Vorschriften über den Verfall erst mit dem 2. Gesetz zur Reform des Strafrechts aus dem Jahr 1969. Ursprünglich mit Wirkung zum 01.10.1973 verkündet[26], trat es erst zum 01.01.1975 in Kraft.[27] Die Verfallsvorschriften, geregelt in den §§ 73 ff. StGB, orientierten sich neben den Vorschlägen des E 1962 auch an den Änderungsvorschlägen des AE von 1966.[28] Dem wichtigsten Vorschlag des AE, den Verfall lediglich von einer rechtswidrigen Tat abhängig zu machen, wurde gefolgt. Ein sachlicher Grund für eine Unterscheidung zwischen einem schuldhaft und einem schuldlos handelnden Täter war dem Gesetzgeber nicht ersichtlich. Kriminalpolitisch hielt er den Verfall in beiden Fällen für geboten.[29] Auch die Bezeichnung des Verfallsgegenstandes als Vermögensvorteil wurde aus dem AE übernommen. Eine weitere Änderung im Gegensatz zum E 1962 wurde im Bereich des Drittverfalls, der schon bei einem unmittelbaren Vorteil des Dritten anwendbar sein soll, vorgenommen. Hinzu kommen noch Umgestaltungen, die hauptsächlich der Klarstellung dienten.

Mit dem 2. Gesetz zur Reform des Strafrechts gab es erstmalig ein einheitliches, von der Einziehung abgegrenztes Institut zur Abschöpfung von durch kriminelle Handlungen erlangtem Gewinn.

b. Die Gesetzesänderung aus dem Jahr 1992

Allerdings führte der Verfall in der Rechtspraxis ein Schattendasein.[30] Die geringe praktische Bedeutung wird vor allem an § 73 Abs. 1 S. 2 StGB sowie an den notwendigen Nachweis, dass sich gefundene Vermögensmassen beim Täter auf

---

25 AE StGB 1969, S. 169.

26 BGBl. I 1969, 717, 742.

27 *Schmidt,* in: LK, Vor § 73, Rn. 11.

28 *Zipf,* JuS 1974, 273, 280.

29 BT-Drucks. V/4095 S. 39.

30 *Weßlau,* StV 1991, 226, 227.

eine konkrete Tat zurückführen lassen müssen, festgemacht.[31] Ein weiteres Problem entstand durch die Entscheidung des Gesetzgebers, den Vermögensvorteil als Verfallsgegenstand abzuschöpfen. Aus dieser Formulierung wurde die Geltung des Nettoprinzips für den Verfall abgeleitet. Demnach sollte lediglich der Gewinn und nicht der insgesamt erlangte Gegenstand abgeschöpft werden. Vom erzielten Erlös waren deshalb alle dem Täter entstandenen Unkosten abzuziehen.[32] Dies machte einen weiteren Ermittlungsschritt zur Feststellung der Aufwendungen des Täters erforderlich.[33] Weiterhin wurden Wertungswidersprüche mit dem § 817 S. 2 BGB bemängelt. Das in ein verbotenes Geschäft Investierte ist demnach unwiderruflich verloren, beim Verfall hat der Täter immerhin noch seine Aufwendungen einbehalten dürfen.[34]

Auch in der Rechtsprechung wurden Probleme ausgemacht. Vor allem die Anwendung des Nettoprinzips bei Rauschgiftdelikten stieß auf erhebliche Kritik.[35] Der Anlass, das damals geltende Nettoprinzip durch das heute geltende Bruttoprinzip zu ersetzen, war hingegen ein anderer. Unter dem Eindruck eines ständig ansteigenden Bedrohungspotentials durch die organisierte Kriminalität, insbesondere des Betäubungsmittelhandels, wurden Mitte der 1980er Jahre Reformbemühungen zur Bekämpfung dieser Kriminalitätsform unternommen.[36] Im Rahmen dieser Reformbemühungen kam es bereits in der 11. Legislaturperiode zum Entwurf eines Strafrechtsänderungsgesetzes -Erweiterter Verfall-. Durch dieses Gesetz sollte der Erweiterte Verfall in § 73 d StGB eingefügt werden. Zur Begründung wird die geringe praktische Relevanz der zu dieser Zeit gültigen Verfallsvorschriften, als auch eine lückenschließende Funktion zwischen Vermögenstrafe und Verfall, angebracht.[37] Der Bundesrat sah jedoch einen Widerspruch zwischen dem neuen Institut des erweiterten Verfalls nach § 73 d StGB und dem des § 73 I StGB. Der Erweiterte Verfall, der schon dann angeordnet werden kann, wenn Umstände die Annahme rechtfertigen, dass Gegenstände aus kriminellen Handlungen stammen, greife durch das ihm zugrunde liegende Bruttoprinzip mehr in die Rechte des Betroffenen ein, als der Verfall nach § 73 I StGB, obwohl die Anforderungen geringer sind.[38] Diesen Gedanken machte sich

31 *Hoyer,* GA 1993, 406, 408 f.
32 Siehe nur BGHSt 28, 369, 369; BGH StV 1981, 627, 627.
33 *Schmidt,* Gewinnabschöpfung, Rn. 8.
34 BT-Drucks. 12/1134 S. 12.
35 Vgl. nur BGHSt 36, 251, 252.
36 *Eser,* Stree/Wessels-FS, 833, 834.
37 BT-Drucks. 11/6623 S. 4.
38 BT-Drucks. 11/6623 S. 11.

die Bundesregierung zu Eigen. Sie ersetzte das Wort „Vermögenvorteil" in § 73 I 1 StGB durch das Wort „etwas". Auf diese Weise sollte der Verfall dem erweiterten Verfall angepasst und der Widerspruch aufgelöst werden. Das Bruttoprinzip beim Verfall sollte sodann zusammen mit dem erweiterten Verfall und anderen Vorschriften zur Bekämpfung der organisierten Kriminalität, wie die Einführung der Vermögensstrafe und eines Geldwäschetatbestandes in das StGB, mit dem OrgKG eingeführt werden.[39] Letztlich wurde die Änderung des § 73 I 1 StGB in das Gesetz zur Änderung des Außenwirtschaftsgesetzes, des Strafgesetzbuches und anderer Gesetze, mit dem Hinweis auf den Wertungswiderspruch zu § 817 S. 2 BGB, aufgenommen[40] und am 28.02.1992 verabschiedet.

Das OrgKG wurde schließlich am 22.07.1992 verkündet und trat am 22.09.1992 in Kraft.[41] Mit ihm wurden der Erweiterte Verfall und die Vermögenstrafe[42] in das StGB eingefügt. Beide Maßnahmen dienen der Abschöpfung von kriminellen Gewinnen im Bereich der organisierten Kriminalität, ohne dass es im Einzelnen eines mühsamen Nachweises des illegalen Erwerbs der Vermögensgegenstände bedarf.[43] Bei dieser Aufgabe sollte dem erweiterten Verfall lediglich eine lückenfüllende Funktion zukommen.[44]

Mithin sollten durch die Reformen von 1992 zwei der drei oben angesprochenen Probleme gelöst werden.

c. *Das Gesetz zur Stärkung der Rückgewinnungshilfe und der Vermögensabschöpfung bei Straftaten von 2006*

Dem letzten festgestellten Problem der effektiven Gewinnabschöpfung durch den Verfall widmet sich das Gesetz zur Stärkung der Rückgewinnungshilfe und der Vermögensabschöpfung bei Straftaten vom 24.10.2006. Nach § 73 I 2 StGB haben die Ansprüche eines Verletzten Vorrang gegenüber der staatlichen Gewinnabschöpfung. Dabei kommt es nicht auf eine konkrete Geltendmachung der Ansprüche an, vielmehr genügt es, dass sie abstrakt bestehen.[45] Dies kann zu dem unbilligen Ergebnis führen, dass dem Täter die aus der Straftat erlangten und bereits sichergestellten Gewinne zurückerstattet werden müssen. Rechnung

39 BT-Drucks. 12/989 S. 23
40 BT-Drucks. 12/1134 S. 5.
41 BGBl. I 1992, 1302, 1312.
42 Die Vermögensstrafe wurde durch das BVerfG wegen Verstoß gegen Art. 103 Abs. 2 GG für nichtig erklärt, vgl. BVerfG, NJW 2002, 1779 ff.
43 *Perron*, JZ 1993, 918, 918.
44 *Möhrenschlager*, wistra 1992, 281, 285.
45 BT-Drucks. 16/700 S. 8.

wurde diesem Umstand durch Schaffung eines Auffangrechtserwerbs des Staates in § 111 i StPO getragen. Demnach ist es nun möglich, dass der Staat nach Ablauf einer Frist den Gewinn des Täters abschöpft, obwohl materiell-rechtlich § 73 I 2 StGB entgegensteht. Diese Frist wurde im Interesse des Opferschutzes[46] auf 3 Jahre festgelegt. Neben dieser Effektivierung sind noch weitere Veränderungen vorgenommen wurden, die eine erfolgreiche Gewinnabschöpfung über das Prozessrecht gewährleisten sollen. So wurde z.B. die Frist zur Aufrechterhaltung der Beschlagnahme und des dinglichen Arrests in § 111 b Abs. 1,2 StPO auf 12 Monate verlängert. Außerdem gilt nun § 73 I 2 StGB auch für den erweiterten Verfall.

Dieser kurze geschichtliche Überblick zeigt auf, welche Schwierigkeiten eine praktikable und effektive Gestaltung der Verfallsvorschriften, unter Berücksichtigung der Rechte des von den Vorschriften Betroffenen, aufwirft. Dass die Reformen teilweise neue Probleme geschaffen haben, wird an späterer Stelle aufgezeigt werden.

2. Der Verfall nach den §§ 73 ff. StGB

Die Verfallsvorschriften finden sich in den §§ 73–73e StGB. Die Voraussetzungen des Verfalls selbst sind in § 73 StGB geregelt. § 73 Abs. 1 S. 1 StGB enthält die Grundform des Verfalls. Er richtet sich gegen den Täter oder Teilnehmer einer rechtswidrigen Tat. Diesem soll alles, was er aus oder für die Tat erlangt hat, entzogen werden. Aus der Formulierung des Tatbestandes lassen sich zwei Voraussetzungen direkt entnehmen.

a. Voraussetzungen des Verfalls nach § 73 I StGB

Zum einen muss eine rechtswidrige Tat begangen worden sein, zum anderen muss der Täter oder Teilnehmer etwas aus oder für die Tat erlangt haben.

1) Die Begehung einer rechtswidrigen Tat

Der Begriff rechtswidrige Tat ist in § 11 Nr. 5 StGB definiert. Aus der Formulierung geht hervor, dass es auf ein schuldhaftes Handeln nicht ankommt. Dies entspricht auch dem historischen Willen des Gesetzgebers, der sich gerade für diesen Wortlaut des AE entschied. Dabei muss es sich um eine von der Anklage umfasste und vom Tatrichter festgestellte Tat handeln.[47] Eine fahrlässig begehbare

---

46 BT-Drucks. 16/700 S. 8.

47 BGHSt 28, 369, 369.

und begangene Tat reicht aus.[48] Insoweit der Verfall bei einer Vorsatztat angeordnet werden soll, muss der Täter mindestens mit natürlichem Vorsatz gehandelt haben.[49] Mithin steht ein Tatbestandsirrtum nach § 16 StGB dem Verfall entgegen, soweit eine Bestrafung wegen fahrlässiger Begehung nicht in Betracht kommt.[50] Demgegenüber sind persönliche Strafausschließungs- und Strafaufhebungsgründe für eine Verfallsanordnung bedeutungslos.[51] Insbesondere das Vorliegen eines Verbotsirrtums sowie eines Rücktritts sind nicht relevant. Ebenfalls unerheblich ist die vorliegende Beteiligungsform.[52] Auch der Versuch kommt als rechtswidrige Tat im Sinne des § 73 Abs. 1 S. 1 StGB in Betracht.[53] Eine selbständige Anordnung des Verfalls ist nach Maßgabe des § 76a möglich. Zu denken ist z.B. an eine Einstellung des Verfahrens nach §§ 153 ff. StPO.[54]

2) Der Gegenstand des Verfalls

Der Gegenstand des Verfalls nach § 73 Abs. 1 S. 1 StGB wird als „erlangtes Etwas" bezeichnet. Bei der Auslegung des Wortlautes fällt die Weite der Formulierung des Begriffs „Etwas" auf sowie die identische Wortwahl im Vergleich zu § 812 BGB. Mithin kann alles was nach § 812 BGB einen Vermögensvorteil darstellt auch Gegenstand des Verfalls sein.[55] Allerdings ist nur ein tatsächlich erlangter, nicht jedoch ein lediglich erzielbarer Vermögenszuwachs vom Verfall erfasst.[56] Als „erlangtes Etwas" kommen alle aus oder für die Tat erhaltenen und wirtschaftlich messbaren Vorteile in Betracht.[57] Insbesondere Sachen aller Art, Grundstücke, dingliche oder obligatorische Rechte[58] sowie sämtliche ansonsten rechnerisch erfassbare Positionen[59]. Dies können ersparte Aufwendungen, wenn sie rechnerisch eine Besserstellung beim Verfallsadressaten verursachen, sein oder auch Befreiungen von einer Verbindlichkeit.[60] Hingegen werden immaterielle Güter nicht

48 *Brenner*, DRiZ 1977, 203, 203.
49 *Fischer*, StGB, § 73, Rn. 6.
50 *Schmidt*, Gewinnabschöpfung, Rn. 66.
51 *Joecks*, in: MüKo, StGB, § 73, Rn. 20.
52 *Joecks*, in: MüKo, StGB, § 73, Rn. 21.
53 *Saliger*, in: NK StGB, § 73, Rn. 2.
54 BGH NStZ 2003, 422, 423.
55 *Brenner*, DRiZ 1977, 203, 203.
56 BGH StV, 2002, 485, 485.
57 *Schmidt*, in: LK, § 73, Rn. 19.
58 *Fischer*, StGB, § 73, Rn. 9.
59 *Saliger*, in: NK StGB, § 73, Rn. 3.
60 *Schmidt*, in: LK, § 73, Rn. 22 f.

erfasst.[61] Ausreichend ist, dass die Vermögensvorteile dem Täter in irgendeiner Phase des Tatablaufs unmittelbar zugeflossen sind.[62] Das Merkmal „unmittelbar“ findet sich nicht ausdrücklich im Gesetz. Hergeleitet werden kann es aufgrund einer Formulierung im Gesetz. In § 73 Abs. 1 S. 1 StGB wird verlangt, dass der Täter oder Teilnehmer den Vorteil für oder aus der Tat erlangt haben muss. Durch diesen Wortlaut soll das Unmittelbarkeitserfordernis für den Vermögensvorteil in § 73 Abs. 1 StGB betont werden.[63] Des Weiteren hilft ein Rückgriff auf § 73 Abs. 2 StGB. Dessen Anwendungsbereich ist auf mittelbare Vermögensvorteile beschränkt. Diese Systematik legt den Schluss nahe, dass durch § 73 Abs. 1 S. 1 StGB somit nur unmittelbare Gewinne abgeschöpft werden sollen.[64] Unmittelbarkeit bedeutet in diesem Zusammenhang, dass die Abschöpfung spiegelbildlich dem Vermögensvorteil, dessen was der Täter gerade aus der Tat gezogen hat, entsprechen muss.[65] Dies setzt zumindest einen Kausalzusammenhang zwischen Tat und Vorteil voraus.[66] Das Gesetz unterscheidet zwischen zwei Arten der Erlangung des Vermögensvorteils durch den Täter oder Teilnehmer. Er kann ihn für die Tat erhalten oder aus der Tat erlangt haben. Die Unterscheidung selbst ist wenig bedeutsam. Lediglich in § 73 Abs. 1 S. 2 StGB kommt dieser Unterscheidung ein gewisser Stellenwert zu.[67] Für die Tat erlangt sind alle Vermögenswerte, die der Täter oder Teilnehmer als Gegenleistung für die Tatbegehung erhält, aber nicht auf der Tatbestandsverwirklichung selbst beruhen.[68] Hierunter ist zuvorderst die Tatbelohnung zu verstehen.[69] Ob die Gegenleistung für die Tat als Ganzes oder nur für bestimmte Tatbeiträge bzw. für bestimmte Tatziele gewährleistet wurde, ist unerheblich.[70] Entscheidend ist, dass ein Gegenseitigkeitsverhältnis zwischen Tatbegehung und Belohnung für die Tat besteht, indessen ist ein Unrechtspakt unnötig.[71] Hingegen sind aus der Tat alle Vermögensvorteile erlangt, die dem

61 *Rönnau*, Vermögensabschöpfung, Rn. 173.
62 *Neuefeind*, JA, 2004, 155, 160.
63 Siehe nur BT-Drucks. V/4095 S. 39.
64 *Nack*, GA 2003, 879, 881.
65 BGH NStZ 2006, 210, 212.
66 *Schmidt*, in: LK, § 73, Rn. 19.
67 *Eser*, in: Schönke/Schröder, § 73, Rn. 8.
68 *Janssen*, Gewinnabschöpfung, Rn. 267.
69 BGHSt 32, 60, 63.
70 *Eser*, in: Schönke/Schröder, § 73, Rn. 8.
71 *Saliger*, in: NK StGB, § 73, Rn. 5.

Täter oder Teilnehmer aus der Verwirklichung des Tatbestandes höchst selbst in irgendeiner Phase des Tatablaufs zufließen, insbesondere die Beute.[72]

Den Vermögensvorteil muss der Täter oder Teilnehmer erlangt haben. Hierfür genügt, dass der Tatbeteiligte zumindest die faktische Verfügungsgewalt über den Verfallsgegenstand innehat[73] bzw. dass er mit der wirtschaftlichen Nutzung begonnen hat[74]. Das Erlangen selbst ist ein tatsächlicher Vorgang.[75] Mithin kann es auf die rechtliche Wirksamkeit des Grund- oder Verfügungsgeschäfts nicht ankommen.[76] Indes nicht erfasst ist, was der Tatbeteiligte nur erlangen wollte oder hätte erlangen können[77] sowie künftig zu erwartende Vorteile[78]. Gleichwohl sind Vorteile erfasst, die lediglich zum Schein angenommen worden.[79] Haben mehrere Tatbeteiligte mitgewirkt, so bedarf es beim Verfallsbetroffenen wenigstens der wirtschaftlichen Mitverfügungsgewalt.[80]

Insgesamt muss beim Täter oder Teilnehmer eine Vermögensmehrung durch den Vorgang des Erlangens eingetreten sein.[81]

3) *Der Umfang der Vermögensabschöpfung*

Der Umfang des Verfalls bestimmt sich seit dem 28.02.1992 nach dem Bruttoprinzip. Wie oben aufgezeigt sollte das Verfallsrecht mit dem Bereicherungsrecht abgestimmt werden. Unter Bruttoprinzip versteht man, dass nicht nur der bloße Gewinn, sondern alles, was ein Tatbeteiligter erlangt hat, für verfallen zu erklären ist.[82] Mithin sind alle Aufwendungen und Kosten, die der Tatbeteiligte gemacht hat, um den Vermögensvorteil zu erlangen, im Gegensatz zum früheren Nettoprinzip nicht mehr abzugsfähig. Zweifel[83] an der Geltung des Bruttoprinzips ergeben sich aufgrund von teleologischer und historischer Auslegung indessen nicht mehr.[84] Allerdings ist bei der Anwendung des Bruttoprinzips zu

---

72 *Joecks*, in: MüKo, StGB, § 73, Rn. 20.
73 *Fischer*, StGB, § 73, Rn. 13.
74 *Saliger*, in: NK StGB, § 73, Rn. 7.
75 BGH NStZ 2006, 570, 571.
76 *Eser*, in: Schönke/Schröder, § 73, Rn. 11.
77 *Fischer*, StGB, § 73, Rn. 13.
78 Eser, in: Schönke/Schröder, § 73, Rn. 11.
79 *Eser*, in: Schönke/Schröder, § 73, Rn. 13.
80 *Retemeyer*, in : Achenbach/Ransiek, Wirtschaftsstrafrecht, Teil. XIV, Rn. 20.
81 *Schmidt*, in: LK, § 73, Rn. 32.
82 BGHSt 47, 369, 370.
83 So noch *Göhler*, wistra 1992, 133, 136; *Wolters*, Verfall, S. 65ff.
84 Siehe B.I.1.b. zur Gesetzesänderung von 1992 und die Begründung zur Gesetzesänderung, vgl. hierzu BT-Drucks. 12/989 S. 23.

berücksichtigen, dass es einer klaren Abgrenzung zwischen der Bestimmung des Verfallsgegenstandes und dem späteren Umfang dessen, was für verfallen erklärt werden soll, erfolgt. Das Bruttoprinzip findet erst Anwendung, wenn der Verfallsgegenstand klar bestimmt ist. Denn erst nach diesem Schritt können die Aufwendungen und Unkosten des Tatbeteiligten Berücksichtigung finden. Mithin ist die Bestimmung des erlangten Etwas immer der Anwendung des Bruttoprinzips vorgeschalten.[85] Die genaue Bestimmung des erlangten Etwas in Abgrenzung zum Umfang des Verfalls kann überall dort zu Problemen führen, wo der Tatbeteiligte durch die rechtswidrige Tat ihm bereits gehörendes Vermögen noch im Wert steigert oder er seinen ursprünglichen Wert nicht verliert.[86] Typische Fallkonstellationen hierfür finden sich im Insiderrecht[87] oder auch bei Korruption, im Rahmen der öffentlichen Auftragsvergabe.[88]

Die Umstellung auf das Bruttoprinzip war und bleibt umstritten.[89] Die Auswirkungen in allen Bereichen des Strafrechts sind noch nicht vollständig ausgearbeitet. Welche Möglichkeiten und Probleme sich speziell im Wirtschaftsstrafrecht ergeben, soll zu einem späteren Zeitpunkt in den Mittelpunkt der Betrachtung rücken.

b. Die Erweiterung der Verfallsabschöpfung gem. § 73 II StGB

Nach § 73 Abs. 1 S. 1 StGB können nur die unmittelbaren Vermögensvorteile abgeschöpft werden. Eine mittelbare Abschöpfung von Tatfrüchten erlaubt lediglich § 73 Abs. 2 StGB. Demnach ist die Möglichkeit gegeben, Nutzungen und Surrogate der rechtswidrigen Tat abzuschöpfen. Die explizite Nennung dieser beiden Arten von mittelbaren Gewinnen und die Systematik der §§ 73 Abs. 1

---

85 So auch: BGH NStZ 2006, 210, 212; wohl auch: *Joecks*, in: MüKo, StGB, § 73, Rn. 28ff.; *Janssen*, Gewinnabschöpfung, Rn. 266.

86 *Hohn*, wistra 2003, 321, 323.

87 Vgl. hierzu OLG Stuttgart, NStZ 2016, 28, 29, hier wird als erlangter Vorteil lediglich der Sondervorteil des Insiders gesehen, mit der Folge, dass nur dieser Vorteil und nicht der gesamte Wert der erworbenen Papiere abgeschöpft wird. Dies wird im Fall eines Verstoßes nach § 31 Abs. 1 Nr. 2 ZAG vom BGH, BeckRS 2015, 13332, S. 5 anders gesehen. Der BGH lässt hier die Abschöpfung der gesamten Ansprüche eines Geldautomatenbetreibers gegen die Nutzer des Terminals zuzüglich der lediglich beim Automatenbetreiber verbleibenden Gebühr zu. In einer weiteren Entscheidung des OLG Stuttgart, BeckRS 16560, S. 4, wird im Fall eines Verstoßes nach § 38 Abs. 2 WpHG zwar ebenso der gesamte erlangte Erlös für verfallen erklärt, gleichwohl gilt dies nur für den einfachen Wert der Papiere, selbst wenn diese mehrfach durch Verkaufs- und Rückkaufgeschäfte erlangt wurden.

88 *Hohn*, wistra 2003, 321, 323, detaillierte Übersicht unter F.V.

89 Siehe nur: *Saliger*, in: NK StGB, § 73, Rn. 12ff.; *Eser*, in: Schönke/Schröder, § 73, Rn. 4.

S. 1 StGB und 73 Abs. 2 StGB zeigt auf, dass § 73 Abs. 2 StGB abschließend die Abschöpfung der mittelbaren Gewinne regelt. Auch hier lohnt ein Blick in das Bereicherungsrecht. § 73 Abs. 2 StGB ist § 818 Abs. 1 BGB nachempfunden. Mithin ist bei der Auslegung der Verfallsregelung auf die entwickelten Grundsätze zum Bereicherungsrecht zurückzugreifen.[90]

Der Begriff „Nutzungen" wird in diesem Terminus auch im § 100 BGB verwendet.[91] Demnach sind Nutzungen die Früchte, die durch den Gebrauch einer Sache oder eines Rechts gewährt werden. Der Begriff „Früchte" ist § 99 BGB zu entnehmen. Die Definition findet auch im Verfallsrecht Anwendung.[92] Hauptsächlich umfasst sind Zinsen, Dividenden, Miet- und Pachteinnahmen, die aus dem Erlangten gezogen sind.[93] Jedoch nicht umfasst sind zukünftige Nutzungen, sie müssen tatsächlich gezogen worden sein.[94] Des Weiteren ist der Verfall von Nutzungen, im Gegensatz zu Surrogaten, zwingend anzuordnen. Deren Verfallsanordnung steht im Ermessen des Gerichts. Dem Gericht soll dadurch erspart werden, überprüfen zu müssen, welches Surrogat im Einzelfall angefallen ist.[95] Stattdessen ist der Wertersatzverfall nach § 73a S. 1 StGB anzuordnen. Umfasst sind Gegenstände, die der Tatbeteiligte durch Veräußerung eines erlangten Gegenstandes oder als Ersatz für dessen Zerstörung, Beschädigung oder Entziehung oder aufgrund eines erlangten Rechts erhalten hat. Veräußert der Tatbeteiligte den Gegenstand, kann sowohl ein dafür erhaltener Gegenstand, der erlangte Geldbetrag selbst oder der mit dem Geldbetrag erworbene Gegenstand für verfallen erklärt werden.[96] Einschränkungen bestehen dahin gehend, dass der Tatbeteiligte Eigentum an dem Ersatzgegenstand erlangt haben muss.[97]

c. Die Verfallanordnung gegen den tatunbeteiligten Dritten gem. § 73 III StGB

Nach § 73 Abs. 1 StGB kann sich die Verfallsanordnung nur gegen den Täter oder Teilnehmer der rechtswidrig begangenen Tat richten. Handelt hingegen der Tatbeteiligte zugunsten eines Dritten, ist eine Verfallserklärung gegen diesen

---

90 *Schmidt,* Gewinnabschöpfung, Rn. 71; *Lackner/Kühl* StGB, § 73, Rn. 7; *Saliger,* in: NK StGB, § 73, Rn. 32.
91 *Saliger,* in: NK StGB, § 73, Rn. 31.
92 *Schmidt,* in: LK, § 73, Rn. 44.
93 *Podolsky,* in: Wabnitz/Janovsky, 28. Kapitel, Rn. 29.
94 BGH MDR 1981 bei *Holtz,* 629, 630.
95 *Schmidt,* in: LK, § 73, Rn. 49.
96 *Joecks*, in: MüKo, StGB, § 73, Rn. 59.
97 *Schmidt,* Gewinnabschöpfung, Rn. 73.

nach § 73 Abs. 1 StGB nicht möglich. Somit wäre in zahlreichen Fallkonstellationen eine Abschöpfung des Vermögensvorteils nicht möglich, insoweit dieser nicht beim Tatbeteiligten, sondern bei einem Dritten vorliegt. Diese Kluft soll durch § 73 Abs. 3 StGB überwunden werden. Vor allem im Bereich der Wirtschafts- und Verbandskriminalität, bei dem der Täter oftmals nicht nur im eigenen Interesse, sondern auch im Interesse eines Dritten handelt, eröffnet § 73 Abs. 3 StGB Möglichkeiten zur Abschöpfung rechtswidrig erlangter Vermögensvorteile. Diese Mechanik der Abschöpfung steht im Zentrum der Betrachtung und stellt einen neuralgischen Punkt im Konzept der Vermögensabschöpfung bei Wirtschaftsstraftaten dar. Im Folgenden soll zunächst primär nur der Tatbestand dargestellt werden, ohne spezifische Probleme des Wirtschaftsstrafrechts einzubeziehen, um so die Regelung in ihrer allgemeinen Zielsetzung zu erfassen.

Um die Voraussetzungen des Tatbestandes zu untersuchen, ist zunächst der Wortlaut zu betrachten. Es muss ein Anderer etwas erlangt haben. Dies muss durch eine Handlung des Täters oder Teilnehmers geschehen sein. Dabei ist es erforderlich, dass der Tatbeteiligte für den Dritten gehandelt hat. Als Rechtsfolge richtet sich die Verfallsanordnung nach den §§ 73 Abs. 1, 2 gegen den Dritten.

Mithin wird ein Verschulden des Dritten nicht benötigt. Zudem ist zu beachten, dass gegen ihn keine selbständige Verjährung läuft.[98]

1) Der Verfallsbetroffene

Der Verfallsbetroffene wird vom Gesetz schlicht als Anderer bezeichnet. Der Ausdruck ist insoweit weitläufig formuliert. Umfasst werden somit natürliche, aber auch juristische Personen.[99] Dass juristische Personen eingeschlossen sind, ergibt sich nicht direkt aus dem Wortlaut. Allerdings lässt eine systematische Auslegung von § 30 Abs. 5 OWiG diesen Schluss zu. Die Vorschrift ermöglicht es, Geldbußen gegen juristische Personen und Personenvereinigungen zu verhängen. In Abs. 5 wird der Verfall nach §§ 73 oder 73 a bei der Anwendung des § 30 OWiG indessen ausgeschlossen. Folglich muss dieser auch gegen juristische Personen möglich sein.[100] Ebenfalls umfasst sind Personengesellschaften und Personenvereinigungen ohne Rechtsfähigkeit sowie juristische Personen des

98 *Rönnau*, Vermögensabschöpfung, Rn. 264.
99 *Schmid/Winter*, NStZ 2008, 8, 12.
100 *Best*, JR 2003, 335, 337.

öffentlichen Rechts.[101] Auch der Rechtsnachfolger des Drittbegünstigten kann von der Verfallsanordnung betroffen sein.[102]

Der Verfallsbetroffene muss etwas erlangt haben. Der Gesetzgeber verwendet hier denselben Wortlaut wie in § 73 Abs. 1 S. 1 StGB. Mithin ist der Verfallsgegenstand des § 73 Abs. 3 StGB mit dem des § 73 Abs. 1 StGB identisch. Das Wort „Etwas" ersetzte hier ebenfalls den Begriff des Vermögensvorteils. Das Bruttoprinzip soll folglich auch für den Drittbegünstigten gelten.

2) Die Handlung des Tatbeteiligten

Der Tatbeteiligte muss für den Anderen gehandelt haben und dieser muss dadurch etwas erlangt haben. Der Wortlaut ist bezüglich der Stellung und Handlung des Tatbeteiligten offen. Weder wird erwähnt, welches Verhältnis zwischen dem Dritten und dem Täter oder Teilnehmer herrschen muss, noch werden andere Voraussetzungen genannt, die an die Handlung zu stellen sind. Jedenfalls lässt sich durch die Formulierung „dadurch" erkennen, dass die Handlung im direkten Zusammenhang zum Vermögensvorteil des Dritten stehen muss.

An die Verbindung zwischen Tatbeteiligten und Dritten sind zumindest geringere Anforderungen zu stellen als ein Vertretungsverhältnis.[103] Der Gesetzgeber begnügte sich mit dem Unmittelbarkeitserfordernis zwischen dem Handeln des Tatbeteiligten und dem Vermögensvorteil des Dritten. Es sollte gerade nicht darauf ankommen, dass nach außen erkennbar für einen anderen gehandelt wurde.[104] Mithin ist jeder Tatbeteiligte dazu geeignet die Voraussetzung des § 73 Abs. 3 StGB zu verwirklichen. Es ist weder ein Organschaftsverhältnis i.S.v. § 14 StGB, noch ein echtes Vertretungsverhältnis, noch ein besonderer Auftrag notwendig.[105] Auf ein Unternehmen bezogen, könnte somit sogar eine völlig außenstehende Person als Tatbeteiligter im Sinne des § 73 Abs. 3 StGB in Betracht kommen.[106] Eine solche Konstellation zeigt, wie ausgedehnt eine Abschöpfung nach dem Wortlaut des § 73 Abs. 3 StGB erfolgen kann. Wo die Grenzen zu ziehen sind, ist teils sehr strittig. Die Ansatzpunkte sind sehr unterschiedlich und sollen an dieser Stelle vorerst nur im Überblick dargestellt werden.

---

101 *Schmidt,* Gewinnabschöpfung, Rn. 265 f.

102 *Lackner/Kühl* StGB, § 73 Rn. 9.

103 Die Formulierung „als Vertreter eines anderen" wurde gerade nicht übernommen, da sie als zu eng angesehen wurde (BT-Drucks. V/4095 S. 40).

104 BT-Drucks. V/4095 S. 40.

105 *Eser,* in: Schönke/Schröder, § 73, Rn. 36.

106 *Hellmann/Beckemper,* Wirtschaftsstrafrecht, Rn. 989.

Im Mittelpunkt der Diskussion steht dabei das Unmittelbarkeitserfordernis. An dieses werden unterschiedliche Voraussetzungen festgemacht. So soll eine Unmittelbarkeit dann vorliegen, wenn der Vermögensverlust auf der Seite des Tatbeteiligten und der Vermögenszuwachs auf der Seite des Tatunbeteiligten eine so enge Wechselbeziehung tatsächlicher Art besitzen, dass sie bei natürlicher Betrachtungsweise eine sinnvolle Einheit bilden.[107] Anderseits wird es als nicht notwendig angesehen, dass die Handlung des Täters unmittelbar zu einem Vermögenszuwachs beim Dritten geführt hat.[108] Vielmehr reicht das Vorliegen eines Bereicherungszusammenhangs aus.[109]

Des Weiteren wird das Handeln des Täters im Interesse des Dritten als erforderlich angesehen.[110] Nach außen erkennbar muss dies gleichwohl nicht sein.[111] Auch wird versucht eine Eingrenzung über den Dritten vorzunehmen. Dieser soll zumindest in irgendeiner Weise Einfluss auf den Tatbeteiligten gehabt haben.[112]

Der BGH versucht die Problematik über die Bildung von Fallgruppen zu lösen.[113] Die wichtigsten sind Vertretungsfälle im weiteren Sinne, Verschiebungsfälle und Erfüllungsfälle. Um einen Vertretungsfall im weiteren Sinne handelt es sich, insoweit ein, über Organe, Vertreter oder Beauftrage hinaus, sonstiger Organisationangehöriger für eine Organisation tätig wird.[114] Indes liegt bei der Übertragung der Tatvorteile durch ein bemakeltes Rechtsgeschäft, zur Verschleierung der Tat oder dem Ausschluss des Gläubigerzugriffs, ein Verschiebungsfall vor.[115] Ist einer dieser Sachverhalte gegeben, soll eine Verfallsanordnung gegen den Dritten möglich sein. Demgegenüber ist die Verfallsanordnung in einem Erfüllungsfall nicht möglich. Dieser zeichnet sich dadurch aus, dass der Tatbeteiligte einem gutgläubigen Dritten Tatvorteile in Erfüllung einer nicht bemakelten entgeltlichen Verbindlichkeit, zuwendet.[116]

---

107 *Brenner,* DRiZ 1977, 203, 206.
108 *Schmidt,* Gewinnabschöpfung, Rn. 69.
109 BGHSt 45, 235, 244.
110 *Lackner/Kühl* StGB, § 73, Rn. 9.
111 *Saliger,* in: NK StGB, § 73, Rn. 34.
112 *Eser,* in: Schönke/Schröder, § 73, Rn. 37.
113 Für eine detaillierte Übersicht vgl. F.VII.1.
114 BGHSt 45, 235, 245.
115 OLG Hamburg, NJW 2005, 1383, 1384.
116 BGHSt 45, 235, 247.

d. *Die Verfallsanordnung nach § 73 IV StGB*

In § 73 Abs. 4 StGB ist eine Ausnahme zum Grundsatz des § 73 Abs. 1 S. 1 StGB geregelt. Demnach ist es möglich, Gegenstände, die nicht in das Eigentum des Täters, Teilnehmers oder Drittbegünstigen gelangt sind, beim Eigentümer selbst abzuschöpfen. Gleichwohl handelt es sich hier weniger um eine eigene Form des Verfalls, sondern vielmehr um eine Beweiserleichterung.[117] Denn der Verfall nach § 73 Abs. 1 S. 1 StGB kann grundsätzlich nicht angeordnet werden, insoweit zweifelhaft ist, ob der Vermögensvorteil dem Täter zusteht.[118] In einem solchen Fall soll der Tatrichter nicht mit der Aufklärung, von unter Umständen, komplexen zivilrechtlichen Fragestellungen zum Eigentum am Verfallsgegenstand belastet werden.[119] Im Blickpunkt sind hauptsächlich Rechtsgeschäfte, bei denen der Tatbeteiligte aufgrund von §§ 134, 138 Abs. 1 BGB kein Eigentum am Verfallsgegenstand erwerben konnte.[120] Bei diesen ist es dann möglich, auch gegen an der Tat unbeteiligte Dritte den Verfall anzuordnen.

Voraussetzung hierfür ist jedoch, dass der Dritte die Vorteile für die Tat oder sonst in Kenntnis der Tatumstände gewährt hat. „Für die Tat gewähren" ist ein Spezialfall des Gewährens in Kenntnis der Tatumstände. Die Bezeichnung „Kenntnis" bringt zum Ausdruck, dass dem Dritten die Tatumstände bekannt sein müssen, dies setzt Wissen voraus. Gleichwohl soll bedingter Vorsatz ausreichen.[121]

„Gewähren" bedeutet, dass dem Tatbeteiligten durch den Dritten eine tatsächliche wirtschaftliche Bereicherung verschafft wurde.[122]

§ 73 Abs. 4 StGB wird teilweise als Parallelfall zur strafähnlichen Dritteinziehung nach § 74 a StGB angesehen.[123] Der Wortlaut lässt, aufgrund seiner Ähnlichkeit zu § 74 a StGB, eine solchen Schluss zu. Allerdings ist die Systematik der Verfallvorschriften zu beachten. § 73 Abs. 4 StGB erklärt den Verfall in Fällen für zulässig, in denen § 73 Abs. 1 StGB nicht anwendbar ist, weil der Tatbeteiligte nicht Eigentümer des Verfallsgegenstandes geworden ist. Der Tatbeteiligte hat somit einzig nicht das Eigentum an dem Vermögenvorteil erworben. Gleichwohl hat er den Vermögensvorteil bereits erhalten und konnte ihn nutzen. Die

117 *Rönnau*, Vermögensabschöpfung, Rn. 292.
118 *Janssen*, Gewinnabschöpfung, Rn. 291.
119 *Janssen*, Gewinnabschöpfung, Rn. 291.
120 *Saliger*, in: NK StGB, § 73, Rn. 37.
121 *Saliger*, in: NK StGB, § 73, Rn. 37.
122 *Lackner/Kühl* StGB, § 73, Rn. 10.
123 Vgl. *Eser*, in: Schönke/Schröder, § 73, Rn. 39; *Saliger*, in: NK StGB, § 73, Rn. 37.

Übereignung scheiterte lediglich an zivilrechtlichen Vorschriften. Wird nun dem Dritten der Vorteil, den er dem Tatbeteiligten insgesamt gewähren wollte, entzogen, obwohl er diesen ohnedies aufgeben wollte, tritt lediglich der vom Dritten selbst herbeizuführende Zustand, der Verlust seines Rechts, ein.[124] Eine entsprechende Regelung liegt in § 74 a StGB nicht vor.

Zu berücksichtigen ist noch, dass der Dritte nach §§ 442, 431 StPO am Verfahren zu beteiligen ist.[125]

e. *Die §§ 73 a StGB ff.*

Den Voraussetzungen des Verfalls folgen die § 73 a – 73 e StGB. Diese schaffen zusätzliche Eingriffsmöglichkeiten, regeln Härtefälle und legen die Wirkung des Verfalls fest. Zu berücksichtigen ist, dass § 73 c StGB an dieser Stelle ausgespart wird, um eine einheitliche Betrachtung der Grenzen des Verfalls an späterer Stelle zu gewährleisten.

1) Der Verfall des Wertersatzes nach § 73 a StGB

§ 73 a StGB regelt den Wertersatzverfall. Demnach hat das Gericht, insoweit der Verfall wegen der Beschaffenheit des Erlangten oder aus einem anderen Grunde nicht möglich ist oder von dem Verfall eines Surrogats nach § 73 Abs. 2 Satz 2 abgesehen wird, Wertersatz für das Erlangte in Form eines Geldbetrages anzuordnen. Nach Satz 2 ist eine solche Anordnung auch neben dem Verfall zu treffen, soweit der Wert des Originalgegenstandes den Wert des Verfallsgegenstandes übertrifft. Hinter der Vorschrift steckt der Gedanke, dass dem Täter, selbst wenn der Verfall des erlangten Etwas aus bestimmten Gründen nicht möglich ist, der Vermögensvorteil entzogen werden soll. Durch die Anordnung des Wertersatzverfalls entsteht dem Staat ein Anspruch auf Zahlung einer Geldsumme, die entsprechend einer Geldstrafe nach §§ 459 g Abs. 2, 459 c beigetrieben wird. In der Praxis hat der Wertersatzverfall eine tragende Rolle. So gründen sich etwa 95% aller Vermögensabschöpfungsverfahren materiell auf den § 73 a StGB.[126]

Dem Wortlaut nach müssen die Voraussetzungen des Verfalls nach § 73 StGB vorliegen. Welche Art des Verfalls nach § 73 StGB indessen vorliegt, ist unerheblich. Die weiteren Voraussetzungen ergeben sich unmittelbar aus § 73 a StGB und lassen sich in vier Fallgruppen unterteilen.

---

124 So auch: *Schmidt*, Gewinnabschöpfung, Rn. 90.

125 *Podolsky*, in: Wabnitz/Janovsky, 28. Kapitel, Rn. 39.

126 *Podolsky*, in: Wabnitz/Janovsky, 28. Kapitel, Rn. 40.

Zunächst wird der Wertersatzverfall bei Vorteilen angeordnet, die wegen ihrer Beschaffenheit nicht für verfallen erklärt werden können. Dies umfasst fast alle Tatvorteile, die nicht in einer Sache oder einem bestimmten Recht bestehen, sondern lediglich rein rechnerisch erfassbare Positionen darstellen.[127] Dazu gehören ersparte Aufwendungen und Gebrauchsvorteile[128] sowie Sachen, die durch Verbindung, Vermischung und Verarbeitung (§§ 946 ff. BGB) verändert wurden[129].

Als weitere Möglichkeit, bei der der Wertersatzverfall anzuordnen ist, nennt § 73 a S. 1 StGB den Ausschluss des Verfalls aus anderem Grund. Umfasst sind Fälle, in denen der Vermögensvorteil nicht mehr im Eigentum des Verfallsbetroffenen steht.[130] Des Weiteren sind Sachverhalte eingeschlossen, bei denen der Tatbeteiligte die erlangte Sache verbraucht, verliert, zerstört oder unauffindbar beiseite geschafft hat.[131]

Darüber hinaus ist der Verfall des Wertersatzes obligatorisch, wenn vom Verfall des Ersatzgegenstandes nach § 73 Abs. 2 S. 2 StGB abgesehen wird. Mithin weicht § 73 Abs. 2 S. 2 StGB nicht vom verpflichtenden Charakter des Verfalls ab. Dem Gericht wird lediglich die Möglichkeit eröffnet sich zwischen Wertersatzverfall und dem Verfall des Ersatzgegenstandes zu entscheiden. Diese Möglichkeit wird das Gericht hauptsächlich aufgrund von prozessökonomischen Gründen wahrnehmen.[132]

Die letzte Gruppe der Anordnung des Wertersatzverfalls bildet § 73 a S. 2 StGB. Demnach kann der Wertersatzverfall neben dem Verfall eines Gegenstandes angeordnet werden, soweit dessen Wert hinter dem Wert des ursprünglich Erlangten zurückbleibt. Der Verfallsgegenstand muss folglich nach dem Erlangen durch den Tatbeteiligten einen Wertverlust erlitten haben. Auch möglich ist die Anwendung des S. 2, wenn der Wert des erlangten Surrogats hinter dem Wert des Originalgegenstandes zurückbleibt.[133]

127 *Eser*, in: Schönke/Schröder, § 73 a, Rn. 4.
128 Vgl. OLG Düsseldorf, wistra 1999, 477, 478.
129 *Schmidt*, in: LK, § 73 a, Rn. 5.
130 *Eser*, in: Schönke/Schröder, § 73 a, Rn. 4.
131 *Joecks*, in: MüKo, StGB, § 73 a, Rn. 8.
132 *Schmidt*, in: LK, § 73 a, Rn. 8.
133 *Eser*, in: Schönke/Schröder, § 73 a, Rn. 10.

Für die Berechnung der Höhe des Wertersatzes ist der gemeine Verkehrswert des ursprünglich erlangten Vorteils zum Zeitpunkt der letzten tatrichterlichen Entscheidung maßgeblich.[134]

2) Die Schätzung des Verfallsumfangs nach § 73 b StGB

Gem. § 73 b StGB kann der Umfang des Erlangten, dessen Wert sowie die Höhe des Anspruchs nach § 73 Abs. 1 S. 2 StGB geschätzt werden. Zweck der Vorschrift ist es, das Gericht von der mitunter schwierigen, wenn nicht überhaupt unmöglichen Aufgabe zu entbinden, alle notwendigen Feststellungen über Art und Umfang der dem Verfall unterliegenden Vermögenswerte zu treffen.[135] Dies entbindet das Gericht nicht vom Strengbeweis zur Feststellung, dass etwas erlangt wurde und dass Ansprüche gegen den Tatbeteiligten bestehen.[136] Ausreichend für die Schätzung ist, ggf. unter Hinzuziehung eines Sachverständigen, eine hypothetische Wertannahme.[137]

3) Die Wirkung des Verfalls nach § 73 e StGB

In § 73 e StGB ist die Wirkung des Verfalls geregelt. Sie betrifft allerdings nicht den Wertersatzverfall nach § 73 a StGB. Bei diesem entsteht dem Staat lediglich ein Anspruch auf Geldzahlung. Hingegen legt § 73 e Abs. 1 S. 1 StGB fest, dass das Eigentum an dem Verfallsgegenstand mit Anordnung des Verfalls auf den Staat übergeht und zwar gem. § 60 S. 1 StVollstrO auf das Land, dessen Gericht im ersten Rechtszug entschieden hat. Allerdings muss das Eigentum am Verfallsgegenstand dem von der Verfallsentscheidung Betroffenen zur Zeit der Anordnung zustehen. Betroffener kann nicht nur der Täter oder Teilnehmer nach § 73 Abs. 1 S. 1 StGB sein, sondern auch der Drittempfänger nach § 73 Abs. 3 StGB sowie der Vorteilsgewährende nach § 73 Abs. 4 StGB. Maßgeblicher Zeitpunkt für die Beurteilung der Eigentümerstellung ist die letzte tatrichterliche Entscheidung.[138]

Gleichwohl bleiben nach § 73 Abs. 1 S. 2 StGB Rechte Dritter am Verfallsgegenstand bestehen. Obgleich nur beschränkt dingliche Rechte umfasst sind.[139]

---

134 BGHSt 4, 13, 14; 305, 306; *Eser,* in: Schönke/Schröder, § 73 a, Rn. 11 a.A. *Güntert,* Gewinnabschöpfung, S. 66–68.

135 BGH NStZ 1989, 361,361.

136 *Burghart,* in: SSW -StGB, § 73 b, Rn. 2.

137 *Fischer,* StGB, § 73 b, Rn. 5.

138 *Fischer,* StGB, § 73 e, Rn. 5.

139 *Lackner/Kühl* StGB, § 73 e Rn. 2.

Des Weiteren legt § 73 Abs. 2 StGB ein Veräußerungsverbot im Sinne der §§ 136, 135 BGB fest. Allerdings entfaltet es nur relative Wirkung gem. § 135 Abs. 1 BGB, da lediglich der Eigentumsübergang auf den Fiskus gesichert werden soll.[140] Folglich ist ein gutgläubiger Erwerb nach §§ 135 Abs. 2, 932 ff. BGB am Verfallsgegenstand möglich. Durch die Vorschrift wird verhindert, dass vor Eintritt der Rechtskraft des Urteils der Verfallsgegenstand dem Staat entzogen wird. Bedeutung erlangt sie vor allem dann, wenn keine Beschlagnahme nach §§ 111 b, 111 c StPO angeordnet wurde. Ansonsten entsteht mit der Beschlagnahme gem. § 111 c Abs. 5 StPO ebenfalls ein Veräußerungsverbot.

4) Der Erweiterte Verfall nach § 73 d StGB

Der Erweiterte Verfall, geregelt in § 73 d StGB, ist eine relativ neue Vorschrift des StGB. Sie wurde mit dem OrgKG 1992 in das StGB eingeführt.[141] Überdies handelt es sich um eine eigenständige Erscheinungsform des Verfalls, auf die, insoweit sich aus der Gesetzessystematik nichts anderes ergibt, alle Vorschriften des Verfalls anwendbar sind.[142]

In § 73 d Abs. 1 S. 1 StGB sind die Voraussetzungen für die Anordnung des erweiterten Verfalls geregelt. Anwendung findet dieser nur, als dass der Verfall nach § 73 StGB nicht angeordnet werden kann. Eine solche Folgerung ist dem Wortlaut zu entnehmen. Dieser verwendet die Formulierung, „…so ordnet das Gericht den Verfall …auch dann an…“. Insofern liegt Subsidiarität gegenüber dem einfachen Verfall vor, denn der Anwendung des § 73 d StGB bedarf es nur hilfsweise, in Fällen in denen der Verfall nach § 73 StGB nicht möglich ist.

Zunächst bedarf es, wie beim einfachen Verfall, ebenfalls einer rechtswidrigen Tat. Gleichwohl findet sich schon hier die erste Besonderheit. Denn ausgeformt ist der Erweiterte Verfall nach § 73 Abs. 1 S. 1 StGB als Blankettnorm. Die durch den Täter oder Teilnehmer verwirklichte Norm, mithin die rechtswidrige Tat, muss auf den erweiterten Verfall verweisen. Ursprünglich sollte der Erweiterte Verfall nur in Fällen der Betäubungsmittelkriminalität, im Rahmen von § 33 BtMG zum Einsatz kommen. Allerdings entschied sich der Gesetzgeber den Anwendungsbereich auch auf Banden- und gewerbsmäßige Kriminalität auszudehnen.[143] Des Weiteren dürfen nur Gegenstände des Täters oder Teilnehmers

140 *Burghart*, in: SSW –StGB, § 73 e, Rn. 6.

141 Im Einzelnen s.o. B.I.1.b.

142 Siehe nur BT-Drucks. 11/6623 S. 13.

143 Vgl. die Entwicklung von 11/6623 S. 3 hinzu BT-Drucks. 12/989 S. 6 f. Neben den Betäubungsmitteldelikten wurden nun auch entsprechende Verweise z.B. bei der

nach § 73 Abs. 1 S. 1 StGB für verfallen erklärt werden. Der Tatbeteiligte muss folglich Eigentümer der Gegenstände sein. Da das Gesetz den Begriff „Gegenstände" verwendet, ist der Erweiterte Verfall an dieser Stelle restriktiver, als der einfache Verfall. Umfasst sind somit nur Sachen und Rechte[144], nicht hingegen nur rechnerisch erfassbare Positionen.[145]

Der neuralgische Punkt des erweiterten Verfalls liegt indessen in der Erlangung der Gegenstände durch den Täter. Zum einen müssen die Vorteile nicht aus der Anlasstat stammen, es reicht aus, dass sie aus einer anderen rechtswidrigen Tat stammen.[146] Zum anderen muss die rechtswidrige Herkunft nicht feststehen.[147] Es genügt, dass Umstände diese Annahme rechtfertigen. Dabei verlangt das Gesetz bezüglich der Herkunftstat auch keinen Gesetzesverweis auf den erweiterten Verfall, hierfür genügt somit jede rechtswidrige Tat. Wie genau die Umstände beschaffen sein müssen, um die Annahme der rechtswidrigen Erlangung zu rechtfertigen, ist vom Gesetz nicht vorgegeben. In den Gesetzesbegründungen heißt es, dass Umstände im Sinne der Vorschrift alle einkommens- und vermögensrelevanten Gegebenheiten des Täters sind, soweit sie das Gericht im Rahmen seiner Amtsermittlungspflicht feststellen kann.[148] Dabei soll es für die Annahme der rechtwidrigen Herkunft reichen, wenn diese von allen in Betracht kommenden Möglichkeiten die ganz überwiegend wahrscheinlichste ist.[149] Die rechtswidrige Herkunft soll sich einem objektiven Betrachter geradezu aufdrängen.[150] Diese Auslegung der Norm lässt für die Anordnung des erweiterten Verfalls, die im Übrigen obligatorisch ist, eine Wahrscheinlichkeit genügen. Selbst wenn Zweifel an der rechtswidrigen Herkunft bestehen, müsste das Gericht den erweiterten Verfall anordnen. Dies führt mit Blick auf das Bestimmtheitsgebot und das Schuldprinzip zu erheblichen Bedenken.[151] Um diesen zu begegnen,

---

gewerbsmäßigen Hehlerei, Bandenhehlerei, bei Bandendiebstahl oder auch bei den Geld- und Wertzeichenfälschungsdelikten eingefügt.

144 In Betracht kommt somit auch der erweiterte Verfall von Forderungen wie Bankguthaben, vgl. *Eser*, in: Schönke/Schröder, § 74, Rn. 6, zum Begriff des Gegenstandes: *Stresemann*, in: MüKo, BGB, § 90, Rn. 1 ff.

145 *Eser*, in: Schönke/Schröder, § 73 d, Rn. 11.

146 *Eser*, in: Schönke/Schröder, § 73 d, Rn. 9.

147 *Schmidt*, Gewinnabschöpfung, Rn. 116.

148 BT-Drucks. 11/6623 S. 7.

149 BT-Drucks. 11/6623 S. 7.

150 BT-Drucks. 11/6623 S. 7.

151 Denn letztlich besteht durch den erweiterten Verfall die nicht unerhebliche Gefahr einer Abschöpfung von rechtmäßig erlangten Vermögen, vgl. hierzu ausführlich: *Saliger*, in: NK StGB, § 73 d, Rn. 1; *Eser*, in: Schönke/Schröder, § 74 d, Rn. 2.

wird der Wortlaut restriktiver ausgelegt. Es soll sich um eine widerlegbare gesetzliche Beweisregel[152] zuungunsten des Täters handeln, die es für den Nachweis der rechtswidrigen Herkunft der Gegenstände genügen lässt, dass die Gesamtheit der Umstände so auffällig auf diese Herkunft hindeutet, dass sie sich für einen unbefangenen und verständigen Beurteiler geradezu aufdrängt.[153] Ebenfalls stark eingrenzend wendet der BGH den erweiterten Verfall nur an, wenn der Tatrichter aufgrund von erschöpfender Beweiserhebung und -würdigung die uneingeschränkte Überzeugung gewonnen hat, dass der Angeklagte die betroffenen Gegenstände aus rechtswidrigen Taten erlangt hat.[154] Diese Auslegung wurde vom BVerfG für verfassungskonform angesehen.[155] Mithin müssen nicht völlig fernliegende Möglichkeiten der Erlangung der Gegenstände auf legalem Wege ausreichen, um diese Überzeugung zu erschüttern.

Zweifel am erweiterten Verfall bleiben dennoch. So werden vor allem Bedenken bezüglich der Unschuldsvermutung, des Anklagegrundsatzes und des „nemo tenetur se ipsum accusare" Grundsatzes gerügt.[156] Mit Blick auf die Rechtsnatur des erweiterten Verfalls sind die Bedenken v.a. zur Unschuldsvermutung kaum auszuräumen.

Der Erweiterte Verfall nach § 73 d Abs. 1 S. 1 StGB kann grundsätzlich nur gegen Gegenstände des Täters oder Teilnehmers angeordnet werden. Einzige Ausnahme hierzu bildet § 73 d Abs. 1 S. 2 StGB. Demnach ist eine Anwendung auch dann möglich, wenn der Gegenstand dem Tatbeteiligten nur deshalb nicht gehört, weil dieser ihn für oder aus einer rechtswidrigen Tat erlangt hat. Die Regelung hat vor allem Fälle der zivilrechtlichen Doppelnichtigkeit im Blick und soll klar stellen, dass diese einer Verfallsanordnung nicht entgegenstehen.[157] § 73 d Abs. 1 S. 3 StGB erklärt § 73 Abs. 1 S. 2 StGB für entsprechend anwendbar. Somit können Nutzungen und Surrogate ebenfalls über § 73 d Abs. 1 S. 3 StGB abgeschöpft werden. §§ 73 a und 73 b StGB finden über § 73 d Abs. 2 StGB sinngemäß Anwendung. § 73 d Abs. 4 StGB stellt die entsprechende Geltung von

152 Zum Teil wird in der Regelung eine Beweislastumkehr gesehen, vgl. *Weßlau* StV 1991, 226, 232; *Lilie*, FS Schroeder, S. 837, der zumindest Elemente einer Beweislastumkehr sieht, teils wird lediglich eine Beweiserleichterung angenommen, so *Rönnau*, Vermögensabschöpfung, Rn. 23; *Janssen*, Gewinnabschöpfung, Rn. 301.

153 *Lackner/Kühl* StGB, § 73 d Rn. 8.

154 BGHSt 40, 371, 373.

155 BVerfG NJW 2004, 2073, 2077.

156 Siehe nur *Eser*, Stree/Wessels-FS, 833, 846; *Herzog*, JR 2004, 494, 495 f.; *Julius*, ZStW 109, 58, 94ff.

157 BT-Drucks. 11/6623 S. 7.

§ 73 c StGB klar. Eine direkte Anwendung der Vorschriften ist, aufgrund der fehlenden unmittelbaren Verbindung zwischen dem erlangten Gegenstand und der Herkunftstat nicht möglich.

In § 73 d Abs. 3 StGB ist der Fall einer doppelten Inanspruchnahme des Täters geregelt. Das Gericht hat bei einer erneuten Verfallserklärung bereits ergangene Verfallsanordnungen zu berücksichtigen, mithin eine doppelte Belastung zu vermeiden.

3. Der Verfall nach § 29 a OWiG

Eine weitere Verfallsregelung findet sich im § 29 a OWiG. Dort ist der Verfall mit dem zweiten Gesetz zur Bekämpfung der Wirtschaftskriminalität im Jahr 1986 eingefügt worden.[158] Der erste Blick über den Tatbestand zeigt, dass sich dieser an § 73 StGB anlehnt. Gleichwohl zeigt der Tatbestand des § 29 a Abs. 1 OWiG einige nicht unerhebliche Unterschiede im Gegensatz zum strafrechtlichen Korrelat auf.

Zunächst fällt auf, dass der Verfall gegenüber der Geldbuße subsidiär ist, erst wenn eine solche nicht festgesetzt ist, kann der Verfall angeordnet werden. Diese Besonderheit ist auf die Funktion der Geldbuße in § 17 Abs. 4 OWiG zurückzuführen. Demnach soll schon durch die Geldbuße der wirtschaftliche Vorteil des Täters abgeschöpft werden. Der Verfall erfüllt, anders als im Strafrecht, somit nur lückenfüllende Funktionen. Er kommt nur in Konstellationen vor, in denen eine Geldbuße gerade nicht verhängt wird, z.B. bei denen der Täter nicht vorwerfbar gehandelt hat oder in denen ein Dritter und nicht der Täter den Vorteil erlangt hat.[159] Dies ist nicht unproblematisch, da das Bruttoprinzip auch für den Verfall nach § 29 a Abs. 1 OWiG gilt[160] können Konstellationen auftreten in denen der Verfall über die verhängte Geldbuße hinausgehen würde.[161] Gleichwohl ist der Gesetzeswortlaut eindeutig, der Verfall nach § 29 a Abs. 1 OWiG kann nur angeordnet werden, wenn eine Geldbuße nicht festgesetzt wird. Die Lösung der Problematik hat mithin bei der Verhängung der Geldbuße zu erfolgen. Der Betrag der Geldbuße sollte somit insgesamt nicht die Summe einer

158 BGBl I 1986, 721, 724.

159 *Gürtler*, in: Gürtler/Seitz OWiG, § 29 a, Rn. 1.

160 *Mitsch*, in: KK OWiG, § 29 a Rn. 27.

161 Grund hierfür ist, dass die Abschöpfung durch die Geldbuße nach dem Nettoprinzip erfolgt (Vgl. C. I 3.). Damit kann die Gesamtsumme der Geldbuße niedriger ausfallen, als die Summe, die über den Bruttoverfall abzuschöpfen wäre.

etwaigen Bruttoverfallsabschöpfung unterschreiten. Nur so können Wertungswidersprüche vermieden werden.[162]

Die weiteren Voraussetzungen zur Anordnung des Verfalls nach § 29 a Abs. 1 OWiG, eine mit Geldbuße bedrohte Handlung, aus der oder für die der Täter etwas erlangt haben muss, sind mit denen des strafrechtlichen Verfalls vergleichbar.

Allerdings ist die Rechtsfolge nicht auf das erlangte Etwas gerichtet, sondern auf einen Geldbetrag, der dem Wert des Erlangten entspricht. Mithin ist der Verfall nach dem OWiG als eine reine Wertersatzverfallsregelung anzusehen. Selbst wenn es sich beim erlangten Etwas um einen Geldbetrag handelt, richtet sich der Verfall nicht auf dieses Geld, sondern auf einen Geldbetrag, der diesem entspricht.[163] Einer zusätzlichen Regelung über den Wertersatz bedarf es daher nicht. Auch ist zu beachten, dass nur unmittelbare Vorteile nach § 29 a Abs. 1 OWiG abgeschöpft werden können.[164] Eine Vorschrift, über die Nutzungen und Surrogate gleich § 73 Abs. 2 StGB für verfallen erklärt werden können, gibt es im OWiG nicht.

Ein weiterer Unterschied besteht darin, dass es sich beim Verfall nach § 29 a Abs. 1 OWiG um eine „Kann-Vorschrift" handelt. Somit steht dessen Anordnung im Ermessen der zuständigen Behörde und Gerichte. Dadurch sind etwaige Regelungen aus dem StGB nicht notwendig, da sie schlicht in die Ermessensabwägung einfließen können. Insbesondere zu berücksichtigen sind die in § 73 c StGB kodifizierten Fallgestaltungen sowie etwaige zivilrechtliche Ausgleichsansprüche Dritter.[165] Ist der Verfall bereits angeordnet, so sind Ansprüche Dritter über § 99 Abs. 2 OWiG zu berücksichtigen.

Die Verfallsanordnung kann sich auch gegen Drittbegünstigte über § 29 a Abs. 2 OWiG richten. Der Wortlaut ist mit dem des § 73 Abs. 3 StGB fast identisch. Bezüglich der Voraussetzungen ist insoweit auf § 73 Abs. 3 StGB zu verweisen.[166] Ebenfalls eröffnet ist auch im OWiG die Möglichkeit der Schätzung über § 29 a Abs. 3 OWiG. Eine selbständige Anordnung ist nach § 29 a Abs. 4

---

162 Ansonsten wären Konstellationen möglich, in denen ein Täter, der nicht vorwerfbar gehandelt hat eine höhere Sanktion über den Bruttoverfall erhält, als ein Täter, der in einem gleichgelagerten Fall, vorwerfbar gehandelt hat.

163 *Mitsch,* Ordnungswidrigkeiten, § 17 Rn. 8.

164 *Mitsch,* in: KK OWiG, § 29 a Rn. 31.

165 *Drathjer,* Abschöpfung, S. 142.

166 Die im StGB auftretenden Probleme bei der Begrenzung der Norm finden sich ebenfalls im OWiG wieder, z.B. hinsichtlich des Unmittelbarkeitserfordernisses vgl. *Drathjer,* Abschöpfung, S. 134 f.

möglich. Gründe hierfür können eine fehlende Einleitung (z.B. wenn der Täter nicht vorwerfbar gehandelt hat) oder eine Einstellung des Verfahrens sein.[167]

II. Die Einziehung

Die nun folgende Betrachtung des Einziehungsrechts soll ein späteres Vergleichsmodell schaffen. Dieses kann für eine bessere Einschätzung der Eingriffsintensität des Verfalls im Vergleich zu dessen Grenzen dienen. Auch können Probleme des Verfallsrechts durch Ansätze bei der Einziehung gelöst werden. Hierfür eignet sich die Einziehung aufgrund mehrerer Gesichtspunkte. Zuvorderst die Gesetzessystematik, denn beide Maßnahmen sind im siebten Titel des StGB unmittelbar nacheinander, innerhalb des Abschnitts „Rechtsfolgen der Tat", geregelt. Auch der geschichtliche Hintergrund bietet für die Beantwortung der Frage eine Stütze, da der Verfall lange Zeit als spezielle Ausprägung der Einziehung behandelt wurde.[168] Des Weiteren ist auch die Einziehung dazu geeignet, Vermögen bei unternehmensbezogenen Straftaten abzuschöpfen. Insgesamt stehen in diesem Zusammenhang kaum weitere Alternativen zur Verfügung.

1. Die historische Entwicklung des Einziehungsrechts

Zunächst soll auch an dieser Stelle ein kurzer geschichtlicher Überblick den Einstieg in das Einziehungsrecht erleichtern. Anders als die Verfallsvorschriften war die Einziehung als eigenständiges Rechtsinstitut im RStGB geregelt. Nach § 40 RStGB konnten Gegenstände, die durch eine vorsätzliche Tat hervorgebracht oder zur Begehung einer solchen gebraucht oder bestimmt sind, eingezogen werden, sofern sie im Eigentum des Tatbeteiligten standen. Auch eine selbständige Anordnung der Einziehung war bereits nach § 42 RStGB möglich. Eine Regelung zur Unbrauchbarmachung von Schriften fand sich in § 41 RStGB. Neben diesen im allgemeinen Teil geregelten Maßnahmen gab es zahlreiche Sondervorschriften, die v.a. die Voraussetzungen, unter denen die Einziehung möglich war, lockerten. Teilweise richtete sich so die Einziehung auch gegen Tatunbeteiligte Dritte. Es war nicht notwendig, dass der betroffene Gegenstand im Eigentum des Tatbeteiligten stand. Beispiele für die sogenannte unterschiedslose Einziehung fanden sich sowohl im RStGB, als auch in anderen Nebengesetzen. Zu nennen ist etwa § 295 RStGB a.F. Demnach musste bei Jagdvergehen die Einziehung von

167 *Gürtler*, in: Gürtler/Seitz OWiG, § 29 a, Rn. 29.

168 S.o.B.I.1. die damaligen Verfallsvorschriften wurden als Spezialfall der Einziehung nach § 40 RStGB angesehen.

Gegenständen, wie dem mitgeführten Gewehr angeordnet werden, ohne Unterschied, ob Sie dem Verurteilten gehörten oder nicht. Ebenso die Vorschrift des § 245 a Abs. 3 RStGB a.F. vom 28.11.1933. Nach dieser war Diebeswerkzeug einzuziehen, auch wenn es dem Täter nicht gehörte. Ein Beispiel für die unterschiedslose Einziehung in Nebengesetzen bildete der § 414 RAbgO.

Die Auswirkungen der unterschiedslosen Einziehung für den tatunbeteiligten Dritten waren drastisch. So konnten z.B. gemietete Sachen, trotz Unkenntnis des Eigentümers von der Straftat, eingezogen werden, ohne dessen Interessen zu berücksichtigen.[169] Einen Schritt weiter geht das Reichsgericht in seiner Entscheidung zu § 414 RAbgO.[170] Die Einziehung war demnach auch dann zwingend vorgeschrieben, wenn die Gegenstände dem Eigentümer vorher gestohlen worden sind.[171] Über den Charakter dieser Maßnahmen bestand keine Einigkeit, teilweise wurden sie als Sicherungsmaßnahme angesehen, zum Teil aber auch als eine Art dingliche Haftung für eine fremde Tat.[172]

Ein erster Ansatz zur Eindämmung der Folgen der unterschiedslosen Einziehung sind vereinzelte Änderungen der Einziehungsvorschriften. So wurde zum 01.09.1935 § 295 RStGB a.F. derart geändert, dass von der Einziehung abgesehen werden kann, wenn die Sache ohne Schuld des Eigentümers zur Tat benutzt wurde oder die Einziehung eine unbillige Härte für den Betroffenen bedeuten würde. Ein anderer Lösungsansatz wurde bei § 86 Abs. 2 StGB a.F. angewendet. Dem betroffenen, tatunbeteiligten Eigentümer war erstmalig eine Entschädigung aus der Staatskasse zu gewähren.[173]

In der Rechtsprechung wurde der Gedanke des § 295 Abs. 2 RStGB a.F. übernommen. So sollte nun der § 414 RAbgO als Ermessenvorschrift die Interessen des Eigentümers berücksichtigen und eine Einziehung nur unter der Voraussetzung eines die Einziehung rechtfertigenden Vorwurfs möglich sein.[174] Auch in einer Entscheidung zur Einziehung nach § 245 a Abs. 3 StGB a.F. kommt diese

---

169 *Creifelds,* JR 1955, 403, 403.

170 RGSt 66, 431,434.

171 Hierbei ist beachtenswert, dass es sich bei § 414 RAbgO um eine „kann Vorschrift" handelte, diese aber in der Auslegung des Reichsgerichts gerade nicht als Ermessenvorschrift angesehen wurde. Mithin musste selbst in diesem Fall, ohne Rücksicht auf die Interessen des Dritten, auf Einziehung der gestohlenen Gegenstände erkannt werden.

172 *Hartung,* NJW 1949, 765, 766.

173 Vgl. *Creifelds,* JR 1955, 403, 405.

174 BGHSt 1, 351, 354 f.

Überzeugung zum Ausdruck.[175] Der BGH wendet in diesem Fall die Vorschrift des § 295 Abs. 2 StGB i.d.F. vom 01.09.1935 entsprechend an.

Im E 1962 sollte das Einziehungsrecht vereinheitlicht werden.[176] V.a. die zahlreichen Sondervorschriften wurden als unübersichtlich angesehen und führten somit zu vielfachen Problemen in der Praxis.[177] Wesentliche Änderungen sollten mit Bezug auf die Rechte Dritter vorgenommen werden. So ist demnach die Einziehung nur unter bestimmten Voraussetzungen zulässig. Zum einen, wenn die Gegenstände zur Tatzeit dem Täter oder Teilnehmer gehören oder zustehen. Zum anderen gegenüber tatunbeteiligten Dritten, insoweit diesen ein Vorwurf im Zusammenhang mit der Tat trifft. Ebenfalls sollte der Sicherungscharakter in das geltende Recht einfließen, indem für die Allgemeinheit gefährliche Gegenstände, oder solche, bei denen die Gefahr der Verwendung für weitere rechtswidrige Taten bestand, eingezogen werden konnten.

Allerdings wurde erkannt, dass es immer noch einiger Sondervorschriften bedurfte.[178] Um diese in Einklang mit den Einziehungsregeln zu bringen, sollte eine Verweisvorschrift geschaffen werden, die im Einzelnen auf die oben genannten Voraussetzungen verwies. Des Weiteren wollte man die Rechte Dritter über eine Entschädigungsvorschrift stärken.[179] Ausgestaltet werden sollte die Einziehung als Ermessenvorschrift, die nun nicht nur körperliche Sachen sondern auch Rechte umfasste.[180] Ebenfalls neu war eine Vorschrift, die den Anwendungsbereich für Organe und Vertreter auf den Vertretenen ausdehnte.[181]

Der AE verfolgte hingegen einen völlig anderen Ansatz.[182] Die Einziehung war als reine Sicherungsmaßregel ausgeformt. Es wurde als gerechter empfunden, strafähnliche Gedanken der Einziehung in die Strafzumessung zu verlagern.[183] Auch wurden Bedenken gegen die Dritteinziehung erhoben, insoweit diese als strafähnliche Maßnahme wirkte.[184] Dem Sicherungszweck entsprechend sollte die Einziehung zwingend vorgeschrieben werden.[185]

175 BGHSt 9, 96, 98.
176 Vgl. BT-Drucks. IV/650 S. 240.
177 BT-Drucks. IV/650 S. 240.
178 BT-Drucks. IV/650 S. 247.
179 BT-Drucks. IV/650 S. 250.
180 BT-Drucks. IV/650 S. 246.
181 BT-Drucks. IV/650 S. 31.
182 Vgl. insgesamt AE StGB 1969, S. 25 f.
183 AE StGB 1969, S. 175.
184 AE StGB 1969, S. 175.
185 AE StGB 1969, S. 175.

Letztlich wurde den Vorschlägen des E 1962 im Rahmen des EGOWIG vom 24.05.1968 größtenteils gefolgt.[186] Abweichungen gab es hauptsächlich im Bereich der Einziehung gegen tatunbeteiligte Dritte. Hier wurde darauf verzichtet die Einziehung bei vorwerfbarem Verhalten allgemein für zulässig zu erklären. Stattdessen ist diese nur dann statthaft, wenn eine besondere Einziehungsvorschrift auf die erweiterten Voraussetzungen der Einziehung verweist.[187] Mit dem 2. StrRG vom 04.07.1969 sind die Paragraphenbezeichnungen in die heutige Form gebracht worden. Wesentliche Änderungen des Inhalts mit Blick auf das EGOWIG gab es indessen nicht. Seitdem sind keine bedeutenden Änderungen am Einziehungsrecht im StGB erfolgt. Lediglich der Anwendungsbereich des § 75 StGB wurde mehrfach ausgedehnt.[188]

2. Die Einziehung nach §§ 74 ff. StGB

Das derzeit geltende Einziehungsrecht ist im „allgemeinen Teil" nach dem Verfallsrecht in den §§ 74–75 StGB geregelt. Hinzu kommen die §§ 76 und 76 a StGB, welche sowohl für den Verfall, als auch für die Einziehung Anwendung finden. § 74 StGB regelt den Grundtatbestand des Einziehungsrechts. Eine Erweiterung des Anwendungsbereiches findet über § 74a StGB statt. Über § 74c StGB kann im Falle der Vereitelung der Einziehung durch den Täter oder Teilnehmer, gegen diesen Wertersatz angeordnet werden. In § 74d StGB ist die Einziehung von Schriften sowie die Unbrauchbarmachung der zur Herstellung von Schriften bestimmten Vorrichtungen geregelt. Die §§ 74e und 74f StGB beschäftigen sich mit der Wirkung der Einziehung und mit der Entschädigung für tatunbeteiligte Dritte.

a. Die Voraussetzungen der Einziehung nach § 74 StGB

Um die Voraussetzungen der Einziehung nach § 74 StGB zu gliedern, bietet es sich an, der Systematik des Tatbestandes zu folgen. In § 74 Abs. 1 StGB sind die Grundvoraussetzungen geregelt. Diese gelten für die nachfolgend benannten Einziehungsmöglichkeiten. § 74 Abs. 2 StGB unterscheidet sodann zwischen

---

186 Vgl. nur die Vorschriften der §§ 40 StGB ff. i.d.F. vom 01.10.1968.

187 Diese erweiterten Voraussetzungen finden sich heute in § 74 a StGB wieder. Der Gesetzgeber sah keine kriminalpolitische Notwendigkeit für eine allgemeine Zulässigkeit der Einziehung gegenüber tatunbeteiligten Dritten, insoweit kein Sicherungszweck ersichtlich ist. Auch verfahrensrechtliche Bedenken waren bei dieser Entscheidung von Bedeutung, vgl. nur BT-Drucks. V/1319 S. 52 f.

188 So wurde 1994 eine Ausdehnung auf den Generalbevollmächtigten sowie den Prokuristen vorgenommen. 2002 kamen sonstige Personen in leitender Stellung hinzu.

zwei Konstellationen, in denen die Einziehung nach § 74 Abs. 1 StGB zulässig ist. § 74 Abs. 1 Nr. 1 StGB stellt darauf ab, dass die Gegenstände zur Tatzeit dem Täter oder Teilnehmer gehören. § 74 Abs. 1 Nr. 2 StGB lässt die Einziehung nur zu, insoweit durch den Einziehungsgegenstand eine Gefahrenlage weiterhin bestehen bleibt. § 74 Abs. 3 StGB bezieht sich nur auf § 74 Abs. 2 StGB und lockert eine Voraussetzung des § 74 Abs. 1 StGB auf. § 74 Abs. 4 StGB erklärt die Absätze 2 und 3 für entsprechend anwendbar, falls eine besondere Vorschrift über § 74 Abs. 1 StGB hinaus die Einziehung zulässt. Mithin findet sich zum Grundtatbestand des § 74 Abs. 1 StGB eine Ausnahme in § 74 Abs. 3 StGB sowie weitere Ausnahmen in besonderen Einziehungsvorschriften, für die alsdann § 74 Abs. 4 StGB Anwendung findet.

1) Begehung einer vorsätzlichen Straftat

Zunächst bedarf es für die Einziehung nach § 74 Abs. 1 StGB einer vorsätzlich begangenen Straftat. Voraussetzung ist mithin das Vorliegen einer strafbaren Tat. Dies bedingt, dass alle Tatbestandsmerkmale, sowohl objektive, als auch subjektive gegeben sein müssen.[189] Eine fahrlässige Tat genügt hingegen nicht. Dies wird durch den Wortlaut „vorsätzlich" des § 74 Abs. 1 StGB eindeutig festgelegt. Ausnahme hierzu ist das Bestehen von Sondervorschriften, die über § 74 Abs. 4 StGB anzuwenden sind.[190] Als strafbare Tat kommt auch der strafbare Versuch[191] sowie der Versuch einer Beteiligung nach § 30 StGB[192] in Betracht. Die Straftat muss des Weiteren rechtswidrig, als auch schuldhaft begangen worden sein.[193] Folglich hindern jegliches Vorliegen von Rechtsfertigungsgründen und Schuldausschließungsgründen die Anwendung der Einziehung nach § 74 Abs. 1 StGB. Insbesondere hiervon ist die Schuldunfähigkeit umfasst.[194] Hingegen genügt eine verminderte Schuldfähigkeit für die Einziehbarkeit.[195] Persönliche Strafausschließungsgründe oder ein Strafaufhebungsgrund[196] unterbinden ebenfalls die

---

189 BGHSt 8, 64, 68.

190 Beispiele hierzu bilden §§ 322 i.V.m. 308 StGB, § 330 c StGB, § 55 LMBG, § 36 AWG bei *Eser*, in: Schönke/Schröder, § 74, Rn. 2.

191 RGSt 16, 268, 269.

192 *Herzog/Saliger*, in: NK StGB, § 74, Rn. 4.

193 *Eser*, in: Schönke/Schröder, § 74, Rn. 2.

194 RGSt 29, 130,131.

195 *Joecks*, in: MüKo, StGB, § 74, Rn. 7.

196 Dies trifft auch auf den Rücktritt vom Versuch zu, da mit dem Strafgrund auch die Möglichkeit einer Einziehung entfällt, zumindest in den Fällen, in denen die Einziehung Strafcharakter hat. Vgl. hierzu C. II. 1.

Einziehung.[197] Als Ausnahme für das Schulderfordernis ist auf § 74 Abs. 3 StGB zu verweisen. Welche Beteiligungsform an der Straftat vorliegt ist irrelevant.[198] Mithin ist bloße Beihilfe ausreichend. Weiterhin muss die Straftat begangen worden sein. Hiervon ist bei Tatbestandsverwirklichung auszugehen. Sofern die Maßnahme straf- oder strafähnliche Rechtsnatur besitzt, bedarf es des Vorliegens der Prozessvoraussetzungen sowie der Erfüllung der objektiven Strafbarkeitsbedingungen, Verfahrenshindernisse dürfen nicht entgegenstehen.[199]

2) Gegenstand der Einziehung

Als Objekte der Einziehung kommen nach dem Wortlaut Gegenstände in Betracht. An dieser Stelle wurde dem E 1962 gefolgt, der neben Sachen auch Rechte der Einziehung unterwerfen wollte.[200] Dass neben Sachen auch Rechte umfasst werden, geht desgleichen aus § 74 a Nr. 1 StGB hervor, der insoweit explizit Rechte erwähnt. Mithin können als Rechte Forderungen, wie z.B. Darlehen, Bankguthaben oder Anwartschaften sowie beschränkt dingliche Rechte z.B. Hypotheken, als auch Miteigentumsanteile eingezogen werden.[201] Allerdings muss der Gegenstand immer vom Gesamtvermögen abtrennbar sein, so ist Gesamthandseigentum nur dann einziehbar, wenn alle Miteigentümer Tatbeteiligte sind.[202] Gegen die Einziehung einzelner Anteile gibt es keine, insbesondere keine Praktikabilitätseinwendungen.[203] Handelt es sich um Teile einer untrennbaren Sache, scheiden diese ebenfalls aus.[204] Tiere hingegen unterliegen der Einziehung.[205] Erforderlich ist jedoch, dass die einzuziehenden Gegenstände im Urteil genau bezeichnet sind.[206]

§ 74 Abs. 1 StGB unterscheidet zwischen Tatprodukten (producta sceleris) und Gegenstände die zur Begehung oder Vorbereitung der Tat gebraucht oder zumindest bestimmt gewesen sind (instrumenta sceleris).

---

197 *Schmidt,* Gewinnabschöpfung, Rn. 146.
198 *Schmidt,* in: LK, § 74, Rn. 9.
199 *Herzog/Saliger,* in: NK StGB, § 74, Rn. 5.
200 Entgegen dem AE, welcher die Einziehung nur gegen Sachen zulassen wollte.
201 *Herzog/Saliger,* in: NK StGB, § 74, Rn. 6.
202 RGSt 74, 326, 333.
203 Hierzu umfassend: *Schmidt,* Gewinnabschöpfung, Rn. 176 ff.; auch BGH NStZ 1991, 496; a.A. *Lackner/Kühl* StGB, § 74 Rn. 7; Im OWiG: *Gürtler,* in: Gürtler/Seitz OWiG, § 22, Rn. 11.
204 BayObLGSt, NJW 1962, 215, 216.
205 OLG Karlsruhe NJW 2001, 2488.
206 *Miebach/Feilcke,* NStZ 2007, 570, 578.

Tatprodukte sind solche Gegenstände, die entweder ihre Entstehung oder ihre gegenwärtige Beschaffenheit der Straftat zu verdanken haben.[207] Mithin muss ihr derzeitiger Zustand kausal mit der Straftat verwoben sein. Beispiele hierfür sind die zur Täuschung im Rechtsverkehr hergestellte unechte Urkunde, Falschgeld oder Produktimitationen im Sinne des Warenzeichenrechts.[208] Abzugrenzen hiervon ist die bloße Erlangung bereits bestehender Gegenstände. Diese unterliegen dem Verfall.

Alsdann sind die instrumenta sceleris zu unterscheiden, in solche die bereits zur Tatbegehung gebraucht worden sind und dergleichen, die lediglich zu dieser bestimmt waren. Gebraucht worden sind Gegenstände dann, wenn sie bei Tatbegehung tatsächlich verwendet wurden.[209] Dabei reicht die nur gelegentliche Benutzung nicht aus. Die Benutzung des Gegenstandes muss die Tat faktisch gefördert haben.[210]

Wann Gegenstände zur Tat bestimmt gewesen sind, wird indessen divergent beurteilt. Ein bloßes Vorhalten des Gegenstandes für eine beliebige Straftat reicht freilich nicht. Dies geht schon aus dem Wortlaut hervor. Der Gegenstand muss für die Begehung oder Vorbereitung der ganz konkreten Tat bereitgehalten werden. Dies muss in der Absicht geschehen, die Tat zu fördern. Der bloße Entschluss den Gegenstand lediglich bei Gelegenheit einer Straftat nutzen zu wollen, genügt mithin nicht.[211] Das Objekt muss für die Straftat bereitgestellt werden, wobei es einer tatsächlichen Benutzung nicht bedarf[212]. Teilweise soll hierfür schon die nur gedankliche Bereitstellung ausreichen.[213] Dies wird mit Verweis auf die Vermeidung eines Gesinnungsstrafrechts zu Recht abgelehnt.[214] Eine nur gedankliche Bereitstellung würde sich zu weit von der 2. Alternative des Gebrauchens für die Tat entfernen. Dies ist zur Auslegung des Merkmals „Bestimmen" heranzuziehen. Wurde der Gegenstand gebraucht, so wurde die Gefahr verwirklicht, die durch den Täter von dem Gegenstand ausging. Beim Bestimmen fehlt es an dieser Gefahrverwirklichung. Jedoch soll schon nach dem Gesetz die bloße Gefahrsituation genügen. Eine solche besteht bei der lediglich

207 *Podolsky/Brenner*, Vermögensabschöpfung, S. 85.
208 *Joecks*, in: MüKo, StGB, § 74, Rn. 11.
209 *Eser*, in: Schönke/Schröder, § 74, Rn. 9a.
210 *Miebach/Feilcke* NStZ 2007, 570, 578.
211 BGH MDR 1955 bei *Dallinger*, 394, 395.
212 *Schmidt*, MDR 1981, 881, 884.
213 BGHSt 8, 205, 213.
214 *Herzog/Saliger*, in: NK StGB, § 74, Rn. 9; wohl auch *Eser*, in: Schönke/Schröder, § 74, Rn. 9 a.

gedanklichen Bereitstellung des Gegenstandes gerade noch nicht. Hier äußert sich nur die Gesinnung des Täters, indem er den Gegenstand für eine spätere Straftat geistig zuordnet. Erst wenn dieser den Gegenstand den Tatwerkzeugen tatsächlich zuordnet und so eine Gefahr begründet, ist von einer Bereitstellung auszugehen.

Beziehungsgegenstände hingegen unterliegen nicht der Einziehung nach § 74 Abs. 1 StGB. Als solche gelten Tatobjekte, die den Gegenstand der Tat bilden, ohne dass sie als Mittel zur Verwirklichung der Tat genutzt wurden oder dazu bestimmt waren.[215] Es handelt sich um passive Objekte der Tat, dessen Gebrauch gerade der betreffende Tatbestand verhindern will.[216] Beziehungsgegenstände sind mithin Objekte der Anknüpfungstat, die weder dem Verfall nach § 73 Abs. 1 S. 1StGB, noch dem § 74 Abs. 1 StGB unterliegen.[217] Die Einziehung dieser Gegenstände ist nur über Sondervorschriften möglich, die sich sowohl im StGB, als auch in Nebengesetzen finden.[218]

Der Zeitraum, in dem die Tat durch den Gegenstand gefördert werden kann oder sollte, umfasst die Zeitspanne zwischen Vorbereitung und Beendigung der Tat.[219] Hierbei ist zu beachten, dass der Gegenstand zum Zeitpunkt der Entscheidung über die Einziehung noch identisch mit dem Tatwerkzeug oder Tatprodukt, der innerhalb des Förderungszeitraums verwendet wurde, sein muss.[220] Ob eine Identität vorliegt, bestimmt sich nach der Verkehrsanschauung.[221]

3) *Die Einziehung gegen den Täter oder Teilnehmer nach § 74 Abs. 2 Nr. 1 StGB*

In § 74 Abs. 2 StGB sind alsdann zwei Möglichkeiten genannt, unter denen die Einziehung nach § 74 Abs. 1 StGB zulässig ist. Rechtsdogmatisch handelt es sich hierbei um eine konkretisierende Ergänzung[222] zu § 74 Abs. 1 StGB, gleichwohl stellt die Regelung auch eine Begrenzung des § 74 Abs. 1 StGB dar[223]. In § 74 Abs. 2 Nr. 1 StGB ist die Einziehung von Gegenständen, die dem Täter oder

215 *Schmidt*, Gewinnabschöpfung, Rn. 156.
216 *Herzog/Saliger*, in: NK StGB, § 74, Rn. 11.
217 *Berg*, Beweiserleichterung S. 39.
218 Siehe z.B. §§ 264 Abs. 6 S. 2, 282 Abs. 2 S. 1 StGB oder § 21 Abs. 3 StVG.
219 Insoweit ganz h.M. vgl. nur *Fischer*, StGB, § 74, Rn. 9, *Schmidt*, in: LK, Vor § 74, Rn. 16; *Herzog/Saliger, in: NK StGB, § 74*, Rn. 10; BGH NStZ-RR 2002, 332, 333.
220 *Schmidt*, in: LK, § 74, Rn. 20.
221 *Eser*, Sanktionen, S. 305.
222 *Herzog/Saliger, in: NK StGB, § 74*, Rn. 17.
223 BGH MDR 1972 bei *Dallinger*, 384, 386.

Teilnehmer gehören respektive zustehen, geregelt. Die Begriffe „Täter" und „Teilnehmer" sind im technischen Sinn der §§ 25 ff. StGB zu verstehen.[224] Begünstigter und Hehler scheiden mithin aus.[225] Allerdings ist zu beachten, dass bei einer Hehlerei oder Begünstigung als Vortat im Sinne des § 74 Abs. 1 StGB eine Einziehung zulässig ist, insofern es sich um einen Tatbeteiligten dieser Delikte handelt.

Der Gegenstand muss dem Täter oder Teilnehmer gehören. Dies bedeutet, der Gegenstand muss grundsätzlich im Alleineigentum des Tatbeteiligten stehen.[226] Zur Bestimmung der Eigentumsverhältnisse ist das Sachenrecht heranzuziehen.[227] Welchem Tatbeteiligten die Sache gehört, ist nach dem Wortlaut des § 74 Abs. 2 Nr. 1 StGB belanglos. Aufgrund des Strafgedankens[228] des § 74 Abs. 2 Nr. 1 StGB führt eine solche unterschiedslose Einziehung zu erheblichen Problemen. So würde ein Dritter (ebenso Täter oder Teilnehmer) für die Nutzung seines Gegenstandes durch einen anderen Tatbeteiligten bestraft werden. Dies ist mit dem Schuldprinzip nicht vereinbar. Mithin bedarf es weiterer Einschränkungen. Einigkeit besteht jedenfalls darin, dass bei einer Billigung des Gebrauchs des Gegenstandes durch den Eigentümer eine Einziehung nach § 74 Abs. 2 Nr. 1 StGB zulässig ist.[229] Inwieweit eine Einziehung bei einem Exzess eines Tatbeteiligten zulässig ist, ist umstritten. Die Einziehung nach § 74 Abs. 2 Nr. 1 StGB wird zum Teil bei leichtfertigem Verhalten des Eigentümers bezüglich eines Zugangs zum Tatgegenstand bejaht.[230] Zutreffend wird dies abgelehnt. Der Tatbeteiligte, dessen Eigentum ohne Billigung zur Tat durch einen anderen Tatbeteiligten genutzt wird, kann nicht anders als der Dritte nach § 74a StGB zu behandeln sein.[231] Im Übrigen würde es über den Zweck der Vorschrift hinausgehen, den Tatbeteiligten schon bei leichtfertigem Verhalten zusätzlich zu bestrafen.[232]

---

224 *Schmidt*, in: LK, § 74, Rn. 23.

225 BGHSt 19, 27, 30.

226 *Lackner/Kühl* StGB, § 74 Rn. 7.

227 BGHSt 24, 222, 227.

228 *Eser*, in: Schönke/Schröder, § 74, Rn. 21.

229 Siehe nur RGSt 49, 208, 212, hier wird als Beispiel der Anstifter verwendet, der die Gegenstände zur Anstiftung gebraucht oder zur Verfügung stellt; *Schmidt*, Gewinnabschöpfung, Rn. 166; *Joecks*, in: MüKo, StGB, § 74, Rn. 27; *Eser*, in: Schönke/Schröder, § 74, Rn. 21; *Herzog/Saliger*, in: NK StGB, § 74, Rn. 22.

230 So *Schmidt*, Gewinnabschöpfung, Rn. 167; *Herzog/Saliger*, in: NK StGB, § 74, Rn. 22.

231 Vgl. *Joecks*, in: MüKo, StGB, § 74, Rn. 28; *Eser*, in: Schönke/Schröder, § 74, Rn. 21.

232 Zum Zweck der einzelnen Maßnahmen siehe unter C. II.

Wem der Gegenstand bei Vorbehalts- und Sicherungseigentum gehört, ist strittig. Nach überwiegender Auffassung[233] wird zutreffend auf die formale Rechtsposition abgestellt. Die Gegenansicht bedient sich einer wirtschaftlichen Betrachtungsweise.[234] Im Interesse von Rechtsklarheit und dem Prinzip der einheitlichen Rechtsordnung folgend, kann im Strafrecht kein anderer Begriff des Eigentums als im Zivilrecht gelten.[235] Mithin ist das Anwartschaftsrecht abzuschöpfen. Dies stellt ein Recht zum Besitz der Sache dar. Dieses Besitzrecht wurde vom Tatbeteiligten missbraucht und kann folglich eingezogen werden.[236] Maßgeblicher Zeitpunkt für die Beurteilung der Eigentumsverhältnisse ist der Zeitpunkt der letzten tatrichterlichen Entscheidung.[237] Falls der Tatbeteiligte den Gegenstand vor der Entscheidung entzieht, kommt Wertersatz gem. § 74 c StGB sowie die Einziehung gegen den Erwerber in Betracht.

4) Die Sicherungseinziehung nach § 74 Abs. 2 Nr. 2 StGB

Nach § 74 Abs. 2 Nr. 2 StGB können im Unterschied zu § 74 Abs. 2 Nr. 1 StGB auch einem tatunbeteiligten Dritten Gegenstände im Sinne des § 74 Abs. 1 StGB entzogen werden. Voraussetzung hierfür ist, dass entweder durch die Gegenstände eine Gefahr für die Allgemeinheit besteht oder diese zur Begehung rechtswidriger Taten gebraucht werden könnten. Die Gefahr durch den Gegenstand muss hierbei zum Zeitpunkt der richterlichen Entscheidung vorliegen.[238] Nach der ersten Alternative des § 74 Abs. 2 Nr. 2 StGB müssen die Gegenstände aufgrund der Art und der Umstände eine Gefahr für die Allgemeinheit darstellen. Dies sind zunächst generell abstrakt gefährliche Gegenstände, denen unmittelbar immer eine Gefahr anhaftet. Ihre Gefährlichkeit können sie aus physikalischen oder chemischen Eigenschaften ziehen.[239] Als Beispiele dienen Gifte, Sprengstoffe oder auch gefährliche Bakterienkulturen. Hingegen können Gegenstände auch erst den Umständen nach eine Bedrohung darstellen. Dies ergibt sich aus ihrer Art der Verwendung, ihrer Verbindung mit anderen

---

233 BGHSt 24, 222, 227; BGHSt 25, 10, 11 f.; *Rutkowsky* NJW 1964, 164, 165; *Meyer* JR 1972, 383, 385; ausführlich *Schmidt*, in: LK, § 74, Rn. 27 ff.; *Joecks*, in: MüKo, StGB, § 74, Rn. 32 f.

234 *Eser*, Sanktionen, S. 309 ff.; *Herzog/Saliger*, in: NK StGB, § 74, Rn. 25, *Lackner/Kühl*, § 74 Rn. 7; OLG Oldenburg NJW 1971, 769, 770.

235 *Schmidt*, Gewinnabschöpfung, Rn. 174.

236 So auch *Schmidt*, Gewinnabschöpfung, Rn. 175; *Joecks*, in: MüKo, StGB, § 74, Rn. 34.

237 *Fischer*, StGB, § 74, Rn. 12 a.

238 *Schmidt*, in: LK, § 74, Rn. 52.

239 *Joecks*, in: MüKo, StGB, § 74, Rn. 40.

Mitteln oder schlicht aus dem Gefahrenpotential des Inhabers.[240] Hierbei ist eine Gefährdung der Allgemeinheit schon dann gegeben, wenn eine Bedrohung für ein geschütztes Individualinteresse vorliegt.[241]

Die zweite Alternative verlangt eine Gefährdung durch die Gegenstände dadurch, dass sie der Begehung rechtswidriger Taten dienen werden. Mithin kann jeder Gegenstand eingezogen werden, solange eine solche Gefahr vorliegt. Einer bestimmten Beschaffenheit bedarf es nicht. Eine Gefahr liegt dann vor, wenn eine hinreichende Wahrscheinlichkeit für die Begehung rechtswidriger Taten, unter Verwendung des Einziehungsgegenstandes vorliegt. Eine solche kann sich, wenn auch nicht für sich allein, schon daraus ergeben, dass der Täter den Gegenstand in der Vergangenheit für rechtswidrige Taten gebrauchte.[242] Die bloße Möglichkeit reicht indessen nicht aus.[243] Dem Gesetzeswortlaut nach bedarf es keiner konkreten oder bestimmten Tat. Auch muss die Tat nicht in ihren Umrissen schon erkennbar sein.[244] Gleichwohl erfordert es zumindest einen Anhalt, der sich auf konkrete Verdachtspunkte einer zukünftigen Tat stützen muss.[245]

Beim Zusammentreffen beider Alternativen ist zunächst, aufgrund der weitreichenden Folgen (Vorgehen gegen tatunbeteiligte Dritte, § 74 b Abs. 1 StGB, § 74 e Abs. 2 S. 4 StGB sowie § 76 a Abs. 2 StGB), § 74 Abs. 2 Nr. 2 StGB zu prüfen.[246] Auch ist in der Entscheidung anzugeben, auf welche Alternative die Einziehung gestützt wird.[247]

5) Lockerung der Einziehungsvoraussetzungen nach § 74 Abs. 3 StGB

§ 74 Abs. 3 StGB lässt eine Voraussetzung des § 74 Abs. 1 StGB, das Schulderfordernis, entfallen. Mithin reicht die Begehung einer vorsätzlich, rechtswidrigen Tat aus. Diese Erweiterung bezieht sich jedoch nur auf eine Einziehung, die auf § 74 Abs. 2 Nr. 2 StGB gestützt wird. Mithin kann die Einziehung unter diesen Voraussetzungen auch angeordnet werden, insoweit der Anlasstäter ohne Schuld handelt oder diese nicht klar festgestellt werden kann.[248] Auffallend ist, dass § 74 Abs. 3 StGB nach dem klaren Wortlaut nur auf den Täter Anwendung

240 *Eser,* in: Schönke/Schröder, § 74, Rn. 31.
241 *Lackner/Kühl,* § 74, Rn. 8.
242 *Schmidt,* in: LK, § 74, Rn. 57; LG Siegen NStZ 1990, 338, 338.
243 BGHSt 18, 271, 272.
244 So aber: *Eser,* in: Schönke/Schröder, § 74, Rn. 34; Jescheck/Weigend AT, 799.
245 Ähnlich *Joecks,* in: MüKo, StGB, § 74, Rn. 44.
246 *Schmidt,* in: LK, § 74, Rn. 59.
247 OLG Saarbrücken NJW 1975, 65, 66.
248 BGHSt 31, 80, 81.

findet. Für die Anlasstat des Teilnehmers ist folglich ein schuldhaftes Handeln erforderlich.[249]

6) Einziehung nach Sondervorschriften § 74 Abs. 4 StGB

Vielfach wird die Einziehung in Sondervorschriften, sowohl im StGB als auch in Nebengesetzen, über die Voraussetzungen des § 74 Abs. 1 StGB hinaus zugelassen. Diese Vorschriften werden durch § 74 Abs. 4 StGB mit den §§ 74 Abs. 2 und 74 Abs. 3 StGB verknüpft. In den Sondervorschriften kann die Einziehung zwingend vorgeschrieben, bei fahrlässigen Taten zulässig sein und sich auch auf Beziehungsgegenstände beziehen.[250] Gleichwohl kann in solchen Normen, unter Verweis auf § 74a StGB auch über § 74 Abs. 2 Nr. 2 hinaus auf Drittrechte zugegriffen werden. Ausnahmen zu § 74 Abs. 4 StGB finden sich in §§ 101 a S. 3 sowie in 109 k S. 3 StGB. Da § 74 Abs. 4 StGB keinen abschließenden Charakter hat, ist die Einziehung auch neben den Sondervorschriften nach den allgemeinen Vorschriften möglich.[251]

b. Erweiterte Voraussetzungen der Einziehung nach § 74 a StGB

In § 74 a StGB werden weitere Möglichkeiten der Dritteinziehung geregelt. Der Gesetzgeber gestaltete die Norm als Blankett aus. Mithin bedarf es einer verweisenden Norm für diese Form der Einziehung gegen Dritte.[252] Ausreichend ist jedes materielle Gesetz, folglich auch Rechtsverordnungen.[253] Zweck der Norm ist es, v.a. solche Delikte abzudecken, bei denen typischerweise noch andere Personen mitwirken, ohne dass sich diese strafrechtlich beteiligen.[254] Im Blick sind vorrangig Hinter- oder Mittelsmänner von Delikten im Bereich des Staatsschutzes, des Außenwirtschaftsverkehrs oder der Abgabenhinterziehung. Weiterhin sind Delikte im Fokus, deren Verwirklichung in der unerlaubten Verwendung

---

249 So auch: *Joecks*, in: MüKo, StGB, § 74, Rn. 50; *Eser*, in: Schönke/Schröder, § 74, Rn. 36; a.A. *Schmidt*, in: LK, § 74, Rn. 60; wohl auch *Rönnau*, Vermögensabschöpfung, Rn. 59.

250 *Schmidt*, in: LK, § 74, Rn. 61.

251 *Schmidt*, in: LK, § 74, Rn. 63.

252 Beispiele für solche finden sich sowohl im StGB (siehe nur §§ 92 b, 201 Abs. 5, 295 StGB) als auch in Nebenstrafrecht (siehe § 375 Abs. 2 AO oder auch § 33 Abs. 2 BtMG).

253 *Herzog/Saliger*, in: NK StGB, § 74 a, Rn. 2.

254 Vgl. BT-Drucks. V/1319 S. 54.

einer Sache besteht. Die Vorschrift wird mit Blick auf den Schuldgrundsatz und die Verhältnismäßigkeit der Maßnahme als bedenklich angesehen.[255]

Gegen Dritteigentümer ist gem. § 74 a Nr. 1 StGB die Einziehung anzuordnen, insoweit sie wenigstens leichtfertig dazu beigetragen haben, dass ein ihnen gehörender Gegenstand mit der Tat verstrickt war. Leichtfertig bedeutet, der Dritteigentümer muss gesteigert fahrlässig, mithin mindestens grob fahrlässig gehandelt haben.[256] Hierbei muss die Tat schon in groben Umrissen erkennbar gewesen sein.[257] Nicht gerechtfertigt ist die Einziehung nach § 74 a Nr. 1 StGB hingegen, wenn der Dritte die Verwendung seines Gegenstandes zur Straftat nicht hätte verhindern können.[258] Gleich dem § 74 StGB muss es lediglich zu einer Förderung der Straftat durch die Gegenstände gekommen sein.[259] Einer Kausalität bedarf es hingegen nicht, dies geht schon aus dem Wortlaut „beitragen" hervor. Umfasst sind dem Wortlaut und der Gesetzesbegründung[260] nach auch Beziehungsgegenstände.[261]

§ 74 a Nr. 2 StGB erweitert die Einziehung auf einen etwaigen Erwerber. Dieser muss den Gegenstand in Kenntnis der Umstände, welche die Einziehung zugelassen hätten in verwerflicher Weise erworben haben. Erworben wurde der Gegenstand, wenn ein Rechtsverhältnis begründet wurde, so die Erlangung des Eigentums oder der rechtlichen Inhaberschaft über das Recht.[262] Nicht ausreichend hingegen ist die Erlangung der tatsächlichen Sachherrschaft oder ein schuldrechtlicher Anspruch auf Übereignung.[263] Ebenso ungenügend ist der Erhalt einer Rechtsposition, welche die Einziehung nicht vereiteln kann.[264] Der Erwerb muss in verwerflicher Weise erfolgt sein. Teilweise wird hierfür eine

---

255 *Julius,* ZStW 109, 58, 86 f.; *Lenz,* Einziehung und Verfall, S. 147 ff.; *Herzog/Saliger*, in: NK StGB, § 74 a, Rn. 3; *Joecks*, in: MüKo, StGB, § 74 a, Rn. 5 f.; *Eser,* in: Schönke/Schröder, § 74 a, Rn. 1; gegen Einziehung von Dritteigentum bei nur fahrlässigem Handeln unter Strafgesichtspunkten: *Gilsdorf,* JZ 1958, 685, 689; *Busse,* NJW 1959, 1210, 1211.

256 OLG Karlsruhe NJW 1974, 709, 711; *Joecks*, in: MüKo, StGB, § 74 a, Rn. 12.

257 *Schmidt,* Gewinnabschöpfung, Rn. 209; OLG Karlsruhe NJW 1974, 709, 711.

258 Vgl. BT-Drucks. V/1319 S. 55.

259 So auch: *Eser,* in: Schönke/Schröder, § 74 a, Rn. 5; *Schmidt,* Gewinnabschöpfung, Rn. 214; *Herzog/Saliger*, in: NK StGB, § 74 a, Rn. 5.

260 Vgl. BT-Drucks. V/1319 S. 55.

261 *Eser,* in: Schönke/Schröder, § 74 a, Rn. 5.

262 *Eser,* in: Schönke/Schröder, § 74 a, Rn. 7.

263 *Schmidt,* Gewinnabschöpfung, Rn. 218.

264 *Joecks*, in: MüKo, StGB, § 74 a, Rn. 13.

begünstigende, hehlerische oder sonstige ausbeuterische Absicht verlangt.[265] Jedoch dient die Wendung nur dazu, Ausnahmefälle, die nicht von § 74 a Nr. 2 StGB erfasst werden sollen, auszusondern.[266] Dies geht aus der Gesetzesbegründung hervor, welche in diesem Zusammenhang auf eine Notveräußerung nach den Polizeigesetzen verweist.[267] Weiterhin muss der Erwerb in Kenntnis der Umstände, welche die Einziehung zugelassen hätten, erfolgen. „Kenntnis" bedeutet schon vom Wortlaut her positives Wissen.[268] Ein bedingter Vorsatz reicht hierfür nicht aus.[269] Gestützt wird diese Ansicht auch vom Zweck der Vorschrift, die vor allem Hinter- und Mittelsmänner im Blick hat.[270] Als solche haben diese in der Regel Wissen über die relevanten Umstände. Einer weiten Auslegung bedarf es mithin nicht.

Liegen gleichzeitig die Voraussetzungen von § 74 Abs. 2 Nr. 2 StGB und die des § 74 a StGB vor, so ist nach § 74 Abs. 2 Nr. 2 einzuziehen.[271]

c. *Die Einziehung des Wertersatzes gem. § 74 c StGB*

Die Einziehung des Wertersatzes ist nach § 74 c StGB möglich. Die Vorschrift hat lückenfüllende Funktion, indem bei einem etwaigen Entzug des Gegenstandes Wertersatz angeordnet werden kann.[272] § 74 c StGB gilt im Grundsatz für alle Fälle der Einziehung.[273] Allerdings ist aufgrund des Strafcharakters der Wertersatz in den Fällen des §§ 74 Abs. 2, Abs. 3 StGB ausgeschlossen.[274] Gem. § 74 c Abs. 1 StGB ist die Anordnung des Wertersatzes nur gegen den Täter oder Teilnehmer möglich. Dritte können mithin nicht betroffen sein. Weiterhin müssen alle Voraussetzungen der Einziehung des Originalgegenstandes gegeben sein, bis auf den Umstand, dass der Gegenstand beim Tatbeteiligten nicht mehr eingezogen werden kann. Dies schließt auch die Verhältnismäßigkeit der Maßnahme

---

265 So: *Eser*, in: Schönke/Schröder, § 74 a, Rn. 10; *Maurach/ Zipf* AT 2 S. 531.

266 Ebenso *Schmidt*, in: LK, § 74 a, Rn. 18; *Joecks*, in: MüKo, StGB, § 74 a, Rn. 16; *Herzog/ Saliger, in: NK StGB, § 74* a, Rn. 10.

267 BT-Drucks. V/1319 S. 55.

268 Desgleichen: *Eser*, in: Schönke/Schröder, § 74 a, Rn. 9; *Joecks*, in: MüKo, StGB, § 74 a, Rn. 14.

269 A.A. Schmidt, in: LK, § 74 a, Rn. 16; *Herzog/Saliger*, in: NK StGB, § 74 a, Rn. 9; *Fischer*, StGB, § 74 a, Rn. 7; *Lackner/Kühl*, § 74 a, Rn. 3.

270 Siehe nur BT-Drucks. V/1319 S. 54.

271 *Eser*, in: Schönke/Schröder, § 74 a, Rn. 14.

272 Vgl. BT-Drucks. V/1319 S. 57.

273 BGHSt 28, 369, 370; *Eberbach*, NStZ 1985, 556, 557.

274 *Schmidt*, Gewinnabschöpfung, Rn. 230.

mit ein.[275] Auch ist es erforderlich, dass dem Tatbeteiligten der Gegenstand zur Tatzeit gehörte oder zustand. Ein späterer Erwerb scheidet folglich aus. Dies trifft ebenfalls zu, insoweit der Täter lediglich als Vermittler für einen Beziehungsgegenstand tätig war.[276] Sodann muss der Tatbeteiligte die Einziehung durch Verwertung oder Vereitelung verhindert haben. Eine Verwertung liegt dann vor, wenn der Tatbeteiligte derart auf den Gegenstand einwirkt, dass ihm aus der Einflussnahme ein unmittelbarer Vorteil erwächst.[277] Als Beispiele für eine Verwertung nennt das Gesetz die Veräußerung und den Verbrauch. Unter Veräußerung kann nur das dingliche Rechtsgeschäft zu verstehen sein, ein nur schuldrechtliches Verpflichtungsgeschäft hindert die Einziehung nicht. Unter „Verbrauch" ist neben dem Verzehr auch der Verschleiß zu verstehen.[278] Wer den Gegenstand verbraucht hat, ist nicht relevant.[279] Ein „Verwerten" kann ebenso in der Verbindung, Verarbeitung oder Vermischung liegen, insofern dies den Originalgegenstand untergehen lässt.[280] Das Verwerten bedarf keiner subjektiven Vorwerfbarkeit beim Tatbeteiligten, da dieser einen Vorteil aus der Einwirkung gewinnt.[281] Dem entgegen ist eine solche Vorwerfbarkeit bei der Vereitelung erforderlich. Denn hier erlangt er keinen unmittelbaren Vorteil durch die Einwirkung auf den Gegenstand. Ausreichend hierfür, aber auch notwendig ist bedingter Vorsatz.[282] Eine Vereitelung liegt durch eine rechtliche oder tatsächliche Einwirkung auf den Gegenstand in der Art vor, dass die Einziehung nicht mehr möglich ist.[283] Dies kann durch Zerstörung oder Beseitigung des Gegenstandes erfolgen.[284]

§ 74 c Abs. 2 StGB erweitert den Anwendungsbereich der Wertersatzeinziehung auf Fälle, in denen der Einziehungsgegenstand durch Rechte eines Dritten belastet ist und dadurch eine Einziehungsanordnung ohne gleichzeitige Entschädigung des Dritten nicht möglich ist. Als solches kommen dingliche Rechte

---

275 *Bender*, NJW 1969, 1056, 1057.

276 BGH NStZ-RR 2009, 320, *Eser*, in: Schönke/Schröder, § 74 c, Rn. 3.

277 LG Berlin wistra 2004, 154, 157.

278 *Herzog/Saliger*, in: NK StGB, § 74 c, Rn. 6.

279 BGHSt 16, 282, 292.

280 *Eser*, in: Schönke/Schröder, § 74 c, Rn. 5.

281 *Fischer*, StGB, § 74 c, Rn. 3.

282 Vgl. *Fischer*, StGB, § 74 c, Rn. 3; Herzog/Saliger, in: NK StGB, § 74 c, Rn. 7; *Schmidt*, in: LK, § 74 c, Rn. 11; *Bender*, NJW 1969, 1056, 1057. Hingegen lässt *Eser*, in: Schönke/Schröder, § 74 c, Rn. 6 schon ein fahrlässiges Verhalten genügen.

283 *Fischer*, StGB, § 74 c Rn. 3

284 *Schmidt*, Gewinnabschöpfung, Rn. 240.

in Betracht wie Hypotheken oder Pfandrechte.[285] Die Belastung kann durch Rechtsgeschäft, Zwangsvollstreckung oder durch ein gesetzliches Pfandrecht ausgelöst werden.[286] Da die rechtsgeschäftliche Belastung ebenfalls eine Art Verwertung darstellt, bedarf es keiner subjektiven Vorwerfbarkeit. Anders ist der Sachverhalt in Fällen der Zwangsvollstreckung und dem gesetzlichen Pfandrecht zu beurteilen.[287] Im Fall des § 74 c Abs. 2 StGB kann das Gericht nicht nur statt, sondern auch neben der Einziehung Wertersatz anordnen. Hierbei ist die Höhe vom Wert der Belastung abhängig.

Insgesamt ist die Höhe des Wertersatzes begrenzt durch den Wert des Gegenstandes.[288] Dieser kann ebenso wie der Wert der Belastung nach § 74 c Abs. 3 StGB geschätzt werden. Maßgeblich für den Wert des Gegenstandes ist der Verkehrswert.[289] Über diesen steht dem Staat ein Zahlungsanspruch durch die Anordnung zu.[290] Bei der Anordnung über den Wertersatz übt das Gericht ein Ermessen aus. Zahlungserleichterungen können über § 74 c Abs. 4 gewährt werden.

d. Wirkung der Einziehung nach § 74 e StGB

Bezüglich der Wirkung der Einziehung nach § 74 e StGB ist weitestgehend auf die Ausführungen zu § 73 e StGB zu verweisen, der eine ähnliche Regelung für den Verfall enthält. Auch hier geht mit Rechtskraft des Urteils der Gegenstand auf den Staat über. Allerdings unterliegt dies nicht der Einschränkung, dass der Gegenstand im Eigentum des von der Anordnung Betroffenen stehen muss. Im Falle einer fehlerhaften Dritteinziehung kann der unberechtigt in Anspruch Genommene ein Nachverfahren nach § 439 StPO anstreben.[291] Ebenfalls dem Verfallsrecht entsprechend, berührt die Einziehung die Rechte Dritter gem. § 74 e Abs. 1 StGB grundsätzlich nicht. Allerdings nennt § 74 e Abs. 2 StGB hierzu zwei Ausnahmen. Die erste führt dann zum Erlöschen der Rechte des Dritten, wenn das Gericht die Einziehung nach § 74 Abs. 2 Nr. 2 StGB anordnet. Aufgrund der zweiten Ausnahme kann das Recht eines Dritten erlöschen, insofern

---

285 *Schmidt*, Gewinnabschöpfung, Rn. 253.
286 *Joecks*, in: MüKo, StGB, § 74 c, Rn. 12.
287 Vgl. *Eser*, in: Schönke/Schröder, § 74 c, Rn. 7.
288 *Lackner/Kühl*, § 74 a, Rn. 3.
289 BGHSt 4, 13, 14.
290 BGHSt 28, 369, 370.
291 *Herzog/Saliger*, in: NK StGB, § 74 e, Rn. 1.

dem Dritten ein Vorwurf im Sinne des § 74 f Abs. 2 Nr. 1 StGB trifft. In § 74 e Abs. 3 StGB wird die entsprechende Anwendbarkeit von § 73 e Abs. 2 StGB festgelegt. Insoweit kann auf obige Ausführungen verwiesen werden.

e. *Die Entschädigungsklausel des § 74 f StGB*

Letztlich richtet sich der Blick auf die Entschädigungsklausel des § 74 f StGB. Anders als im Verfallsrecht enthält das Einziehungsrecht eine eigenständige Entschädigungsklausel. Die Regelung ist Ausfluss des umfassenden Eigentumsschutzes aus Art. 14 GG und notwendig, um Eingriffe gegen Dritte in Einklang mit den verfassungsrechtlichen Anforderungen zu bringen.[292] § 74 f Abs. 1 StGB stellt klar, dass nur Dritte Anspruch auf eine Entschädigung haben, insofern sie Eigentümer des Einziehungsgegenstandes waren oder ihnen ein sonstiges Recht an dem Gegenstand zustand, welches durch die Einziehung erloschen oder beeinträchtigt wurde. Mithin sind Täter oder Teilnehmer nicht entschädigungsberechtigt.[293] Auch dann nicht, wenn sich die Einziehung auf Sicherungsgründe nach § 74 Abs. 2 Nr. 2, Abs. 3 StGB stützt. Ebenfalls nicht erfasst sind Dritte, die quasi schuldhaft im Sinne des § 74 a StGB gehandelt haben.[294] Folglich kommen v.a. Fälle des § 74 Abs. 2 Nr. 2 StGB zu Lasten des tatunbeteiligten Dritten sowie solche, bei denen der Dritte nach der Tat gutgläubig das Eigentum an dem Einziehungsgenstand erwirbt, in Betracht. Des Weiteren kann auch der Eigentümer, dessen Gegenstand zu Unrecht im Einziehungsverfahren eingezogen wurde, Entschädigung erlangen.[295]

In § 74 f Abs. 2 StGB sind Ausschlussgründe für die Entschädigungsgewährung geregelt. So enthalten § 74 f Abs. 2 Nr. 1, 2 StGB dem § 74 a StGB gleichwertige Regelungen. Insofern kann auf diese verwiesen werden. Allerdings ist § 74 f Abs. 2 Nr. 2 StGB auch dann in Fällen, in denen der Dritte von Umständen der Sicherungseinziehung Kenntnis hat, anwendbar.[296] § 74 Abs. 2 Nr. 3 StGB hat lediglich Klarstellungsfunktion.[297] Im Blick sind die Normen der Polizeigesetze der Länder sowie spezielle Regelungen außerhalb des Strafrechts.[298] § 74 f Abs. 3 StGB begrenzt die Eingriffsintensität der Ausschlussgründe, indem dem Gericht

292 Krit. zur Einschränkung des § 74 f Abs. 2 StGB und dessen Legitimation aufgrund des Verwirkungsgedankens *Joecks*, in: MüKo, StGB, § 74 f, Rn. 1.

293 LG Hamburg NJW 1974, 373,374.

294 *Schmidt*, Gewinnabschöpfung, Rn. 346.

295 *Herzog/Saliger*, in: NK StGB, § 74 f, Rn. 3.

296 *Fischer*, StGB, § 74 f, Rn. 5.

297 *Herzog/Saliger*, in: NK StGB, § 74 f, Rn. 9.

298 Vgl. BT-Drucks. V/1319 S. 60.

die Möglichkeit gegeben wird, trotz des Vorliegens dieser eine Entschädigung zu gewähren. Voraussetzung hierfür ist, dass dem Betroffenen aufgrund der nicht gewährten Entschädigung eine unbillige Härte treffen würde.

Die Höhe der Entschädigung bestimmt sich nach dem Verkehrswert.[299] Zu zahlen ist sie vom Bund oder dem Land, das Eigentum am Einziehungsgegenstand erlangt hat.[300]

f. Gemeinsame Vorschriften für Einziehung und Verfall

Die §§ 76 und 76 a StGB beanspruchen sowohl für die Einziehung, als auch für den Verfall Gültigkeit. § 76 StGB regelt die nachträgliche Anordnung von Wertersatz. Hierzu muss zunächst die Einziehung oder der Verfall nicht oder nur unzureichend durchführbar sein. Nicht durchführbar sind die Maßnahmen v.a. dann, wenn der Gegenstand zum Zeitpunkt der Vollstreckung nicht mehr beim von der Anordnung Betroffenen vorhanden ist. Grund hierfür kann die Veräußerung, aber auch die Zerstörung des Gegenstandes sein. Ein Fall der unzureichenden Durchführbarkeit liegt zuvorderst dann vor, wenn der Gegenstand zwischenzeitlich an Wert verloren hat. Im Rahmen der Einziehung kommt eine Belastung mit Drittrechten, beim Verfall ein Sachverhalt nach § 74 a S. 2 StGB in Betracht.[301] Die Umstände der Nichtdurchführbarkeit müssen nach der Anordnung, also nach der letzten tatrichterlichen Entscheidung eingetreten sein.[302] Im Übrigen steht die Entscheidung im Ermessen des Gerichts.

Nach § 76 a StGB ist eine selbständige Anordnung von Einziehung und Verfall möglich. § 76 a Abs. 1 und Abs. 3 StGB gelten sowohl für die Einziehung als auch den Verfall. Gem. § 76 a Abs. 1 StGB ist eine selbständige Anordnung dann möglich, wenn aus tatsächlichen Gründen keine bestimmte Person wegen der Anknüpfungstat verfolgt oder verurteilt werden kann. Mithin müssen alle materiellen Strafbarkeitsvoraussetzungen sowie verfahrensrechtliche Verfolgungsvoraussetzungen erfüllt sein.[303] Lediglich Gründe in der Person des Täters müssen die tatsächliche Sanktionierung verhindern. § 76 a Abs. 3 StGB erweitert die Möglichkeit der selbständigen Anordnung nach § 76 a Abs. 1 StGB auf Fälle, in denen das Gericht von Strafe absieht oder eine prozessuale Einstellung durch Staatsanwaltschaft oder Gericht vorliegt. § 76 a Abs. 2 StGB lässt nur eine

---

299 *Eser*, Sanktionen, S. 373.

300 *Schmidt*, in: LK, § 74 f, Rn. 10.

301 *Eser*, in: Schönke/Schröder, § 76, Rn. 6.

302 *Joecks*, in: MüKo, StGB, § 76, Rn. 6.

303 *Eser*, in: Schönke/Schröder, § 76 a, Rn. 5.

selbständige Anordnung der Sicherungseinziehung und des § 74 d StGB auch dann zu, wenn Verjährung der Straftat vorliegt oder aus rechtlichen Gründen keine bestimmte Person verfolgt werden kann.

3. Die Einziehung nach § 22 OWiG

Die Einziehungsvorschriften des OWiG entsprechen weitestgehend denen der Einziehung des StGB. Hier sollen hauptsächlich die Abweichungen zur Einziehung nach dem StGB im Überblick dargestellt werden. Geregelt ist die Einziehung in den §§ 22 ff. OWiG. Die Grundregelung findet sich in § 22 OWiG. Diese unterscheidet sich schon im ersten Absatz von § 74 StGB. Die Einziehung nach dem OWiG ist nicht generell zulässig, sondern bedarf einer Spezialnorm, die ihre Zulässigkeit gestattet. Solche finden sich z.B. in §§ 123, 129 OWiG oder auch in Nebengesetzen wie § 23 Abs. 4 StVG. Ansonsten trifft § 22 OWiG in Abs. 2 und 3 dem § 74 StGB entsprechende Regelungen, unter Berücksichtigung der Besonderheiten des OWiG. Eine dem § 74 Abs. 4 StGB entsprechende Regelung bedarf es auf Grund der Formulierung des § 22 Abs. 1 OWiG nicht.

§ 23 OWiG entspricht der Regelung des § 74 a StGB und erweitert somit ebenfalls die Eingriffsmöglichkeiten unter Verwendung einer Blankettvorschrift. Verweise auf § 23 OWiG finden sich beispielsweise in § 36 Abs. 2 AWG oder in § 40 Abs. 2 BJagdG.[304]

§ 24 OWiG stimmt ebenfalls mit § 74 b StGB überein. § 25 OWiG regelt die Einziehung des Wertersatzes und trifft eine dem § 74 c StGB entsprechende Regelung. § 25 Abs. 4 OWiG regelt die nachträgliche Anordnung des Wertersatzes und ist dem § 76 StGB adäquat. Die Wirkung der Einziehung bemisst sich nach § 26 StGB. Sie ist dem § 74 e StGB ähnlich. Mit Entscheidung der Einziehung geht das Eigentum an den Gegenstand auf den Staat über. Nach § 26 Abs. 2 OWiG bleiben Rechte Dritter an dem Einziehungsgegenstand bestehen. Die Ausnahmen hierzu gleichen denen des § 74 e StGB. Ebenfalls enthält § 26 Abs. 3 ein Veräußerungsverbot im Sinne des § 136 BGB.

§ 27 OWiG regelt die selbständige Anordnung der Einziehung und stimmt mit § 76 a StGB überein. In § 28 OWiG findet sich eine dem § 74 f StGB entsprechende Entschädigungsklausel. Eine Sondervorschrift für Organe und Vertreter findet sich sowohl in § 29 OWiG als auch § 75 StGB.

Die Unterschiede zum Einziehungsrecht sind mithin marginal und zumeist lediglich den Besonderheiten des Ordnungswidrigkeitenrechts geschuldet.

---

304 Ausführliche Verweisnormen bei *Gürtler*, in: Gürtler/Seitz OWiG, § 23, Rn. 3.

III. Die Abführung des Mehrerlöses nach § 8 ff. WiStG

Eine weitere Maßnahme, die eine Sanktionierung von Unternehmen ermöglicht, ist die Abschöpfung des Mehrerlöses gem. §§ 8 ff. WiStG. Ihren Ursprung haben die Vorschriften in der Gewinneinziehung nach §§ 7–14 der Verordnung gegen Preistreiberei vom 08.05.1918.[305] Die Vorschrift ähnelt in ihrer Ausgestaltung dem Verfall. Es sollte der übermäßige Gewinn oder Verdienst bzw. der über den Höchstpreis erzielte Erlös eingezogen werden. Mithin wurde das durch die Straftat erlangte abgeschöpft. Dies war sowohl gegen den bösgläubigen Drittempfänger als auch den gutgläubigen Drittempfänger, insofern dieser noch bereichert war, möglich. Die Vorschriften in der heutigen Form wurden mit dem Gesetz zur weiteren Vereinfachung des Wirtschaftsstrafrechts vom 09.07.1954 eingeführt.[306] Seitdem hat die Mehrerlösabführung nach §§ 8 ff. WiStG keine wesentlichen Änderungen erfahren. Klassifiziert wird die Maßnahme zumeist als Abschreckungsmittel, welches dem Schutz eines angemessenen Preisgefüges dient.[307] Jedoch ist die Praxisrelevanz der Mehrerlösabschöpfung gering.[308]

1. Die Mehrerlösabführung nach § 8 WiStG

Die Voraussetzungen für eine Abschöpfung des Mehrerlöses nach § 8 Abs. 1 S. 1 WiStG sind: Eine Zuwiderhandlung im Sinne der §§ 1 bis 6 WiStG, die Erzielung eines höheren als den zulässigen Preis und negativ, keine Rückerstattung des Mehrerlöses.

Die Zuwiderhandlung kann entweder in einer Straftat nach § 1 WiStG oder in einer Ordnungswidrigkeit nach §§ 2 bis 5 WiStG liegen. Hierbei bedarf es einer tatbestandsmäßigen, rechtswidrigen und schuldhaften bzw. vorwerfbaren Tat. Ausreichend hierfür ist die Begehung einer fahrlässigen Tat. Durch die Zuwiderhandlung muss der Täter einen höheren, als den zulässigen Preis erzielt haben. Der zulässige Preis im Sinne des § 3 WiStG ist der gesetzlich vorgeschriebene,

---

305 RGBl. I 1918, 395, 397.

306 BGBl. I 1954, 175, 176.

307 So *Lampe*, in Erbs/Kohlhaas, § 8 Rn. 1; *Wimmer*, MDR 1947, 248, 249; *Blau*, NJW 1953, 332, 333; BGHSt 15, 399, 400; OLG Karlsruhe, NJW 1982, 1161, 1162. Diese Einordnung ist nicht unstrittig, so wird die Maßnahme teilweise auch als Nebenstrafe angesehen: RGSt 77, 145, 147 oder als eine öffentlich rechtl. Vermögensausgleichsmaßnahme bezeichnet: OLG Hamburg, MDR 1947, mit Anm. *Tesar*, 103, 104; *Ebisch*, Wirtschaftsstrafgesetz, § 8, Rn. 1; *Drathjer*, Abschöpfung, S. 44.

308 *Rönnau*, Vermögensabschöpfung, Rn. 82.

in Fällen der §§ 4,5 WiStG der nicht unangemessen hohe Preis[309]. Die Zulässigkeit des Preises richtet sich nach der Rechtslage zum Zeitpunkt des Vertragsschlusses.[310] Fehlt es schon an einem zulässigen Preis, so kann kein Mehrerlös abgeführt werden.[311] Einen höheren Preis hat der Täter dann erzielt, wenn er ihn tatsächlich und unmittelbar erlangt hat.[312] Einer Bereicherung beim Täter bedarf es nicht. Weiterhin darf der Täter den erzielten Mehrerlös nicht schon aufgrund rechtlicher Verpflichtung zurückerstattet haben. Zurückerstattung bedeutet Rückgabe an denjenigen, der den höheren Preis gezahlt hat.

Liegen alle Tatbestandvoraussetzungen vor, so wird als Rechtsfolge die Abführung des Mehrerlöses gegen den Täter angeordnet. Hierbei handelt es sich um eine gebundene Entscheidung. Der Mehrerlös ist als Unterschiedsbetrag zwischen dem zulässigen und dem erzielten Preis legaldefiniert. Berechnet wird er nach der abstrakten Berechnungsmethode. Ob der Täter einen Gewinn erzielt hat ist irrelevant. Selbst wenn der Täter durch das Geschäft Verluste erlitt, muss der Mehrerlös abgeführt werden. Auch bei der Bildung von Verkäuferketten hat jeder Einzelne innerhalb der Kette den Mehrerlös abzuführen.[313] Die Höhe des Mehrerlöses kann nach Maßgabe des § 8 Abs. 3 WiStG geschätzt werden. Eine Schätzung, ob ein solcher vorliegt ist mithin nicht zulässig. Eine Schätzung darf nicht vorgenommen werden, insoweit die Berechnungsgrundlagen ohne großen Aufwand ermittelt werden können.[314] Die Mehrerlösabführung richtet sich grundsätzlich gegen den Täter. Die einzige Ausnahme hierzu findet sich in § 10 Abs. 2 WiStG.

Nach § 8 Abs. 1 S. 2 WiStG ist die Abführung des Mehrerlöses auch anzuordnen, wenn der Täter ohne Schuld gehandelt hat oder die Tat aus anderen Gründen nicht geahndet werden kann. Die Gründe aus denen eine Ahndung nicht erfolgen kann, können sowohl rechtlicher, als auch tatsächlicher Natur sein. So zum Beispiel das Vorliegen eines Straffreiheitsgesetzes oder die Flucht des Täters.[315] Kein Hindernis im Sinne des § 8 Abs. 2 S. 2 WiStG ist der Tod des Täters. Eine Haftung der Erben ist jedoch ausgeschlossen.[316]

309 *Nadler*, Wirtschaftsstrafgesetz, § 8, Anm. 3.
310 *Lampe*, in: Erbs/Kohlhaas, § 8, Rn. 5.
311 OLG Hamm GA 1957, 57, 58.
312 *Schäfer*, in: Dalcke/Fuhrmann/Schäfer, S. 955.
313 *Lampe*, in: Erbs/Kohlhaas, § 8, Rn. 3.
314 *Sackreuther*, in: Graf/Jäger/Wittig, WiStG § 8, Rn. 2.
315 *Schäfer*, in: Dalcke/Fuhrmann/Schäfer, S. 956.
316 *Lampe*, in: Erbs/Kohlhaas, § 8, Rn. 11.

§ 8 Abs. 2 WiStG eröffnet die Möglichkeit von der Anordnung der Mehrerlösabführung abzusehen. Die Entscheidung hierüber ist eine Ermessensentscheidung. Gem. § 8 Abs. 2 S. 1 WiStG kann die Anordnung auf einen bestimmten Betrag beschränkt werden oder ganz unterbleiben, wenn die Abführung des Mehrerlöses eine unbillige Härte darstellen würde. Hierdurch soll der Schärfe der abstrakten Berechnungsweise entgegengewirkt werden.[317] § 8 Abs. 2 S. 2 WiStG sieht ein Absehen von der Anordnung unter der Voraussetzung der Geringfügigkeit des Mehrerlöses vor. Maßgebend für diese Bewertung ist die Gesamthöhe des Mehrerlöses.[318]

§ 8 Abs. 4 WiStG ordnet die entsprechende Anwendbarkeit der Verjährungsvorschriften bezüglich des Verfalls an und regelt das Verhältnis zwischen Verfall und Abführung des Mehrerlöses. Nach § 8 Abs. 4 S. 1 WiStG geht die Abführung des Mehrerlöseses vor.

2. Rückerstattung und selbständige Abführung des Mehrerlöses nach §§ 9 und 10 WiStG

Nach § 9 Abs. 1 WiStG kann der Mehrerlös auch direkt an den Geschädigten zurückgeführt werden. Die Rückerstattung bedarf eines Antrags des Geschädigten und tritt alsdann an die Stelle des Verfahrens nach § 8 Abs. 1 WiStG. Hierdurch soll eine doppelte Inanspruchnahme des Täters verhindert werden. Erforderlich ist, dass der Rückforderungsanspruch begründet erscheint. Mithin muss der Anspruch höchst plausibel erscheinen und mit hoher Wahrscheinlichkeit bestehen. § 8 Abs. 2 WiStG findet keine Anwendung, da nicht zu Lasten des Geschädigten gehandelt werden soll.[319] In § 9 Abs. 2 WiStG kann auf Antrag des Geschädigten oder des Täters die Vollstreckung der Abführung des Mehrerlöses verhindert werden oder der Geschädigte aus dem bereits abgeführten Mehrerlös befriedigt werden. Hierfür bedarf es allerdings im Gegensatz zu § 9 Abs. 1 WiStG eines rechtskräftig festgestellten Rückforderungsanspruchs. § 9 Abs. 3 WiStG erklärt die Vorschriften über die Entschädigung des Verletzen gem. §§ 403–406 c StPO für anwendbar.

In § 10 Abs. 1 WiStG ist zunächst die selbständige Anordnung der Mehrerlösabführung geregelt. Voraussetzung hierfür ist, dass ein Straf- oder Bußgeldverfahren nicht durchgeführt werden kann und die übrigen Voraussetzungen der §§ 8 oder 9 WiStG vorliegen. Im Gegensatz zu § 8 Abs. 1 S. 1 WiStG handelt

---

317 *Sackreuther*, in: Graf/Jäger/Wittig, WiStG § 8, Rn. 3.

318 *Lampe*, in: Erbs/Kohlhaas, § 8, Rn. 22.

319 *Drathjer*, Abschöpfung, S. 151.

es sich bei der selbständigen Anordnung um eine Ermessenentscheidung. Die Gründe, aus denen ein Verfahren nicht durchgeführt werden kann, sind deckungsgleich mit denen des § 8 Abs. 1 S. 2 WiStG.[320] Jedoch sind sie insoweit schon vor Beginn des Verfahrens bekannt.

§ 10 Abs. 2 WiStG erweitert den Kreis der Adressaten der Mehrerlösabführung. Durch die Vorschrift wird ein Durchgriff auf Unternehmen ermöglicht. Erforderlich hierfür ist, dass die Anknüpfungstat in einem Betrieb begangen wurde. Der Begriff „Betrieb" umfasst hierbei wirtschaftliche Unternehmen aller Art und Stufen.[321] Aufgrund der weiten Formulierung des Gesetzes „begangen worden" ist die Stellung des Betriebsangehörigen nicht relevant. Der Mehrerlös muss lediglich dem Betrieb zugeflossen sein. Auch ein besonderes Zurechnungsverhältnis oder eines unmittelbaren Erlangens bedarf es nicht.[322] Als Adressaten kommen sowohl der Inhaber oder Leiter des Betriebes, als auch juristische Personen oder Personenhandelsgesellschaften des Handelsrechts in Betracht. Mithin können auch Unternehmen an sich Adressat der Sanktionierung sein. Ebenfalls umfasst sind juristische Personen des öffentlichen Rechts.[323]

Das Verfahren richtet sich nach § 11 WiStG. Dem Staat entsteht wie bei der Anordnung von Wertersatz bei Verfall und Einziehung ein Zahlungsanspruch.[324]

IV. Die Verbandsgeldbuße nach § 30 OWiG

Eine andere Möglichkeit der Sanktionierung von Unternehmen ist die Verbandsgeldbuße nach § 30 OWiG. Hierbei handelt es sich im Gegensatz zu den vorherigen Instituten um eine Maßnahme, die sich allein gegen einen Verband richtet. Gleichwohl ist auch hier zu berücksichtigen, dass kein Delikt des Verbandes selbst vorliegt, sondern ebenfalls an ein delinquentes Verhalten einer natürlichen Person angeknüpft wird. Eingeführt wurde die Geldbuße gegen juristische Personen und Personenvereinigungen zum 01.10.1968 als damaliger § 26 OWiG.[325] Zweck der Vorschrift ist es, alternativ zu einer Strafe, unrechtmäßig zugeflossene Gewinne bei juristischen Personen abzuschöpfen. Gleichzeitig soll die Norm die Begehung solcher Delikte verhindern.[326] Wesentliche

---

320 *Schäfer*, in: Dalcke/Fuhrmann/Schäfer, S. 958.

321 *Drathjer*, Abschöpfung, S. 122.

322 So auch *Lampe*, in: Erbs/Kohlhaas, § 10, Rn. 8 f.

323 *Drathjer*, Abschöpfung, S. 123.

324 *Lampe*, in: Erbs/Kohlhaas, § 8, Rn. 24.

325 BGBl. 1968 I, 481, 487.

326 Vgl. BT-Drucks. V/1269 S. 59.

inhaltliche Änderungen erfuhr sie im Jahr 1986 mit dem 2. WiKG. Die Maßnahme erlangte durch die Streichung des Worts „Nebenfolge“ Hauptsanktionscharakter.[327] Daneben änderte sich die Höhe der Geldbuße und die Möglichkeiten einer selbständigen Anordnung wurden ausgeweitet.[328] Eine weitere erhebliche Änderung brachte das Gesetz zur Ausführung des Zweiten Protokolls vom 19. Juni 1997 zum Übereinkommen über den Schutz der finanziellen Interessen der Europäischen Gemeinschaften.[329] Mit Beschluss vom 22. August 2002 wurde dem § 30 Abs. 1 OWiG eine Nr. 5 angefügt. Durch diese wurde der Täterkreis der Anknüpfungstat bedeutend erweitert, da nunmehr auch leitende Angestellte eine Verbandsgeldbuße auslösen konnten. Weiterhin sollten nunmehr auch rechtsfähige Personengesellschaften von § 30 OWiG umfasst werden.

1. Voraussetzungen der Verbandsgeldbuße nach § 30 OWiG

Voraussetzung für die Verhängung der Geldbuße gegen einen Verband ist zunächst die Begehung einer Anknüpfungstat. Dies kann entweder eine Straftat oder eine Ordnungswidrigkeit sein. Die Tat muss nicht nur tatbestandsmäßig, sondern auch rechtswidrig und schuldhaft bzw. vorwerfbar verwirklicht worden sein. Des Weiteren muss durch die Anknüpfungstat entweder eine Pflicht verletzt worden sein, welche den Verband trifft, oder dem Verband ist eine Bereicherung entstanden. Pflichten, die den Verband treffen, können unterteilt werden in betriebsbezogene Pflichten und Pflichten, die für jedermann gelten.[330] Betriebsbezogen ist die Pflicht dann, wenn sie sachlich den Wirkungskreis des Verbandes betreffen und sich mithin durch Gebote und Verbote an diesen als Adressaten wenden.[331] Hierunter fällt insbesondere die Verletzung der Aufsichtspflicht nach § 130 OWiG. Ebenfalls umfasst sein können Normen, die sich an jedermann richten. Hierbei ist jedoch zu beachten, dass diese nur dann impliziert sind, wenn es sich um eine Pflichtverletzung handelt, die sich aus den besonderen Gegebenheiten des Betriebes ergibt.

Eine Bereicherung liegt in der positiven Veränderung der Vermögenslage. Die Veränderung der Vermögenslage muss rechtswidrig sein, da ansonsten keine

327 *Schroth*, wistra, 1986, 158, 162; *Tiedemann*, NJW 1988, 1169, 1171; *Drope*, Verbandsstrafe, S. 39.

328 Vgl. BGBl. 1986 I, 721, 724.

329 BGBl. I 2002, 3387, 3388.

330 Vgl. *Müller*, Stellung der juristischen Person, S. 73.

331 *Lemke/Mosbacher*, OWiG, § 30, Rn. 46.

Bereicherung vorliegt, die abgeschöpft werden könnte.[332] Mithin ist es auch nicht notwendig, dass eine etwaige Bereicherung in den Schutzzweck einer durch die Anknüpfungstat verletzten Norm fällt.[333] Vielmehr muss die herbeigeführte Veränderung der Vermögenslage einen rechtswidrigen Zustand perpetuieren. Somit wird die Bereicherung nicht schon durch Begehung einer, völlig außerhalb der Vermögensmehrung stehenden, lediglich bei Gelegenheit begangenen Tat rechtswidrig.[334] § 30 Abs. 1 OWiG verlangt weiter, dass der Täter „als" einer der in Nr. 1 bis 5 genannten Personen gehandelt hat. Damit soll klargestellt werden, dass nur solche Taten zur Sanktionierung führen können, bei denen der Täter innerhalb seines Funktionskreises im Unternehmen gehandelt hat.[335] Gleichwohl ist es irrelevant, ob er dabei seinen ihm eingeräumten Zuständigkeitsbereich verlassen hat.[336] In § 30 Abs. 1 Nr. 1 bis 5 OWiG ist der mögliche Täterkreis aufgelistet. Dabei übernimmt § 30 Abs. 1 Nr. 5 OWiG die Stellung einer Generalklausel, während Nr. 1 bis 4 lediglich Ausfüllungsbeispiele darstellen.[337] Unter Nr. 1 fallen die vertretungsberechtigten Organe und Organmitglieder juristischer Personen. Hierzu zählen insbesondere der Vorstand einer AG sowie der Geschäftsführer einer GmbH. Nr. 2 erfasst den Vorstand und Vorstandsmitglieder eines nicht rechtsfähigen Vereins. Nr. 3 betrifft die vertretungsberechtigten Gesellschafter einer Personengesellschaft. Dies sind vor allem die Gesellschafter einer OHG und einer Außen-GbR sowie die Komplementäre einer KG. Nr. 4 erweitert den Personenkreis auch auf Generalbevollmächtigte sowie auf Prokuristen und Handlungsbevollmächtigte in leitender Stellung. Nr. 5 umfasst alle Personen in leitender Stellung. Dies sind Personen denen im Unternehmen ein bestimmter Verantwortungsbereich untersteht. Auch sollen Personen abgedeckt sein, denen bestimmte leitende Aufsichts- und Kontrollfunktionen zukommen.[338] Diese Ausweitung wurde geschaffen, da eine exakte Festlegung aller Leitungspersonen nicht möglich erschien. Gleichzeitig sollte die Handhabung bezüglich einer faktischen Betrachtungsweise erleichtert werden.

332 *Rogall*, in: KK OWiG, § 30, Rn. 82.
333 So aber *Pohl-Sichtermann*, Geldbuße gegen Verbände, S. 154 f.; *Rotberg*, OWiG, § 26, Rn. 9.
334 *Rogall*, in: KK OWiG, § 30, Rn. 86.
335 Anstatt vieler: *Wegner*, wistra 2000, 361, 361.
336 BGH NStZ 1997, 30, 31, Entscheidung zu § 75 StGB; Inwieweit eine Einschränkung über das Täterinteresse erfolgen muss siehe Bearbeitung zu § 75.
337 *Achenbach*, in : Achenbach/Ransiek, Wirtschaftsstrafrecht, Teil. I, 2. Kapitel, Rn. 8.
338 Vgl. BT-Drucks. 14/8998 S. 11.

2. Rechtsfolge der Verbandsgeldbuße

Als Rechtsfolge kann gegen die juristische Person oder Personengesellschaft eine Geldbuße festgesetzt werden. Hierunter fallen auch juristische Personen des öffentlichen Rechts, die Außen-GbR sowie der nichtrechtsfähige Verein.[339] Die Höhe der Geldbuße bestimmt sich nach § 30 Abs. 2 OWiG. Bei einer vorsätzlichen Straftat beträgt sie bis zu 10.000.000 Euro, wurde die Straftat fahrlässig begangen, reicht sie bis zu 5.000.000 Euro. Im Falle einer Ordnungswidrigkeit ist das Höchstmaß gleich dem, welches in der Anknüpfungstat angedroht ist. Allerdings ist bei einem Verweis auf § 30 Abs. 2 S. 3 OWiG eine Verzehnfachung des Höchstmaßes der Geldbuße angeordnet.[340] Liegt sowohl eine Ordnungswidrigkeit, als auch eine Straftat vor, kann sich gem. § 30 OWiG die Geldbuße nach der Ordnungswidrigkeit richten, falls das für die Straftat geltende Höchstmaß überschritten wird. Dies kann z.B. im Fall des § 81 Abs. 4 S. 2 GWB eintreten. Über § 30 Abs. 3 OWiG findet § 17 Abs. 4 OWiG Anwendung. Demnach soll der wirtschaftliche Vorteil, den der Verband durch die Tat erlangt, durch die Geldbuße abgeschöpft werden. Um dies zu ermöglichen kann das gesetzliche Höchstmaß überschritten werden. Erwähnt sei auch noch der neu eingefügte § 30 Abs. 2 a OWiG, der nun im Falle einer Gesamtrechtsnachfolge oder partiellen Gesamtrechtsnachfolge durch Aufspaltung die Verhängung der Verbandsgeldbuße gegen den Rechtsnachfolger ermöglicht.

Die Verbandsgeldbuße wird grundsätzlich im verbundenen Verfahren zusammen mit dem Verfahren gegen den Täter der Anknüpfungstat angeordnet.[341] Grund hierfür sind verfassungsrechtliche sowie prozesswirtschaftliche Motive.[342] In Ausnahmefällen ist es allerdings möglich die Verbandsgeldbuße in einem selbständigen Verfahren festzusetzen. Voraussetzung hierfür ist gem. § 30 Abs. 4 S. 1 OWiG, dass ein Verfahren nicht eingeleitet, eingestellt oder von Strafe

339 *Mitsch*, Ordnungswidrigkeiten, § 16, Rn. 10.

340 Diese Änderungen sind mit dem Achten Gesetz zur Änderung des Gesetzes gegen Wettbewerbsbeschränkungen vom 26. Juni 2013 eingefügt worden. Damit hat sich das Höchstmaß der Geldbuße gegen einen Verband jeweils verzehnfacht. Als bedeutendes Beispiel für einen solchen Verweis sei § 130 Abs. 3 S. 2 OWiG genannt.

341 *Hellmann/Beckemper*, Wirtschaftsstrafrecht, Rn. 1023.

342 *Gürtler*, in: Gürtler/Seitz OWiG, § 30, Rn. 28 f. Aus verfassungsrechtlicher Sicht wird das Verbot der Doppelbestrafung angeführt. Die Gefahr für eine solche soll durch das verbundene Verfahren ausgeschalten werden. Aus prozesswirtschaftlichen Gründen kann der Verfahrensaufwand schon deshalb gering gehalten werden, da sowohl für die Sanktionierung der Leitungsperson, als auch des Verbandes eine Tat Grundlage der Ahndung bildet.

abgesehen wird. Allerdings werden durch § 30 Abs. 4 S. 3 OWiG rechtliche Verfolgungshindernisse ausgeklammert.

§ 30 Abs. 5 OWiG regelt das Verhältnis zum Verfall. Insoweit eine Verbandsgeldbuße verhängt wurde, ist es nicht zulässig den Verfall gegen denselben Adressaten zu verhängen.

C. Die Stellung von Einziehung und Verfall innerhalb der Rechtsordnung

I. Systematische Einordnung beider Maßnahmen

In diesem Abschnitt soll nun dargestellt werden, wie Verfall und Einziehung sich in das System der vermögensabschöpfenden Maßnahmen gegen Unternehmen einreihen. Dabei werden die Konkurrenzverhältnisse der einzelnen Institute untersucht und in ihren Folgen betrachtet. Gleichzeitig verengt sich der Blick, weg von einer allgemeinen, hin zu einer unternehmensspezifischen Perspektive.

1. Das Verhältnis von Verfall und Einziehung

Begonnen wird mit dem Verhältnis des Verfalls nach § 73 ff. StGB zur Einziehung gem. § 74 ff. StGB. Verfall und Einziehung sind durch ihre gemeinsame Entstehungsgeschichte miteinander verknüpft. Vor der Änderung des Strafgesetzbuches von 1975, insbesondere vor der Entwicklung eines neuen Strafgesetzbuches wurden die Begriffe miteinander vermengt. Der Verfall wurde als eine Art der Einziehung angesehen. Dies stellt sich nach der aktuellen Gesetzesfassung divergent dar. Der Verfall soll alle messbaren Vermögensvorteile, die ein Tatbeteiligter für oder aus der Tat erlangt hat abschöpfen. Hingegen sind von der Einziehung Gegenstände betroffen, die durch die Tat hervorgebracht wurden (producta sceleris) oder zu ihrer Begehung oder Vorbereitung gebraucht worden oder bestimmt gewesen sind. Hierbei ist deutlich zwischen den Gegenständen, die durch die Straftat erlangt sind und solche die durch sie hervorgebracht sind, zu unterscheiden. Denn solche, die dem Verfall unterliegen waren in ihrer Beschaffenheit schon vorhanden und sind durch die Tat auf den Tatbeteiligten übergangen. Demgegenüber sind Gegenstände aus der Tat hervorgebracht, wenn sie dieser ihre Entstehung oder Beschaffenheit verdanken. Mithin ist aufgrund der unterschiedlichen Konzeption und der divergierenden Zielrichtung der Anwendungsbereich der Normen grundlegend verschieden. Gleichwohl sind Fallkonstellationen denkbar, in denen beide Institute miteinander konkurrieren. Dies sind Fallgruppen, in denen die Einziehung eines bestimmten Gegenstandes in Sondervorschriften zugelassen ist und gleichzeitig der Einziehungsgegenstand für den Inhaber eine Vermögensmehrung im Sinne des § 73 StGB darstellt.[343]

343 *Berg*, Beweiserleichterung S. 41.

So z.B. wenn der Gehilfe vom Täter einen der Einziehung unterliegenden Gegenstand als Belohnung (mithin für die Tat) erhält.[344] Ist in einem solchen Sachverhalt die Einziehung zwingend vorgeschrieben, verdient sie den Vorzug, da sie als Sondervorschrift für den bestimmten Gegenstand die speziellere Regelung ist. Eine weitere Abschöpfung durch den Verfall ist dann überflüssig, da kein Gewinn beim Täter verbleibt. Ist die Einziehung lediglich in das Ermessen des Gerichts gestellt, so verdient diese auch hier als speziellere Vorschrift den Vorzug. Jedoch ist zu berücksichtigen, dass aufgrund des obligatorischen Charakters des Verfalls ein Entzug der Vermögensvorteile geringstenfalls anzuordnen ist.[345] Für den Bereich unternehmensbezogener Straftaten ist dieser Überschneidungsbereich praktisch bedeutungslos. Gleiches gilt für die Fälle, in denen der Täter durch die Veräußerung eines der Einziehung unterliegenden Gegenstandes einen weiteren Straftatbestand verwirklicht und dadurch eine Vermögensmehrung erzielt.[346] Namentlich stehen Wertersatzeinziehung und Verfall in Konkurrenz.[347]

2. Konkurrenzverhältnisse zur Mehrerlösabschöpfung

Präziser hat der Gesetzgeber das Konkurrenzverhältnis zwischen der Mehrerlösabführung nach § 8 WiStG und dem Verfall geregelt. Die Mehrerlösabschöpfung verdrängt, gem. § 8 Abs. 4 WiStG innerhalb ihres Anwendungsbereiches den Verfall. Dies gilt sowohl für den strafrechtlichen Verfall, als auch für den Verfall nach § 29 a OWiG. Mithin besteht weder eine Wahlmöglichkeit zwischen den Maßnahmen, noch können diese kumulativ angeordnet werden. Dies gilt nicht bei einem Zusammentreffen einer Ordnungswidrigkeit nach §§ 2 bis 6 WiStG mit einer Straftat. Nach § 21 Abs. 1 S. 2 OWiG kann in einer solchen Fallkonstellation auf die angedrohten Nebenfolgen der Ordnungswidrigkeit erkannt werden. Die Mehrerlösabschöpfung steht mithin im Ermessen des Gerichts. Es besteht eine Wahlmöglichkeit zwischen dem strafrechtlichen Verfall und der Mehrerlösabschöpfung. Eine kumulative Abschöpfung ist auch in dieser Konstellation nicht möglich. Die Rückerstattung des Mehrerlöses nach § 9 WiStG verdrängt beide Sanktionen.[348]

---

344 *Güntert*, Gewinnabschöpfung, S. 22, der hier als Beispiele das Jagdgewehr des Wilderers, einen vom Geldfälscher nachgemachten Geldschein oder vom Dealer einige LSD-Trips anführt.

345 *Schultehinrichs*, Gewinnabschöpfung, S. 87.

346 *Wallschläger*, Verfallsvorschriften, S. 49.

347 Hierzu ausführlich, insbesondere mit Schwerpunkt auf Betäubungsmittelkriminalität *Güntert*, Gewinnabschöpfung, S. 23.

348 *Güntert*, Gewinnabschöpfung, S. 27.

Eine Verdrängung des strafrechtlichen Verfalls durch § 8 Abs. 4 WiStG kann nur bei einem Verstoß gegen § 1 WiStG erfolgen. Dessen Anwendungsbereich beschränkt sich auf einige Sicherstellungsgesetze. Diese dienen dazu im Verteidigungs- oder Spannungsfall den Bedarf der Zivilbevölkerung und der Streitkräfte nach bestimmten Grundbedürfnissen sicherzustellen.[349] Dies ist an die engen Voraussetzungen des Art. 80 a GG sowie des § 115 a GG geknüpft. Somit ist die Vorschrift des § 1 WiStG praktisch bedeutungslos. Mithin ist eine Fallkonstellation, in denen der strafrechtliche Verfall verdrängt wird, in diesem Anwendungsbereich fast ausgeschlossen.

Im Gegensatz zum Verfall ergeben sich bezüglich der Einziehung keine Überschneidungen im Anwendungsbereich, sodass eine Konkurrenzsituation nicht möglich ist.[350]

3. Das Konkurrenzverhältnis der Maßnahmen zu § 30 OWiG

Die wohl wichtigste Konkurrenzproblematik ergibt sich zwischen dem strafrechtlichen Verfall und der Verbandsgeldbuße nach § 30 OWiG. Grund hierfür ist zum einen, dass die Verbandsgeldbuße nicht nur an eine Ordnungswidrigkeit, sondern auch an eine vorsätzliche sowie fahrlässige Straftat anknüpft. Zum anderen überschneiden sich die Aufgabenbereiche der Normen erheblich. Mit dem Verweis des § 30 Abs. 3 OWiG auf § 17 Abs. 4 OWiG wird verdeutlicht, dass der Verbandsgeldbuße neben anderen Zwecken die Abschöpfung unrechtmäßig erzielter Gewinne zukommt. Eben diese Funktion erfüllt auch der strafrechtliche Verfall. Mithin entstehen dort Überschneidungen, wo die Voraussetzungen des strafrechtlichen Verfalls über § 73 Abs. 1, 3 StGB und die der Verbandsgeldbuße zugleich vorliegen. Folglich dort, wo unternehmensangehörige Personen mit zumindest leitender Stellung eine Straftat begehen, durch die das Unternehmen bereichert wird. In § 30 Abs. 5 OWiG wurde vom Gesetzgeber eine Regelung getroffen, die sich dieser Konkurrenzproblematik widmet. Demnach ist eine Anordnung des Verfalls immer dann ausgeschlossen, wenn eine Verbandsgeldbuße bereits festgesetzt wurde. Ziel ist es, eine doppelte Abschöpfung des Gewinns zu

---

349 *Zieschang*, in: Achenbach/Ransiek, Wirtschaftsstrafrecht, Teil. IV, 1. Kapitel, Rn. 8.

350 Im Einzelnen hierzu: *Drathjer*, Abschöpfung, S. 175 f., der zwar Tatprodukte als Beziehungsgegenstände der Einziehung nach § 7 WiStG unterwerfen möchte, jedoch den Mehrerlös nicht als Tatprodukt ansieht. Denn anders als Tatprodukte soll der Mehrerlös nicht durch die Tat originär geschaffen, sondern lediglich in die Hände des Täters gelangt sein. Im Ergebnis gleich, aber mit abweichender Begründung: *Lampe*, in: Erbs/Kohlhaas, § 7, Rn. 1, der Tatprodukte schon aus dem Anwendungsbereich des § 7 WiStG ausklammert.

vermeiden. Gleichwohl verdrängt die Verbandsgeldbuße den Verfall innerhalb ihres Anwendungsbereiches nicht. Denn umgekehrt ist es möglich, die Maßnahmen kumulativ anzuordnen.[351] Hierbei muss dann aber der bereits für verfallen erklärte Betrag bei der Verbandsgeldbuße berücksichtigt werden. Insgesamt findet sich keine klare Regelung welche Maßnahme den Vorzug verdient. Teilweise wird empfohlen, der Verbandsgeldbuße Vorrang zu gewähren und nur diese als solche zu verhängen.[352] Auch soll dem Richter die Wahl eingeräumt werden, sich zwischen Verbandsgeldbuße und Verfall zu entscheiden.[353]

Insgesamt stößt diese Undurchsichtigkeit bei der Entscheidung für eine der Sanktionen auf Bedenken. Zunächst müssen die jeweiligen Folgen, die den Verband treffen, berücksichtigt werden. Wird eine Verbandsgeldbuße verhängt, richtet sich die Gewinnabschöpfung nach § 17 Abs. 4 OWiG. Dieser sieht vor, dass der wirtschaftliche Vorteil, den der Täter aus der Tat gezogen hat, abgeschöpft werden soll. Um dies zu erreichen, kann das gesetzliche Höchstmaß der Geldbuße überschritten werden. Dabei stellt der wirtschaftliche Vorteil regelmäßig die Untergrenze der nach oben hin offenen Bußgeldfestsetzung dar.[354] Die Festlegung des wirtschaftlichen Vorteils soll nach ganz herrschender Meinung nach dem Nettoprinzip erfolgen.[355] Mithin sind etwaige Aufwendungen, anders als beim Verfall nach § 73 StGB, vom erzielten Erlös in Abzug zu bringen. Folglich kann im Einzelfall der Verfall von wesentlich stärkerer Intensität sein, je nachdem inwieweit Aufwendungen für den rechtswidrig erlangten Vorteil erbracht wurden. Dies hat weitreichende Konsequenzen. Zum einen ist keine Rechtsklarheit gegeben, wenn in dem einem Fall nur eine Verbandsgeldbuße und in einem anderen, in der Sache gleichgelagerten Fall zusätzlich der Verfall verhängt wird. Die Abschöpfung des Vermögensvorteils führt bei vergleichbaren Fällen zu unterschiedlichen Ergebnissen, je nachdem ob der Richter sich aus Gründen der Vereinfachung nur für die Verhängung der Verbandsgeldbuße

---

351 *Gürtler,* in: Gürtler/Seitz OWiG, § 30, Rn. 37.

352 *Lemke/Mosbacher,* OWiG, § 30, Rn. 46; *Gürtler,* in: Gürtler/Seitz OWiG, § 30, Rn. 37, wohl auch *Achenbach,* in : Achenbach/Ransiek, Wirtschaftsstrafrecht, Teil. I, 2. Kapitel, Rn. 28.

353 *Güntert,* Gewinnabschöpfung, S. 28.

354 BFH DStR 1999, 1518, 1520. Der wirtschaftliche Vorteil soll abgeschöpft werden, mithin steht dieser als Mindestbetrag für die Höhe der Geldbuße fest. Hinzu kommt dann der ahndende Teil der Geldbuße.

355 *Mitsch,* in: KK OWiG, § 17, Rn. 118; *Rogall,* in: KK OWiG, § 30, Rn. 124; *Drathjer,* Abschöpfung, S. 63; *Krumm,* NJW 2011, 196, 196; BFH DStR 1999, 1518; OLG Hamburg NJW 1971, 1000, 1003.

entschieden hat. Des Weiteren erfordert der Verfall gem. § 73 Abs. 3 StGB nur ein Handeln des Tatbeteiligten für das Unternehmen. Somit bestehen wesentlich geringere Voraussetzungen als bei der Verhängung einer Verbandsgeldbuße, die zumindest eine leitende Stellung sowie ein vorwerfbares Verhalten des Tatbeteiligten der Anknüpfungstat erfordert. Mithin führt dies zu Ungerechtigkeiten, wenn die härtere Sanktion verhängt werden muss, nur weil ein beliebiger Angestellter (nicht notwendig schuldhaft) gehandelt hat, auf den das Unternehmen im Zweifel einen geringeren Einfluss hat, als auf leitende Angestellte.[356] Deutlich wird dies in einem Fall, in dem ein Unternehmen seinen Pflichten nach § 130 OWiG nachgekommen ist und trotzdem durch einen Betriebsangehörigen aufgrund einer Straftat bereichert ist. Denn dieses trifft zwangsläufig die Abschöpfung des erlangten Etwas, hingegen würde gegen ein Unternehmen, das diesen Pflichten gerade nicht nachgekommen ist, nur eine Geldbuße verhängt werden.

Zur Lösung des Konflikts hat das Gesetz schon Stellung bezogen. Denn der Verfall nach § 73 Abs. 1,3 StGB ist obligatorisch. Für die Gewinnabschöpfung von rechtswidrig erlangten Vorteilen durch Straftaten ist er das vorrangige Institut. § 30 Abs. 5 OWiG soll lediglich eine doppelte Inanspruchnahme völlig ausschließen. Auch etwaige Begründungen, dass die Verbandsgeldbuße aufgrund ihrer weitergehenden Zwecke das umfassendere Institut ist, tragen seit Einführung des Bruttoprinzips nicht mehr.[357] Mithin besteht in solchen Fällen keine Wahlmöglichkeit. Zunächst ist immer der Verfall anzuordnen, nachfolgend kann eine Verbandsgeldbuße verhängt werden. Kommt es in einem Strafverfahren zunächst zur Durchführung eines OWiG-Verfahrens gegen das Unternehmen, sollte zunächst mit der Verhängung der Geldbuße aufgrund von § 30 Abs. 5 OWiG auf den Strafprozess und die dortige Verfallsanordnung gewartet werden, insoweit ein Verfall nach § 73 Abs. 3 StGB in Betracht kommt. Demzufolge verdrängt im Bereich der Gewinnabschöpfung der strafrechtliche Verfall die Verbandsgeldbuße.

Das Verhältnis zwischen Einziehung und Verbandsgeldbuße ist weitaus weniger problematisch. Letztlich sind beide Institute anderen Anwendungsbereichen zuzuordnen. Theoretisch sind gleichartige Konstellationen denkbar, wie die Fallgruppen zwischen Einziehung und Verfall, da der Verbandsgeldbuße ebenfalls gewinnabschöpfende Funktion zukommt. Gleichwohl ist dieses Konkurrenzverhältnis von geringer praktischer Bedeutung. Denn die der Einziehung oder

356 Ähnlich kritisch, aber mit Blick auf das Verhältnis von § 29 a OWiG zu § 17 Abs. 4 OWiG und das geltende Nettoprinzip *Brenner*, NStZ 2004, 256, 257 ff.; *Gürtler*, in: Gürtler/Seitz OWiG, § 17, Rn. 38 f.

357 So auch *Drathjer*, Abschöpfung, S. 159.

Wertersatzeinziehung unterliegenden Gegenstände müssten durch den Täter auch gleichzeitig an den Verband weitergegeben werden. Dies wird wohl in den seltensten Fällen erfolgen.

4. Das Verhältnis zum Zivilrecht

Letztlich können sich sowohl beim Verfall, als auch bei der Einziehung Konkurrenzproblematiken mit zivilrechtlichen Positionen ergeben. Innerhalb des Verfallsrechts können sich Konkurrenzen zum zivilrechtlichen Eigentum Dritter sowie zu Ansprüchen Dritter ergeben. Grundsätzlich geht das Eigentum eines Dritten dem Verfall vor. Dies geht aus § 73 e Abs. 1 S. 1 StGB hervor. Demnach entfaltet der Verfall seine Rechtswirkung nur, wenn der Gegenstand dem Täter oder Teilnehmer auch zusteht. Ausnahmen zu dieser Bindung finden sich nur in § 73 Abs. 3 und Abs. 4 StGB. Ansprüche Dritter hingegen hindern die Rechtswirkung des Verfalls nicht, sondern sie bleiben lediglich gem. § 73 e Abs. 1 S. 2 StGB am Verfallsgegenstand bestehen. Eine Ausnahme bilden Ansprüche des Verletzten. Diese unterbinden gem. § 73 Abs. 1 S. 2 StGB gänzlich die Anordnung des Verfalls. Folglich wird der Verfall durch die Ansprüche des Verletzten verdrängt.

Ebenfalls ist die Einziehung an zivilrechtliche Positionen gebunden. So hindert das Eigentum eines Dritten die Anordnung der Einziehung gem. § 74 Abs. 2 Nr. 1 StGB gegen den Tatbeteiligten. Gelockert wird dieser Grundsatz unter den Voraussetzungen der Sicherungseinziehung, insoweit eine Gefahr für die Allgemeinheit von dem Gegenstand ausgeht. Hier tritt das Eigentum des Dritten hinter dem Sicherungsgedanken der Einziehung zurück. Genauso verhält es sich, wenn der Dritte quasi schuldhaft gehandelt hat. Dann kann in bestimmten Fällen über § 74 a StGB eine Einziehung erfolgen. Rechte Dritter an dem Gegenstand finden über § 74 e Abs. 2 S. 1 StGB Berücksichtigung. Wie beim Verfallsrecht bleiben sie an dem Einziehungsgegenstand bestehen. Allerdings kann ihr Erlöschen angeordnet werden, insoweit der Dritte quasi schuldhaft gehandelt hat. Mithin kann durch die Einziehung eine wesentlich weitere Verdrängung von Rechten Dritter erfolgen als beim Verfallsrecht.

II. Die Rechtsnatur von Einziehung und Verfall

An dieser Stelle soll nun die Rechtsnatur der beiden Institute näher beleuchtet werden. Die Bestimmung dieser hat erhebliche Auswirkungen auf die Handhabung der Maßnahmen. Falls es sich um Strafen handelt, ist der Schuldgrundsatz zu berücksichtigen. Auch müssten sie im Rahmen der Strafzumessung einkalkuliert werden. Insbesondere der Rechtscharakter des Verfalls ist von entscheidender

Bedeutung für die Beurteilung von unternehmensbezogenen Straftaten mit Blick auf die Anwendung des Bruttoprinzips. Hat der Verfall Strafcharakter, so müsste dies in der Auslegung der Norm berücksichtigt werden. Schließlich kann dem Verband kein Schuldvorwurf im eigentlichen Sinne gemacht werden. Auch ist fraglich, ob eine Strafe gegen einen Verband überhaupt nach deutschem Recht möglich ist. Hier hilft die Betrachtung der Rechtsnatur der Einziehung, gerade in Hinblick auf § 75 StGB scheint eine Verbandsstrafe zumindest nicht völlig ausgeschlossen.

1. Der Rechtscharakter der Einziehung

Fragen zur Rechtsnatur der Einziehung gehen zurück auf die Einführung des Rechtsinstituts in das RStGB und werden seit jeher kontrovers diskutiert. In der Gesetzessystematik finden sich Einziehung und Verfall im Abschnitt „Rechtsfolgen der Tat" wieder. Dort ordnen sie sich unter dem selbständigen Titel „Verfall und Einziehung" ein. Dies lässt einige Rückschlüsse zu. Denn sie finden sich weder unter dem Titel, der sich Strafen widmet, noch werden die Maßnahmen dem sechsten Titel „Maßregeln der Besserung und Sicherung" zugeordnet. Folglich wollte der Gesetzgeber die Institute als eigenständige Rechtsfolgen der Tat einordnen. Allerdings gibt § 11 Abs. 1 Nr. 8 StGB Anlass, diese Auslegung in Zweifel zu ziehen. Denn hier setzt der Gesetzgeber die Einziehung mit den Maßnahmen der Besserung und Sicherung gleich. Umso mehr frappiert ein Blick auf § 2 Abs. 5 StGB. Demnach sollen die für Strafen geltenden Vorschriften nach § 2 Abs. 1 bis 4 StGB entsprechende Anwendung finden. Dies entkoppelt die Einziehung von den für Maßregeln der Besserung und Sicherung geltenden § 2 Abs. 6 StGB. Letztlich lässt sich aufgrund der Gesetzessystematik wohl nur der Rückschluss ziehen, dass der Gesetzgeber die Einziehung als selbständiges Institut regeln wollte, ohne eine genaue Festlegung des Rechtscharakters auf eine Maßnahme der Besserung und Sicherung oder Strafe.

Auch die historische Entwicklung des Einziehungsrechts lässt wenig klare Rückschlüsse bezüglich der Rechtsnatur zu. Schon die Motive zur Einführung der Einziehungsvorschriften waren von Widersprüchen geprägt. So wurde die Einziehung als Nebenstrafe bezeichnet, die insbesondere der Verhütung weiterer Straftaten dienen sollte.[358] Soll die Einziehung der Verhütung weiterer Straftaten dienen, so ist sie jedoch zumindest auch Sicherungsmaßnahme.[359]

---

358 Motive zum Entwurf eines StGB für den Norddeutschen Bund, S. 59.

359 So schon *Lobe*, RStGB, § 40 Anm. 1, der diese Kontradiktion mit den Worten: „Soviel Worte, soviel Widersprüche" kommentierte.

Diese Unsicherheiten bei der Bestimmung der Rechtsnatur spiegeln sich in der Entwicklungsgeschichte des Instituts wider. Im Vorentwurf zum deutschen Strafgesetzbuch von 1909 wird die Einziehung im Abschnitt „Strafen" eingeordnet.[360] Gleichwohl wird darauf hingewiesen, dass dies die Frage nach der Rechtsnatur nicht beantwortet.[361] Vielmehr soll diese Problematik nicht ausdrücklich in einem Gesetzbuch entschieden werden. Diese Verfahrensweise wird im E 1919 fortgesetzt.[362] Die Einziehung wird unter dem Abschnitt „Nebenstrafen und Nebenfolgen" geführt. Im Gegensatz hierzu ändert sich diese Praxis mit den E 1922[363] und 1925[364]. Die Einziehung wurde in den Abschnitt für Maßregeln der Besserung und Sicherung verlegt. Gleichzeitig wurde sie als solche Maßregel in § 42 Nr. 10 ausdrücklich aufgeführt. Als Begründung wird schlicht angeführt, dass die Einziehung sich nicht gegen gefährliche Personen, sondern gegen gefährliche Sachen richtet. Umso bemerkenswerter erscheint nun wiederum die schnelle Abkehr in E 1927, der die Einziehung wiederum den Nebenstrafen und Nebenfolgen zuordnet und nicht den Maßregeln der Sicherung und Besserung.[365]

Diese divergierenden Standpunkte spiegeln sich ebenfalls in der Entwicklung der unterschiedlichen Einziehungsnormen wider. Die Grundnorm des § 40 StGB a.F. ließ die Einziehung nur bei Begehung eines vorsätzlichen Verbrechens gegen den Tatbeteiligten zu. Insofern finden sich klare Anhaltspunkte für eine Nebenstrafe. Dies bestätigten Normen wie § 401 RAbgO oder § 414 RAbgO, die die Einziehung als Strafe bezeichneten. Doch schon in § 414 RAbgO fanden sich hierzu Widersprüche. Denn dieser ließ die Einziehung von Gegenständen zu, unterschiedslos, wem sie gehörten und ob ein Strafverfahren eingeleitet wurde. Dies spricht klar gegen den Strafcharakter, da sich die Maßnahme gegen einen an der Tat völlig Unbeteiligten richtete. Ebensolche Regelungen fanden sich beispielsweise auch in den §§ 245 a Abs. 3 und 295 StGB a.F.

Auch die Motive zur Einführung der heutigen Einziehungsnormen treffen keine eindeutige Aussage über den Rechtscharakter. Im E 1960[366] und E 1962[367] wird auf den Doppelcharakter der Einziehung verwiesen. Gleichzeitig wird

360 Reform des Strafgesetzbuches, Bd. 1 S. 14.
361 Vorentwurf zu einem Deutschen Strafgesetzbuch, Berlin 1909, S. 184.
362 Reform des Strafgesetzbuches, Bd. 1 S. 364.
363 Reform des Strafgesetzbuches, Bd. 2 S. 12.
364 Amtlicher Entwurf eines Strafgesetzbuches nebst Begründung, Berlin 1925 S. 46.
365 Reform des Strafgesetzbuches, Bd. 2 S. 137.
366 Berichtigung zum Entwurf eines Strafgesetzbuches (StGB) E 1960 S. 227.
367 BT-Drucks. IV/650 S. 241.

angeführt, dass eine einseitige Einordnung der Maßnahme aufgrund praktischer Erwägungen nicht durchgeführt werden kann. Anders wird dies im AE von 1966 gesehen. Dieser wollte die Einziehung als reine Sicherungsmaßnahme ausgestalten.[368] Hierzu sollte der Strafcharakter gänzlich aus der Vorschrift herausgenommen werden. Die Gesetzesbegründung zur Einziehung orientierte sich letztlich am E 1962[369] und verzichtete auf eine einseitige Festlegung der Rechtsnatur. Es wurde darauf verwiesen, dass die Ausgestaltung als Sicherungsmaßnahme den Anwendungsbereich unangemessen beschränken würde. Schließlich kam man zu der bereits im E 1909 vertretenen Auffassung[370], dass eine Festlegung der Rechtsnatur im Gesetz nicht angezeigt ist.[371] Immerhin wurde auf den Sicherungszweck des (nun geltenden) § 74 Abs. 2 Nr. 2 StGB und des Strafzwecks des Abs. 2 Nr. 1 hingewiesen.

Diese Schwierigkeiten bei der Einordnung der Maßnahme brachten auch in der Wissenschaft erhebliche Diskussionen mit sich.

a. Die Einheitstheorien

Ausgangspunkt für die Einordnung der Einziehung waren die Einheitstheorien. Diese versuchten das Rechtsinstitut einseitig als Strafe oder Sicherungsmaßnahme einzuordnen. Zwar sind diese aus heutiger Sicht als veraltet anzusehen.[372] Dennoch bieten sie einen guten Ansatzpunkt, um den äußeren Rahmen der Problematik festzulegen.

Die Vertreter der Straftheorien versuchten das Rechtsinstitut nur einseitig als Strafe anzusehen[373], gleichgültig ob die Einziehung nach § 40 StGB a.F. angeordnet wurde, ob eine selbständige Anordnung nach § 42 StGB a.F. erfolgte oder eine unterschiedslose Einziehung in einer Sondervorschrift vorlag. Hierbei wird v.a. mit der Systematik des Gesetzes argumentiert, wenn darauf abgestellt wird, dass sich die Einziehung im Abschnitt Strafen befinde und deshalb eine

---

368 AE StGB 1969, S. 175.

369 BT-Drucks. V/4095 S. 41.

370 Vorentwurf zu einem Deutschen Strafgesetzbuch, Berlin 1909, S. 184.

371 BT-Drucks. V/1319 S. 52.

372 Siehe nur die Begründung des Gesetzgebers zu den heutigen Normen, der selbst innerhalb des § 74 StGB unterschiedliche Zwecke verfolgt. Folglich können die Einheitstheorien die vielschichtigen Zielsetzungen der Normen nicht begründen.

373 *Francke,* GA 1872, 14, 19 f.; *Glücksmann,* Rechtskraft der strafprozessualen Entscheidung über Einziehung und Unbrauchbarmachung, S. 10 ff.; *Hofacker,* Staatsverwaltung, S. 278; *Oetker,* GS 92, S. 39; *Jastrow,* GA 1885, 29, 52; *Mezger,* Strafrecht, S. 493; *Buri,* GS 30; 241, 255.

solche sein müsse.[374] Weiterhin wird auf die Voraussetzungen der Einziehung verwiesen, da diese an eine vorsätzliche Tat anknüpft und folglich ein Teil der Bestrafung darstellt.[375] Das sich die Einziehung nur als Übel für den Tatbeteiligten darstellt, wurde ebenfalls als Argument für den Strafcharakter herangezogen.[376] Die Widersprüchlichkeit einer solchen Argumentation, v.a. mit Blick auf die unterschiedslose Einziehung, vermag nicht zu überraschen. Selbst wenn dem Dritten ein Vorwurf gemacht werden kann, ist er dennoch weder Täter noch Teilnehmer der Tat. Trifft ihn mithin kein Schuldvorwurf, so kann gegen ihn keine Strafe verhängt werden. Ein etwaiger Verweis auf eine unbeabsichtigte Nebenwirkung solcher Maßnahmen[377] ist mit Blick auf den Schuldgrundsatz unhaltbar. Auch weitere rechtsvergleichende Argumente[378] können über diese Hürden nicht hinweghelfen.

Im Gegensatz dazu versuchte man die dogmatischen Probleme der Straftheorien zu lösen, indem die Einziehung als reine Sicherungsmaßnahme verstanden wurde.[379] Somit konnten zumindest die Schwierigkeiten mit der selbständigen Anordnung der Einziehung sowie der Einziehung gegen tatunbeteiligte Dritte ausgeräumt werden. Die Ansicht, die Einziehung als reine Sicherungsmaßregel anzusehen, schien somit nicht unbegründet. Auch der Gedanke eines Instituts, dass nur Sicherungszwecke verfolgt, wurde im späteren AE ebenfalls

---

374 *Francke*, GA 1872, 19, 20.

375 *Francke*, GA 1872, 19, 20; *Glücksmann*, Rechtskraft der strafprozessualen Entscheidung über Einziehung und Unbrauchbarmachung, S. 10 ff., der dies nicht nur in Bezug auf § 40 StGB a.F. annimmt, sondern ebenfalls bei der Unbrauchbarmachung nach § 41 StGB a.F. und der selbständigen Anordnung der Einziehung nach § 42 StGB a.F. eine vorsätzliche strafbare Handlung voraussetzt und somit die Einziehung immer als Folge einer Tat ansieht und hieraus den einheitlichen Strafcharakter herleitet.

376 *Glücksmann*, Rechtskraft der strafprozessualen Entscheidung über Einziehung und Unbrauchbarmachung, S. 14 ff. Hierbei wird auch von einer Übelzuführung nach §§ 41 und 42 StGB a.F. ausgegangen und selbst die unterschiedslose Einziehung wird als Übel für einen Schuldigen angesehen. Dies verwundert doch sehr, da ein tatunbeteiligter Dritter kein Schuldiger ist. Dieser wird jedoch als solcher angesehen, wenn darauf abgestellt wird, dass ihm zumeist Fahrlässigkeit vorzuwerfen sein wird.

377 *Glücksmann*, Rechtskraft der strafprozessualen Entscheidung über Einziehung und Unbrauchbarmachung, S. 18.

378 *Glücksmann*, Rechtskraft der strafprozessualen Entscheidung über Einziehung und Unbrauchbarmachung, S. 6 f.

379 *Beling*, Strafrecht, S. 4; *Köbner*, Einziehung, S. 5; *Nissen*, FS Planck, 83, 85 f.; *Hippel*, Strafrecht, S. 437; *Mayer*, Strafrecht, S. 476;

aufgegriffen.[380] Gleichwohl können die Argumente aus heutiger Sicht ebenfalls nicht überzeugen. So wurde der sichernde Charakter aus der historischen Sachlage hergeleitet, dass die Einziehung gefährlicher Gegenstände schon immer Aufgabe der Polizei gewesen sei.[381] Insgesamt wird aber v.a. darauf abgestellt, dass die Einziehung schon deshalb keine Strafe sein kann, weil eine Anpassung an die Schwere der Tat oder die Schuld des Täters nicht erfolgen kann.[382] Sie diene deshalb in der Hauptsache Präventionszwecken und richtet sich mithin gegen Gegenstände, die einer bestimmten Sachspezies angehören und als solche generell gefährlich sind.[383] Diese Argumentation, war schon unter der Betrachtung des § 40 StGB a.F. nicht überzeugend. Denn dieser verlangte gerade nicht, dass eine Gefährlichkeit von dem Gegenstand ausging, sondern richtete sich gegen das Eigentum des Tatbeteiligten.[384]

Aufgrund dieser umfassenden Probleme der Einheitstheorien wurde alsbald die Einziehung als ein Institut angesehen, welches durch eine Doppelnatur gekennzeichnet ist. Dies führt zu den weitaus relevanteren dualistischen Einziehungstheorien.

b. Die dualistischen Einziehungstheorien

Diese sind auch für heutige Betrachtungen des Einziehungsrechts von erheblicher Bedeutung. Kern ihrer Aussage ist die Erkenntnis, dass die Einziehung nicht als einseitiges Institut angesehen werden kann. Vielmehr ist sie gekennzeichnet durch unterschiedliche Zwecke und ist folglich sowohl Sicherungsmaßregel, als auch Strafe. Dieses Bewusstsein einer Doppelnatur spiegelt sich schon in frühen Ansätzen zur Beschreibung der strafrechtlichen Einziehung wider.[385] Allerdings bringt schon diese Formulierung nicht unerhebliche Probleme mit sich. Inwiefern ein und dieselbe Maßnahme sowohl Strafe, als auch Sicherungsmaßregel sein kann, ist zweifelhaft. Dies führt unweigerlich zur Problemstellung, wie die einzelnen Zwecke sich zueinander verhalten und wann der Strafgedanke

---

380 S.o. B. II. 1.

381 *Nissen*, FS Planck, 83, 87 f.

382 *Köbner*, Einziehung, S. 5.

383 *Köbner*, Einziehung, S. 6, 9, 12. Dabei wird darauf abgestellt, dass durch strafbare Handlungen hervorgebrachte Gegenstände gerade dazu prädestiniert sind, um für weitere Taten genutzt zu werden. Deshalb sind diese aus Sicherheitsgründen einzuziehen. Mithin richte sich die Einziehung gegen die Sache, nicht gegen den Eigentümer.

384 Im Einzelnen zur Kritik, *Eser*, Sanktionen, S. 66 f.

385 Siehe nur *Heinze*, GA 1857, 166, 170 f.; *Stooss*, Vermögenstrafen, S. 33.

oder der Sicherungsgedanke im Vordergrund steht. Diese Fragen werden mit unterschiedlichen Ansatzpunkten beantwortet, die in den einzelnen Theorien zur Charakterisierung der Einziehung münden.

Die konkret-dualistische Auffassung stellt auf die von der Maßnahme konkret betroffene Person ab. Handelt es sich hierbei um einen Tatbeteiligten, so ist die Einziehung Nebenstrafe, ist ein tatunbeteiligter Dritter betroffen, ist die Einziehung als Sicherungsmaßregel anzusehen.[386] Mithin war die Einziehung nach § 40 StGB a.F. immer als Nebenstrafe anzusehen, da sie sich ausschließlich gegen den Tatbeteiligten richtete. Hingegen sollte die Einziehung nach § 42 a.F. StGB Sicherungsmaßregel sein. Hierbei wurde darauf abgestellt, dass sich die Maßnahme gerade nicht gegen den Tatbeteiligten richtete, mit Verweis auf den möglichen Tod desselbigen.[387] Desweilen bleibt jedoch der neuralgische Punkt unbeachtet. Wie ist die Rechtsnatur der Einziehung in Fällen zu beurteilen, in denen sowohl Sicherungs-, als auch Strafaspekte von Bedeutung sind. Aus historischer Perspektive ist hierbei v.a. auf die unterschiedslose Einziehung zu verweisen. Aus heutiger Sicht betrifft dies Fälle, in denen sowohl § 74 Abs. 2 Nr. 1 als auch Nr. 2 StGB Anwendung finden. Genau an diesem Punkt unterscheidet sich die konkret-dualistische Theorie von den noch folgenden Theorien. Denn nach dieser Theorie kommt es nur darauf an, ob ein Tatbeteiligter oder ein tatunbeteiligter Dritter im Einzelfall betroffen ist. Ist im konkreten Fall ein Tatbeteiligter betroffen, so steht immer der Strafzweck im Vordergrund, die Einziehung hat dann Nebenstrafcharakter.[388] Als Begründung wird auf § 40 StGB a.F. verwiesen. Da dieser Strafcharakter hat, muss die Einziehung gegen den Tatbeteiligten grundsätzlich Strafcharakter aufweisen und verliert ihn auch nicht dadurch, dass sie auf einer Norm beruht, die eine Einziehung auch gegen einen tatunbeteiligten Dritten zulässt.[389]

Auf den ersten Blick scheint die konkret-dualistische Theorie nachvollziehbar, vermag sie doch die Schwierigkeiten der monistischen Ansätze zufriedenstellend zu lösen. Dennoch erscheint das Ergebnis beliebig. Auf die heutigen Normen übertragen hängt es mithin vom Zufall ab, ob die Einziehung, die nach § 74 Abs. 2 Nr. 2 StGB angeordnet werden kann, Sicherungsmaßregel, oder deshalb gerade Nebenstrafe ist, weil ein Tatbeteiligter Eigentümer des an sich

---

386 *Binding*, Strafrecht, S. 260 f.; *Merkel*, Strafrecht, S. 228; *Schoetensack*, Konfiskationsprozess, S. 11, 18; *Stree*, Deliktsfolgen, S. 84 f.; *Welzel*, Strafrecht, S. 246; *Sax*, in: KMR, Vorb. § 430, 1b.; *Dietrichs*, Einziehung, S. 13.

387 *Binding*, Strafrecht, S. 263; *Schoetensack*, Konfiskationsprozess, S. 33.

388 *Merkel*, Strafrecht, S. 228; *Stree*, Deliktsfolgen, S. 85.

389 *Dietrichs*, Einziehung, S. 13.

gefährlichen Einziehungsgegenstandes ist. Warum gerade in einem solchen Fall der Strafcharakter den Sicherungscharakter des § 74 Abs. 2 Nr. 2 StGB überwiegen soll, bleibt offen. Des Weiteren ist der Verweis auf den Strafcharakter der Grundnorm aus methodischer Sicht problematisch und gleicht in seiner Begründung einem Zirkelschluss.[390] Gleichzeitig ist er mit Blick auf die heutigen Normen nicht mehr tragbar. Letztlich scheint es nicht haltbar, die Rechtsnatur und mithin dem Zweck vom zufälligen Einzelfall abhängig zu machen.

Genau hier setzt die Kritik der abstrakt-dualistischen Theorie an. Nach dieser soll sich die Rechtsnatur der Einziehung gerade nicht nach dem Einzelfall richten, sondern vorher abstrakt nach der jeweiligen Norm bestimmt werden. Dabei steht der überwiegende Zweck der jeweiligen Norm im Vordergrund. Mithin soll sich die Rechtsnatur danach bestimmen, ob der Sicherungscharakter oder der Strafgedanke in der jeweiligen Einziehungsregelung überwiegt.[391] Dies führt in den überwiegenden Fällen zum gleichen Ergebnis wie bei der konkret-dualistischen Theorie. So hat die Einziehung nach § 74 Abs. 2 Nr. 1 StGB (wie bei § 40 StGB a.F.) den Charakter einer Nebenstrafe.[392] Bei der Einziehung nach § 74 Abs. 2 Nr. 2 StGB sowie nach § 74 Abs. 3 StGB soll der Sicherungszweck überwiegen.[393] Die selbständige Anordnung der Einziehung nach § 76 a StGB wird unterschiedlich beurteilt. Teilweise wurde sie als Sicherungsmaßnahme beurteilt[394], andererseits soll die selbständige Anordnung die Beurteilung der Maßnahme nicht beeinflussen können.[395] Unterschiede ergeben sich nur dort, wo eine Einziehung gegen einen Tatbeteiligten aus Sicherungsgründen erfolgen kann. Verfolgt man konsequent den Gedanken des abstrakt-dualistischen Ansatzpunktes, so müsse in diesen Fällen die Einziehung immer als Sicherungsmaßnahme angesehen werden.[396] Dies geht schon aus der Beurteilung der damaligen

---

390 Vgl. *Lenz,* Einziehung und Verfall, S. 37.

391 *Olshausen,* Strafgesetzbuch, S. 141; *Frank,* Strafgesetzbuch, S. 47; *Finger,* Lehrbuch Strafrecht, 496 f.; *Köhler,* Strafrecht, S. 611; *Creifelds,* JR 1955, 403 ff.; *Kohlrausch/Lange,* § 40, Anm. I; *Schwarz/Dreher,* 24A., § 40, Anm. 1; *Joecks,* in: MüKo, StGB, § 74, Rn. 2 ff.; *Schmidt,* in: LK, § 74, Rn. 1.

392 A.A. *Gürtler,* in: Gürtler/Seitz OWiG, Vor § 22, Rn. 4, der den Sicherungscharakter betont.

393 *Schmidt,* in: LK, § 74, Rn. 6 f.; *Joecks,* in: MüKo, StGB, § 74, Rn. 4; vgl. auch, jedoch noch zur unterschiedslosen Einziehung *Jagusch,* in: LK, 8. Auflage, § 40, Anm. I; *Finger,* Lehrbuch Strafrecht, 497; *Frank,* Strafgesetzbuch, S. 47.

394 Noch zu § 42 StGB a.F. *Olshausen,* Strafgesetzbuch, S. 139; *Finger,* Lehrbuch Strafrecht, 497; *Köhler,* Strafrecht, S. 614.

395 *Schmidt,* in: LK, § 76 a, Rn. 5; *Joecks,* in: MüKo, StGB, § 76 a, Rn. 3.

396 So auch *Eser,* Sanktionen, S. 73.

unterschiedslosen Einziehung auch für das heutige Recht hervor. Nichts anderes kann es demnach bedeuten, wenn sich die heutigen Normen des § 74 Abs. Nr. 1 und Nr. 2 StGB in ihrer Anwendung überschneiden. Eine Begründung für diese Beurteilung findet sich hierfür jedoch schwerlich. Lediglich der Verweis, dass es sich bei der unterschiedslosen Einziehung um Normen handelt, die sich aufgrund ihrer Beziehung zur Straftat gegen die Sache selbst richten,[397] dient als Argument hierfür.

Im Gegensatz hierzu stellt die individuell-finale Betrachtungsweise nicht auf einen vorher der einzelnen Norm zugeordneten Zweck ab, sondern orientiert sich am Einzelfall. Gleichwohl wird nicht die Rechtsnatur an der Person des Täters allgemein bestimmt, sondern ganz konkret auf den Zweck der jeweiligen Maßnahme im individuellen Fall abgestellt.[398] Hierbei soll es dem Richter obliegen, den Rechtscharakter der Maßnahme, am Einzelfall orientiert, zu konkretisieren.[399] Diese Konkretisierungsmacht soll jedoch gewissen Grenzen unterliegen. So wirken die Prinzipien, die für eine Strafe sowie für eine Sicherungsmaßregel gelten, begrenzend. Die Einziehung kann mithin nur dort Strafe sein, wo der Betroffene schuldhaft gehandelt hat.[400] Dass ebenfalls die Tatbestandsvoraussetzungen der einzelnen Norm den Richter binden, ist selbstklärend.[401] Letztlich werden zur jeweiligen Zweckbestimmung einzelne Andeutungen gemacht. Da etwa, wo das Tatwerkzeug aufgrund seiner absoluten Gefährlichkeit eingezogen wird, soll eine strafweise Einziehung obsolet sein.[402] Dort wo der Sicherungszweck mit der Maßnahme ohnehin nicht erreicht werden kann, kann die Einziehung nur noch strafweise erfolgen.[403] Vorteil dieser Betrachtungsweise soll die Möglichkeit sein, die Einziehung zu dem jeweiligen Zweck einzusetzen, der im konkreten Fall im Vordergrund steht. Nur dadurch sollen die kriminalpolitischen Möglichkeiten vollständig ausgenutzt werden können.[404]

Insgesamt unterscheiden sich die einzelnen Theorien im Ergebnis wenig. So hat die Einziehung nach § 74 Abs. 2 Nr. 1 StGB Strafcharakter, da sie sich nur

---

397 RGSt 50, 386, 388.

398 *Eser*, Sanktionen, S. 93; *Eser*, in: Schönke/Schröder, Vorbem. § 73, Rn. 17; *Saliger*, in: NK StGB, Vor § 73, Rn. 11; *Lackner/Kühl*, § 74, Rn. 1; *Albrecht*, in: Gewinnabschöpfung bei Betäubungsmitteldelikten, S. 48.

399 *Eser*, Sanktionen, S. 95.

400 *Eser*, Sanktionen, S. 95.

401 Hierzu: *Eser*, Sanktionen, S. 96.

402 *Stooss*, Vermögenstrafen, S. 36 ff.; *Eser*, Sanktionen, S. 96.

403 Vgl. hierzu: *Eser*, Sanktionen, S. 276.

404 *Eser*, Sanktionen, S. 93.

gegen den Tatbeteiligten richtet und eine Gefährlichkeit des Gegenstandes nicht fordert. Hingegen hat die Einziehung nach § 74 Abs. 2 Nr. 2 sowie Nr. 3 StGB Sicherungscharakter. Denn betroffen sein muss nicht der Tatbeteiligte, sondern es genügt ein Dritter, wenn der Gegenstand für die Allgemeinheit eine Gefahr darstellt. Letztlich relevant werden die unterschiedlichen Ansatzpunkte nur in den Überschneidungsfällen. Da die Einziehung ihren Rechtscharakter aufgrund einer selbständigen Anordnung nicht ändert, ist der Theorienstreit auch hier nur in den Überschneidungsfällen interessant. Der konkret-dualistischen Theorie kann schon aufgrund ihrer Beliebigkeit und letztlich vom Zufall abhängigen Ergebnisses nicht gefolgt werden. Die abstrakt-dualistische Theorie würde bei den Überschneidungsfällen immer zum selben Ergebnis kommen. Dies hätte den Vorteil, dass die Rechtsnatur der Einziehung in jedem Fall feststeht. Damit bietet eine solche Einordnung eine wesentlich praktikablere Handhabung und Rechtssicherheit. Genau dieser Vorteil geht durch die Anwendung der individual-finalen Theorie verloren. Gleichwohl vermag sie zufriedenstellend die Schwierigkeiten bei der Bestimmung der Rechtsnatur zu lösen.

Nach der abstrakt-dualistischen Theorie stünde der Rechtscharakter der Einziehung in einem Überschneidungsfall fest. Die Vertreter würden hier den Sicherungszweck überwiegen lassen, da sich die Einziehung in einem solchen Fall zuvorderst gegen die gefährliche Sache richtet. Diesem Argument fehlt jedoch das Fundament. Der Gesetzestext gibt keinen Anhalt, warum gerade der Sicherungszweck des § 74 Abs. 2 Nr. 2 StGB der primäre Zweck sein soll. Dies gilt im Übrigen auch für § 74 Abs. 2 Nr. 1 StGB. Im Gegenteil, der Gesetzgeber hat den Charakter bewusst offen gelassen und dies mit jedweder Konsequenz. Folglich ist es, insoweit man sich am Gesetz orientiert, nicht möglich, den Zweck und wohl mit ihm die Rechtsnatur der Maßnahme abstrakt für alle Fälle zu bestimmen. Im Umkehrschluss bedeutet dies, der Zweck kann erst im Einzelfall bestimmt werden und seine Widmung erhält er vom Richter. Hierfür spricht auch die damit verbundene Flexibilität der Maßnahme, welche sich dem konkreten Fall anpassen kann. Man denke nur an einen Fall, in dem ein äußerst wertvoller Gegenstand, der nur in den Händen des Täters gefährlich ist, eingezogen wird. Folgt man konsequent der abstrakt-dualistischen Theorie, wäre die Einziehung Sicherungsmaßregel. Der Wert des Gegenstandes könnte keine Berücksichtigung in der Strafzumessung finden. Gleichwohl wirkt die Einziehung hier für den Täter wie eine Vermögensstrafe. Die individual-finale Theorie könnte bei einem solchen Gegenstand den Strafcharakter im Vordergrund sehen und entsprechend den Wert berücksichtigen.

c. *Der Rechtscharakter der Einziehung in §§ 74 a, 75 StGB*

Die Bevorzugung der individual-finalen Theorie bringt hingegen keinen Gewinn für die Charakterisierung der Einziehung nach § 74 a StGB. Diese ist zumindest keine Sicherungsmaßnahme, da keine Gefährlichkeit des Gegenstandes für die Allgemeinheit gefordert ist.[405] Insoweit sich die Maßnahme gegen einen an der Tat nicht beteiligten Dritten richtet, kann es sich, mit Verweis auf den Schuldgrundsatz, auch nicht um eine Strafe handeln. Gleichzeitig wird der Maßnahme heute fast einhellig strafähnlicher Charakter zugesprochen. Inwiefern dies wirklich einen Gewinn bringt, sei dahingestellt. Viel eher ist auf die erhebliche Kritik bezüglich der Verfassungsmäßigkeit der Norm zu verweisen.[406]

Wesentlich wichtiger für die Thematik der Arbeit ist der Blick auf § 75 StGB. Diese verweist auf die Voraussetzungen der §§ 74–74 c StGB. Mithin würde sich die Rechtsnatur einer Einziehung gegen einen Verband nach den für §§ 74 ff. StGB aufgestellten Regeln richten. Dies erscheint mit Blick auf die Einziehung aus Sicherungsgründen wenig problematisch. Ob sich der Gegenstand hier im Eigentum eines Dritten im Sinne eines Verbandes oder einer natürlichen Person befindet ist ohnehin ohne Bedeutung.[407] Folglich bedarf es der Regelung des § 75 StGB in einem solchen Fall nicht. Vielmehr wird durch § 75 StGB der strafende bzw. strafähnliche Charakter der Einziehung auf den Verband gelenkt. Denn § 75 StGB ermöglicht den Durchgriff der strafweisen Einziehung nach § 74 Abs. 2 Nr. 1 StGB auf den Verband. Mithin wirkt die Zurechnungsnorm derart, als hätte die Organisation selbst die Einziehung begründende Handlung vorgenommen. Folglich bleibt der Rechtscharakter auch durch § 75 StGB unangetastet. Hier hat die Einziehung gegen den Verband straf- oder strafähnlichen Charakter.[408] Mithin ist eine Strafe gegen einen Verband vom Gesetz sogar explizit vorgesehen und ist nicht von vornherein auszuschließen.

---

405 A.A. OLG München, NJW 1982, 2330, 2331.

406 S.o. B. II. 2. B. Letztlich wirkt die Einziehung hier wie eine Strafe, ohne dass der Betroffene schuldhaft gehandelt hat. Die vom Gesetzgeber hierfür im Tatbestand hervorgebrachten Rechtsfertigungsgründe vermögen für eine solche Umgehung nicht zu überzeugen.

407 Vgl. *Schmidt,* in: LK, § 75, Rn. 3.

408 Zur Problematik im Ganzen: *Heine/Weißer,* in: Schönke/Schröder, Vorbem. §§ 25 ff., Rn. 120 ff.; vgl. auch *Hirsch,* ZStW 107, 285 ff.

2. Die Rechtsnatur des Verfalls

Im Gegensatz zur Rechtsnatur der Einziehung ist die Rechtsnatur des Verfalls nicht nur problematisch, sondern höchst umstritten. Dies ist eine Folge der Einführung des Bruttoprinzips mit dem Gesetz zur Änderung des Außenwirtschaftsgesetzes, des Strafgesetzbuches und anderer Gesetze aus dem Jahr 1992.

a. Die Rechtsnatur des Verfalls vor Einführung des Bruttoprinzips

Um die Thematik zu ergründen lohnt ein Blick in die Vergangenheit. Bevor der Verfall in das StGB als eigenständiges Institut aufgenommen wurde, existierte er, wie bereits aufgezeigt, nur in Einzelvorschriften und wurde als Unterart der Einziehung angesehen. Als eine der wichtigsten Vorschriften fällt § 335 StGB a.F. in den Blick. Demnach musste bei Bestechungsdelikten das Empfangene oder dessen Wert für verfallen erklärt werden. Dieser Maßnahme wurde zuvorderst Strafcharakter attestiert.[409] Als Begründung hierzu wird angeführt, dass durch den Verfall die Strafwirkung verstärkt würde bzw. sogar eine Strafempfänglichkeit beim Täter hervorgerufen werde.[410] Mithin verwundert es nicht, dass im E 1962 der Verfall noch eine schuldhafte Anknüpfungstat voraussetzte. Gleichwohl entschied der Gesetzgeber eine lediglich rechtswidrige Anknüpfungstat genügen zu lassen. Dies hatte weitreichende Folgen für den Rechtscharakter. Dem Rechtsprinzip „nulla poena sine culpa“ folgend, wurde somit vom Strafcharakter des Verfalls abgegangen. Vielmehr sollte der Verfall eine eigenständige Maßnahme sein, der quasi-kondiktionelle Ausgleichscharakter zukäme. Die Hauptfunktion des Verfalls wurde darin gesehen, dem Betroffenen seinen rechtswidrig erlangten Vermögensvorteil wieder abzunehmen.[411] Er soll durch die rechtswidrige Tat nicht bereichert werden. Mithin entspräche der Verfall in der Ausgangslage dem Bereicherungsrecht.[412] Gleichwohl wurde auch der spezial- und generalpräventive Aspekt des Verfalls gesehen, wenn dem Tatbeteiligten, als auch der Allgemeinheit vor Augen geführt werden soll, dass sich eine Tat schon deshalb nicht auszahle, weil der Vermögensvorteil aus dieser abgeschöpft wird.[413] Dennoch wurde dem Verfall schon deshalb der Strafcharakter aberkannt, weil dem Tatbeteiligten oder Dritten lediglich der Vermögensteil entzogen wird, den er

---

409 RGSt 57, 332, 332; BGHSt 11, 345, 348; *Eser*, Sanktionen, S. 84; *Zipf* JuS 1974, 273, 280.

410 *Eser*, Sanktionen, S. 84.

411 *Dreher/Tröndle*, 45. A., § 73, Rn. 1b.

412 *Eberbach* NStZ 1987, 486, 490.

413 *Schäfer*, in: LK, 10. A., § 73, Rn. 4.

durch die Tat erlangt hatte. Ein Strafübel lasse sich dadurch nicht erkennen.[414] Weiterhin wurde auf den Wegfall des Schulderfordernisses hingewiesen. Mithin könne schon aufgrund dessen im Verfall keine Strafe gesehen werden.[415] Dieser überwiegenden Auffassung folgte auch die Rechtsprechung.[416] Mit Blick auf die Charakterisierung des § 335 StGB a.F. wirkte ein solcher Wandel letztlich inkonsequent. Wenn nun der durch die Bestechung erlangte Vermögensvorteil von einem schuldigen Tatbeteiligten verfällt, soll dies plötzlich keine Strafe mehr sein, sondern ein quasi-kondiktioneller Ausgleich? Nur weil der Anwendungsbereich des Verfalls auf rechtswidrige Taten erweitert wurde, kann sich die Maßnahme in ihrer Wirkung und Zielsetzung im gleichen Fall nicht völlig verändert haben. Mithin stellte eine weitere Ansicht darauf ab, ob sich der Tatbeteiligte schuldhaft selbst bereichert hat. In einer solchen Konstellation hätte der Verfall Strafcharakter.[417] Ist ein schuldlos Handelnder von der Verfallsanordnung betroffen, stünde die Ausgleichsfunktion im Vordergrund. Folglich wurde dem Verfall ein ambivalenter Charakter zugeschrieben.[418]

b. Die Rechtsnatur des Verfalls nach Einführung des Bruttoprinzips

Auch nach der Einführung des Bruttoprinzips geht eine vielfach vertretene Ansicht davon aus, dass sich die Rechtsnatur des Verfalls als quasi-kondiktionelle Ausgleichsmaßnahme nicht verändert hat.[419] Grundlage dieser, wie jeder juristischen Auslegung, ist der Wortlaut. Denn der Gesetzgeber ersetzte den Begriff „Vermögensvorteil" durch den Begriff „Etwas". Er beschreibt den Umfang dessen, was dem Tatbeteiligten oder ggf. dem Drittempfänger zu entziehen ist.

414 *Güntert,* Gewinnabschöpfung, S. 16.

415 *Güntert,* Gewinnabschöpfung, S. 16.

416 BGHSt 31, 145, 146; OLG Düsseldorf NJW 1979, 992, 992, letztlich wohl schon damals in die Richtung tendierend bezogen auf die Einziehung nach der PreistrVO: RGSt 53, 89, 92.

417 *Maurach/Zipf* AT 2, 5. A., S. 531.

418 *Pohl-Sichtermann,* Geldbuße gegen Verbände, S. 46. So auch noch *Eser,* in: Schönke/Schröder, 20. A., Vorbem. § 73, Rn. 19 f., der dem Verfall dann Strafcharakter zurechnete, wenn es sich um den Verfall von Tatengelten handelte, die aus dem Vermögen eines Tatbeteiligten stammten.

419 *Schmidt,* Gewinnabschöpfung, Rn. 34 f.; *Podolsky/Brenner,* Vermögensabschöpfung, S. 17; *Wallschläger,* Verfallsvorschriften, S. 49; *Nack,* GA 2003, 879, 882; *Janssen,* Gewinnabschöpfung, Rn. 254; *Altenhain,* Anschlußdelikt, S. 347 ff.; *Best,* JR 2003, 335, 341; *Kracht,* wistra 2000, 326, 328; ebenso die Rspr.: BVerfG NJW 2004, 2073, 2074 ff.; BGH NStZ 1995, 491, 491; BGHSt 47, 369, 373.

Da exakt derselbe Terminus im Bereicherungsrecht verwendet wird, soll der Verfall sich diesem angenähert haben, auch in Bezug auf dessen Rechtsnatur.[420] Dieser Abstimmung mit dem Bereicherungsrecht entspreche auch der Verweis in der Gesetzesbegründung. Dort wird auf den Rechtsgedanken des § 817 S. 2 BGB verwiesen, der mit der Einführung des Bruttoprinzips nun auch im Verfallsrecht entsprechend Anwendung finden soll.[421] Zweck des Verfalls soll auch nach Einführung des Bruttoprinzips der Ausgleich von rechtswidrig erlangten Vermögensvorteilen bleiben.[422] Dies entspräche dem im Bereicherungsrecht inhärenten Gedanken. So soll sich das Verfallsrecht sogar dem Bereicherungsrecht durch die zusätzliche Abschöpfung des Bruttoerlöses weiter angenähert haben. Dies wird vor allem mit Blick auf ein neues Verständnis des Bereicherungsrechts so gesehen. Demnach hat die Regelung über den Bereicherungseinwand gem. § 818 Abs. 3 BGB ihre überragende Bedeutung verloren.[423] Das soll nun dazu führen, dass der oberste Grundsatz des Bereicherungsrechts (keine bereicherungsrechtliche Entziehung über die eigentliche Bereicherung hinaus) nicht mehr fruchtbar gemacht werden kann. Vielmehr soll die Versagung des Entreicherungseinwandes der Normalfall sein.[424] Folglich passe sich der Verfall nur an, wenn er die Entziehung des Bruttoerlangten vorsieht. Der Entreicherungseinwand stelle nur eine bereicherungsrechtliche Ausnahme zugunsten des gutgläubigen Empfängers dar.[425]

Hingegen wird der Strafcharakter aus den gleichen Gründen wie schon vor Einführung des Bruttoprinzips abgelehnt.[426] Hinzu kommen Argumente, die sich mit dem Einfluss des Bruttoprinzips auf einen etwaigen Strafcharakter des Verfalls auseinandersetzen. So wird dem Verfall die für eine Strafe typische, stigmatisierende Wirkung abgesprochen.[427] Weiterhin wird auf die spezial- wie auch generalpräventive Zielrichtung des Verfalls hingewiesen. So verfolge der Verfall nicht etwa die Vergeltung von Unrecht, sondern wolle zukunftsgerichtet die Begehung weiterer Straftaten verhindern.[428] Auch die mit einer Strafe notwendig verbundene Zufügung eines Übels wird teilweise nicht anerkannt oder als nicht

---

420 *Wallschläger,* Verfallsvorschriften, S. 28.
421 BT-Drucks. 12/1134 S. 12.
422 *Kracht,* wistra 2000, 326, 328.
423 *Altenhain,* Anschlußdelikt, S. 352.
424 *Altenhain,* Anschlußdelikt, S. 352.
425 *Altenhain,* Anschlußdelikt, S. 352.
426 *Schmidt,* Gewinnabschöpfung, Rn. 29.
427 *Wallschläger,* Verfallsvorschriften, S. 32.
428 BVerfG NJW 2004, 2073, 2075; BGHSt 51, 65, 67.

geeignetes Abgrenzungskriterium abgelehnt. Der Tatbeteiligte habe schließlich freiwillig Vermögensaufwendungen vorgenommen und diese in die Straftat investiert. Mit einer originären Übelszufügung im Sinne einer Geldstrafe wäre diese Situation nicht vergleichbar.[429] Selbst wenn es sich bei dem Eingriff um ein Übel handele, so würde dies für die Bewertung als Strafe nicht genügen, da die Zufügung eines solchen Nachteils auch immer mit einem sozialethischen Unwertsurteil verbunden sein muss.[430]

Indessen hat sich ein weiterer Standpunkt zur Problematik herausgebildet. Diese attestiert ganz im Sinne historischer Konsequenz dem Verfall bei Anwendung des Bruttoprinzips nun wieder Strafcharakter.[431] Dabei zu berücksichtigen ist, dass teilweise von einem ambivalenten Rechtsinstitut ausgegangen wird. Mithin solle dem Verfall nur dort Strafcharakter zukommen, wo er über die Abschöpfung des Netto-Erlangten hinausgeht.[432] Die Annahme, dem Verfall komme durch die Einführung des Bruttoprinzips Strafqualität zu, gründet sich auf dem Grundgedanken, dass im Entzug des Bruttoerlöses faktisch ein Strafübel liegt.[433] Dabei soll die Übelzufügung in der Vermögenseinbuße liegen, bei der dem Tatbeteiligten mehr entzogen wird, als er durch die Straftat an Vermögensvorteil erlangt hat.[434] Es könnte dem Tatbeteiligten selbst dann etwas entzogen werden, wenn er nach einer Saldierung gar keinen Vermögensvorteil mehr hat.[435] Indem der Verfall über die bloße Wiederherstellung des anfänglichen Zustandes hinausgeht, hätte er seine Ausgleichsfunktion verloren und könne nicht mehr als quasi-kondiktionelle Ausgleichsmaßnahme angesehen werden.[436] Ein weiteres Argument für den Strafcharakter des Verfalls wird aus dessen Funktion hergeleitet. Indem die Aufwendungen des Verfallsbetroffenen nicht berücksichtigt werden, hat er gerade die gesamte Abschöpfung des durch die rechtswidrige Tat

429 *Wallschläger,* Verfallsvorschriften, S. 28.

430 *Best,* JR 2003, 335, 340.

431 *Meyer,* ZRP 1990, 85, 89, Fn. 60; *Weßlau* StV 1991, 226, 231 (bzgl. des Erweiterten Verfall); *Eser,* Stree/Wessels-FS, 833, 844; *Dessecker,* Gewinnabschöpfung, S. 362; *Michalke* in: Nelles, Money, money, money…, S. 98; *Faure,* FS Eser, S. 1326; *Hoyer,* GA 1993, 406, 421; *Geiger,* Rechtsnatur der Sanktion, S. 304 ff.; *Dannecker,* NStZ 2006, 683, 684; *Lackner/Kühl* StGB, § 73 Rn. 4 b; *Hofmann,* wistra 2008, 401, 406; *Drathjer,* Abschöpfung, S. 38; wohl auch *Hohn,* wistra 2003, 321, 325 f.

432 *Eser,* in: Schönke/Schröder, Vorbem. § 73, Rn. 19; *Hellmann,* GA 1997, 503, 521.

433 *Dessecker,* Gewinnabschöpfung, S. 362; *Eser,* Stree/Wessels-FS, 833, 844.

434 *Hoyer,* GA 1993, 406, 414; *Dannecker,* NStZ 2006, 683, 683; *Hofmann,* wistra 2008, 401, 406.

435 *Hoyer,* GA 1993, 406, 414.

436 *Faure,* FS Eser, S. 1326; *Dessecker,* Gewinnabschöpfung, S. 362.

Erlangten zu fürchten. Hierin wird teilweise ein Präventionszweck in Form der negativen Generalprävention gesehen.[437] Aber auch positiv generalpräventive Aspekte werden dem Verfall zugerechnet.[438] Aus dieser generalpräventiven Zielsetzung wird auf den Strafcharakter des Verfalls geschlossen.[439] Dass der Verfall nach dem Tatbestand dabei nur an eine rechtswidrige Tat anknüpft und mithin keine Strafe sein kann, wird als Zirkelschlussargumentation angesehen. So kann die fehlende Strafähnlichkeit nicht aus dem fehlenden Schulderfordernis hergeleitet werden, um dann wiederum aus der fehlenden Strafähnlichkeit herzuleiten, dass der Verfall ohne die Feststellung von Schuld anzuordnen ist.[440] Auch eine etwaige fehlende deklassierende Wirkung des Verfalls wird, mit Verweis auf einen solch fehlenden Reflex bei „Kavaliersdelikten", als unerheblich angesehen.

Letztlich richten sich viele Entgegnungen direkt gegen die Vergleichbarkeit mit dem Bereicherungsrecht. Zuvorderst die Einbringung des Gesetzgebers, welche das Bruttoverfallsrecht mit dem Rechtsgedanken des § 817 S. 2 BGB gleichsetzt.[441] Dieser versagt dem Leistenden staatliche Hilfe, insoweit er durch seine Leistung in verwerflicher Weise handelt, sei es durch Verstoß gegen die guten Sitten oder gegen ein Gesetz. Wer sich außerhalb der Rechtsordnung bewegt, soll von dieser keinen Schutz erwarten können. Anders sei die Sachlage beim Verfallsrecht zu beurteilen. Denn hier soll nicht die staatliche Hilfe bei rechtswidrigen Geschäften versagt werden, sondern der Staat greift aktiv in das Vermögen des verwerflich Handelnden ein und entzieht ihm das rechtswidrig Erlangte.[442] Der Staat versagt nicht nur einen Wiederherstellungsanspruch, sondern stellt den Tatbeteiligten durch Entziehung des Bruttoerlöses schlechter.[443] Mithin sollen beide Konstellationen nicht vergleichbar sein.

c. Stellungnahme

Zunächst sei festgestellt, dass durch die Einführung des Bruttoprinzips der Verfall nicht gänzlich seine Charakterisierung als quasi-kondiktionelle Ausgleichsmaßnahme verloren hat. Denn insoweit der Verfall nur der Abschöpfung eines

---

437 *Eser,* in: Schönke/Schröder, Vorbem. § 73, Rn. 19.

438 *Hohn,* wistra 2003, 321, 325, so auch: BVerfG NJW 2004, 2073, 2075.

439 *Eser,* in: Schönke/Schröder, Vorbem. § 73, Rn. 19; *Hohn,* wistra 2003, 321, 325.

440 *Hoyer,* GA 1993, 406, 413; *Geiger,* Rechtsnatur der Sanktion, S. 307; *Eser,* in: Schönke/Schröder, Vorbem. § 73, Rn. 19.

441 BT-Drucks. 12/1134 S. 12.

442 *Dannecker,* NStZ 2006, 683, 684; *Hohn,* wistra 2003, 321, 326; *Lackner/Kühl* StGB, § 73 Rn. 4 b m.w.N.

443 *Geiger,* Rechtsnatur der Sanktion, S. 306 f.

rechtswidrig erlangten Vermögensvorteils dient, liegt seine Hauptfunktion im Entzug der Vorteile, die der Tatbeteiligte oder Dritte (§ 73 Abs. 3 StGB) durch eine rechtswidrige Tat erlangt hat. Zweck des Netto-Verfalls ist somit der Entzug einer rechtswidrigen Bereicherung. Dies deckt sich mit dem Zweck der bereicherungsrechtlichen Ansprüche. Diese wollen ebenfalls Vorteile entziehen, welche dem unrechtmäßig Bereicherten nach dem Gesamturteil der Rechtsordnung nicht zustehen.[444] Gleichwohl unterscheidet sich die Zielsetzung der beiden Institute in folgendem Punkt. Das Bereicherungsrecht will zusätzlich den Vorteil an den wahren Berechtigten zurückführen.[445] Hingegen wird durch den Verfall die erlangte Bereicherung auf den Staat übergehen. Dennoch Teilen der Netto-Verfall und das Bereicherungsrecht den Abschöpfungsgedanken. Folglich kann der Terminus quasi-kondiktionelle Ausgleichsmaßnahme hierfür Verwendung finden. Gleichwohl stellt sich die Frage, ob durch die Einführung des Bruttoprinzips der Verfall überdies hinaus die Qualität einer Strafe angenommen hat.

Betrachtet man die Diskussion zur Thematik, fällt auf, dass teilweise der Blick von den wesentlichen Argumentationssträngen weg, hin zu einer Abgrenzungskontroverse zum Bereicherungsrecht geht. Die Gemeinsamkeiten mit dem Bereicherungsrecht sind für die Beurteilung, ob dem Verfall zusätzlich ein Strafcharakter beiwohnt, ohne Bedeutung. Entscheidender für die Bestimmung der Rechtsnatur des Verfalls ist, ob ihm Strafcharakter zuzuschreiben ist. Folglich ist der Verfall entweder weiterhin nur eine quasi-kondiktionelle Ausgleichsmaßnahme oder ein ambivalentes Institut, welches sowohl Strafe, als auch Ausgleichsmaßnahme ist. Das führt zur Frage, wie sich der Begriff Strafe definiert? Zunächst soll der Bezugspunkt für diese Betrachtung gewählt werden. Dieser muss sich am Ziel der Diskussion orientieren. Mithin können an dieser Stelle keine tiefgreifenden Betrachtungen zum allgemeinen Strafbegriff erfolgen. Zweckdienlicher ist es, eine streng juristische Betrachtungsweise zu wählen. Ausgangspunkt hierfür ist letztlich das deutsche Strafrecht und der diesem inhärenten Strafbegriff. Doch selbst unter der Bedingung einer solch restriktiven Perspektive fällt eine Bestimmung des Strafbegriffs schwer.[446] Dennoch gibt es hierfür Ansatzpunkte. Eine Strafe soll sich hierbei durch ein dem Täter auferlegtes Übel auszeichnen und als Reflex des notwendig vorrangegangen

444 Siehe nur *Sprau,* in: Palandt, Einf. v. § 812 Rn. 1; *von Sachsen Gessaphe,* in: NK-BGB, Vor §§ 812 ff., Rn. 1.

445 *Sprau,* in: Palandt, Einf. v. § 812 Rn. 1.

446 *Lampe,* Strafphilosophie, S. 22.

Schuldspruchs ein sozialethischen Unwerturteil über die Tat enthalten.[447] Der Übelscharakter ist ein überzeugendes Merkmal einer Strafe, ist jedoch für eine Zuordnung nicht ausreichend.[448] Die Anknüpfung an eine schuldhafte Tat ist es indessen nicht. Dies beschreibt lediglich die gesetzgeberische Intention, die gewählte Maßnahme als Strafe auszugestalten, nicht jedoch den eigentlichen Gehalt dieser. Mithin vermag der Verweis auf die dem Verfall fehlende Schuldfeststellung nicht zu überzeugen. Auch das Merkmal eines sozialethischen Unwerturteils eignet sich kaum für die Qualifizierung des Verfalls als Strafe.[449]

Gleichwohl lässt sich aus diesem Ansatz ein gewinnbringender Gedanke entnehmen. Denn eine Strafe korreliert immer mit einer Tat. Sie stellt nicht nur die Reaktion dar, sondern orientiert sich vollends an der Tat.[450] Der Verfall stellt die Reaktion auf ein begangenes Unrecht dar, indem er dem Tatbeteiligten oder Dritten den durch die Tat erlangten Vorteil wieder entzieht. Dennoch fehlt es an einer Orientierung an dem durch die Tat begangenen Unrecht. Die Reaktion des Verfalls auf die Tat bleibt immer gleich. Dem Tatbeteiligten oder Dritten wird das durch die Tat erlangte Etwas entzogen, unabhängig welches Unrecht durch die Tat verwirklicht wurde. Mithin fehlt es an diesem Punkt an einem Strafkriterium. Dies wiegt jedoch nicht derart schwer, wie es auf den ersten Blick scheint. Denn auch bei der Einziehung fehlt es an einer solchen Tatorientierung. Lediglich die Strafzumessung soll bei Annahme des Strafcharakters nicht unberührt bleiben. Folglich ist dieses Minus an Strafcharakter beim Verfall nicht von solchermaßen hoher Bedeutung.

Viel wichtiger scheint es, den mit dem Übel verknüpften Zweck mit in die Betrachtung einzubeziehen. Dieser prägt Tatbestand und Rechtsfolge des Instituts und ist folglich dessen Grundlage und somit von herausragender Bedeutung bei der Bestimmung der Rechtsnatur. Verfolgt der Bruttoverfall Strafzwecke und trifft den Betroffenen mit gleicher Wirkung, so muss zumindest von einer Strafähnlichkeit ausgegangen werden.

---

447 *Meier*, Sanktionen, S. 16; zur Strafe als sozialethisches Unwerturteil ausführlich: *Kühl*, ZStW 116, 870, 876 ff. m.w.N.

448 So auch: *Kühl*, ZStW 116, 870, 876.

449 Ebenso: *Roxin*, FS Volk, S. 602 ff.; wohl auch *Jescheck/Weigend*, Strafrecht AT, S. 65, 793, die zwar davon ausgehen, dass Strafe ein sozialethisches Unwerturteil über den Täter aufgrund seiner schuldhaft begangenen Tat darstellt, aber dennoch den Verfall als Zusatzstrafe anerkennen.

450 *Lampe*, Strafphilosophie, S. 132; *Hassemer*, Strafe, S. 40.

Nach heute vorherrschender Meinung soll Strafe unterschiedliche Zwecke im Sinne der Vereinigungstheorie erfüllen.[451] Darunter versteht sich das Zusammenspiel von generalpräventiven und spezialpräventiven Bestrebungen. Hierbei können je nach Spielart der Vereinigungstheorie auch noch Vergeltungsgesichtspunkte von Bedeutung sein. Dass sich Strafzwecke im Wesentlichen nicht von denen der Sicherungsmaßregeln unterscheiden[452], ist für die folgende Betrachtung schon deshalb nicht erheblich, weil der Verfall nach § 73 StGB unzweifelhaft keine Maßnahme der Sicherung und Besserung ist. Die Entziehung der Tatvorteile dient ersichtlich keinem Sicherungszweck, da ihnen keine Gefährlichkeit für die Allgemeinheit zu eigen ist.

Infolge dessen soll nun der Zweck des Bruttoverfalls näher untersucht werden. Ob der Verfall diese Ziele verwirklichen kann, wird erst zu einem späteren Zeitpunkt v.a. mit Bezug auf unternehmensbezogene Delikte analysiert werden. Ausgangspunkt ist die Gesetzesbegründung zur Einführung des Bruttoprinzips. In der Begründung zur Einführung des Bruttoprinzips wird der Zweck des Verfalls auch weiterhin nur in der Abschöpfung von rechtswidrig erlangten Vermögensvorteilen gesehen. Weiterhin soll das Bruttoprinzip der Verfahrensvereinfachung dienen und somit das Rechtsinstitut praktikabler machen. Zwar wird in der Begründung zum OrgKG darauf hingewiesen, dass die einzuführenden Maßnahmen auch auf Abschreckungsgesichtspunkten beruhen. Allerdings bezieht sich diese Aussage nicht explizit auf die Einführung des Bruttoprinzips. Gleichwohl findet sich ein wichtiger Hinweis in der Gesetzesbegründung. Mit der Einführung des Bruttoprinzips soll der Rechtsgedanke des § 817 S. 2 BGB in das Verfallsrecht einfließen. Das in ein verbotenes Geschäft Investierte soll unwiederbringlich verloren sein. Ohne auf etwaige Gemeinsamkeiten zum Bereicherungsrecht einzugehen, soll dieser Gedanke mit Blick auf die Strafzwecke untersucht werden. Sinn der Maßnahme ist somit, dem Verfallsbetroffenen nicht nur den erlangten Vorteil aus der rechtswidrigen Tat wieder abzunehmen, sondern auch alles für verloren zu erklären, was er in die Tat investiert hat. Mit einer reinen Abschöpfung von Tatgewinnen ist der Gedanke wenig vereinbar. Vielmehr wird nicht nur aufgezeigt, dass Verbrechen sich nicht lohnen soll, sondern es birgt das Risiko, dass alle Investitionen zusätzlich eingebüßt werden. Diese Zielsetzung wurde vom Gesetzgeber gerade mit der Umstellung auf das Bruttoprinzip beabsichtigt. Es droht ein Vermögensdefizit, im Vergleich zum

451 Siehe nur: *Roxin*, Strafrecht AT Bd. 1, § 3 Rn. 37; *Streng*, Sanktionen, Rn. 46; *Meier*, Sanktionen, S. 16.

452 Vgl. *Roxin*, Strafrecht AT Bd. 1, § 3 Rn. 65.

Vermögen vor der Tat, mit dem nach der Tat. Beim Tatbeteiligten bewirkt dies eine Abschreckung im Sinne eines negativ-generalpräventiven Effektes. Dies ist ein wesentlicher Unterschied zum Nettoprinzip. Hierbei hat der Verfallsbetroffene durch den Verfall nichts zu befürchten, außer der Entziehung dessen, was er vor der Tat ohnehin nicht hatte. Es trifft ihn ein zusätzliches Übel, welches faktisch beim Tatbeteiligten eine Abwägung im Sinne der negativen Generalprävention führen kann, die zugunsten des Rechts ausfällt. Dies ist offenkundig eine der Strafe entsprechende Zielsetzung.

In der Diskussion um die Rechtsnatur wird häufig die Verfallsanordnung gegen den Dritten nach § 73 Abs. 3 StGB verkannt. Vor allem in Argumentationen um den Wegfall der Bereicherung nach § 818 Abs. 3 BGB und dessen Unterscheidung zwischen schutzwürdigen und nicht schutzwürdigen Personen. So wird mit Verweis auf die §§ 818 Abs. 4, 819, 820 BGB aufgezeigt, dass sich auch nach dem Bereicherungsrecht nicht schutzwürdige Personen, gleich dem Verfall, nicht auf einen Wegfall der Bereicherung berufen können. Dabei wird der bösgläubige Bereicherungsschuldner mit dem Verfallsbetroffenen gleichgesetzt, unter völliger Verkennung der Reichweite des § 73 Abs. 3 StGB.[453] § 73 Abs. 3 StGB zeigt die Auswirkungen des Bruttoprinzips in einer noch weitreichenderen Dimension. Denn hier versagt unter Berücksichtigung des Bruttoverfalls der Abschöpfungsgedanke im Sinne des Bereicherungsrechts vollends. Als Beispiel sei für den Dritten ein Unternehmen gewählt, dessen Betriebsangehöriger eine Straftat zu dessen Gunsten begangen hat. Auch in einem solchen Fall wird das Bruttoprinzip angewendet. Das Unternehmen muss nicht nur den Gewinn, sondern auch alle mit der Straftat verbundenen Aufwendungen herausgeben, unabhängig, ob die Unternehmensführung Kenntnis von der Tat hatte. Der Abschöpfungsgedanke reicht für die Erklärung der Bruttoverfallsanordnung gegen den gutgläubigen Dritten nicht aus. Hier steht faktisch ebenfalls ein pönaler Zweck im Vordergrund. Das Unternehmen soll Präventionsmaßnahmen einleiten, um diesem Übel zu entgehen.[454] Mithin sollen durch den Bruttoverfall nach § 73 Abs. 3 StGB weitere Straftaten durch Abschreckung verhindert werden. Dass ein solcher Durchgriff auf Unternehmen strafweise zulässig ist, zeigt ebenso § 75 StGB. Auch hier offenbart sich der Strafzweck des Bruttoverfalls deutlich in Form der negativen Generalprävention.

453 So: *Altenhain,* Anschlußdelikt, S. 354; *Kracht,* wistra 2000, 326, 328.

454 So auch: *Hofmann,* wistra 2008, 401, 406.

Ein weiterer Zweck des Verfalls liegt darin, der Gesellschaft aufzuzeigen, dass rechtwidrige Bereicherungen durch strafrechtliche Handlungen nicht geduldet werden. Dabei ist der Gedanke eines zusätzlichen Übels von erheblicher Bedeutung. Nur so wird der Allgemeinheit der Unrechtsgehalt der Handlung aufgezeigt und die strafrechtliche Norm bestätigt. Hierbei handelt es sich um eine positiv generalpräventive Zielsetzung.[455] Freilich ist die positive Generalprävention kein strafrechtliches Spezifikum.[456] Jedoch reicht der Einwand, eine polizeiliche Verwarngebühr erfülle ebenfalls solche Zwecke, nicht aus. Entscheidend ist die Qualität des Übels, um die Verwerflichkeit des Normbruchs zu signalisieren. Der Bruttoverfall entzieht alles, was der Täter erlangt hat, dabei ist die Höhe des vom Verfallsbetroffenen investierten nicht relevant. Dies kann zu erheblichen Vermögenseinbußen führen und ist nicht mit der Höhe eines polizeilichen Verwarngeldes vergleichbar. Gerade die Wirkung des umfassenden Verlusts der Investitionen als Reaktion auf eine strafrechtliche Handlung zeigt die Normbestätigungswirkung des strafrechtlichen Verfalls. Mithin ist auch diese positiv generalpräventive Zielsetzung ein klarer Beleg der Strafähnlichkeit des Verfalls.

Insgesamt zeigt sich in der Verknüpfung von Zweck und Wirkung eine klare Ausrichtung des Verfalls hin zu einer ambivalenten Maßnahme. Wird lediglich das Nettoerlangte abgeschöpft, bleibt der Verfall eine quasi-kondiktionelle Ausgleichsmaßnahme. Geht die Abschöpfung über dies hinaus, erlangt er dadurch Strafähnlichkeit. Die Konsequenzen die sich hieraus ergeben, sollen an dieser Stelle nicht diskutiert werden. Das sich bezüglich des Schuldgrundsatz erhebliche Konsequenzen ergeben, ist offensichtlich. Letztlich hat die Bestimmung der Rechtsnatur des Verfalls mit Blick auf eine Begrenzung des Bruttoprinzips bei unternehmensbezogenen Straftaten einen erheblichen Stellenwert, wie sich an späterer Stelle zeigen wird.

III. Verfahrensrechtliche Betrachtung von Einziehung und Verfall

Das Potential beider Maßnahmen soll durch die Sicherstellungsmöglichkeiten gem. §§ 111b ff. StPO noch wesentlich gesteigert werden. Ohne eine vorherige Sicherung der entsprechenden Gegenstände ließe sich eine sinnvolle Durchsetzung nicht erreichen. Es bestünde die permanente Bedrohung, dass die Institute ins Leere gehen.

---

455 Dies sieht auch das BVerfG in seiner Entscheidung zum Erweiterten Verfall so: BVerfG NJW 2004, 2073, 2075.

456 BVerfG NJW 2004, 2073, 2075 mit Verweis auf BVerfGE 22, 125, 132.

Zunächst soll ein systematischer Überblick den Einstieg in die Sicherstellungsvorschriften vereinfachen. Hierbei bietet sich eine Orientierung am Gesetzaufbau an. Die Sicherstellungsvorschriften für Einziehung und Verfall befinden sich in den §§ 111 b–111 n StPO.[457] Schon die Grundvorschrift des § 111 b StPO legt den zentralen Ausgangspunkt fest, indem sie zwischen Sicherung des Verfalls- oder Einziehungsgegenstandes selbst und dessen Wertersatz unterscheidet. Nach § 111 b Abs. 1 S. 1 StPO ist der Gegenstand selbst durch Beschlagnahme, welche in § 111 c StPO geregelt ist, zu sichern. Der Wertersatz hingegen soll gem. § 111 b Abs. 2 StPO durch dinglichen Arrest, normiert in § 111 d StPO, garantiert werden. Diesen folgend werden in den §§ 111e und 111f StPO die Anordnung und Vollziehung von Beschlagnahme und Arrest geregelt. Die §§ 111 g–111 i StPO beschäftigen sich mit den Rechten des durch die Tat Verletzten. In den §§ 111 k - 111 n StPO sind dann noch die Rückgabe der Sache an den Verletzten sowie die Notveräußerung und Beschlagnahme eines Druckwerkes geregelt.

1. Die Beschlagnahme

Bedingung für die Beschlagnahme ist gem. § 111 b Abs. 1 S. 1 StPO, dass Gründe für die Annahme vorliegen, dass die Vorrausetzungen von Verfall und Einziehung des Gegenstandes gegeben sind. Ausreichend hierfür ist das Vorliegen eines einfachen Tatverdachts.[458] Ist ein solcher gegeben, kann die Maßnahme gem. § 111 b Abs. 3 S. 1 StPO, unter Berücksichtigung des Verhältnismäßigkeitsgrundsatzes bis zu 6 Monate aufrechterhalten werden. Über diesen Zeitraum hinaus bedarf es besonderer Schwierigkeiten oder eines besonderen Umfangs der Ermittlungen oder eines anderen wichtigen Grundes, um die Maßnahme weiter aufrecht zu erhalten. Dann ist eine Verlängerung von bis zu 12 Monaten möglich. Sind hingegen dringende Gründe für das Vorliegen der Voraussetzungen von Verfall und Einziehung gegeben, kann die Beschlagnahme auch über 12 Monate hinaus bestehen bleiben. Dringende Gründe sind solche, die eine Anordnung der Maßnahmen mehr als nur wahrscheinlich erscheinen lässt.[459] Des Weiteren bedarf die Beschlagnahme eines Sicherstellungsbedürfnisses. An einem solchen fehlt es, wenn auch ohne die Beschlagnahme die Vollstreckung

457 Zu den Konkurrenzverhältnissen zur Beweismittelbeschlagnahme und dem Insolvenzrecht siehe *Faust*, Vermögensabschöpfungsrecht, S. 103 ff.

458 Siehe nur BT-Drucks. 13/8651 S. 2, 9.

459 *Spillecke*, in: KK StPO, § 111 b Rn. 9; OLG Köln StV 2004, 121, 122.

des Verfalls oder der Einziehung nicht gefährdet ist.[460] Als Rechtsfolge kann die Beschlagnahme angeordnet werden.

Die Anordnung der Beschlagnahme erfolgt nach § 111 e StPO.[461] Demnach ist grundsätzlich das Gericht zuständig.[462] Eine Ausnahmezuständigkeit ergibt sich, wenn Gefahr im Verzug vorliegt. Dann steht auch der Staatsanwaltschaft, bei beweglichen Sachen sogar den Ermittlungspersonen der Staatsanwaltschaft, eine solche Befugnis zu. Liegt eine Anordnung durch die Staatsanwaltschaft vor, so soll sie gem. § 111 e Abs. 2 StPO, bei nicht beweglichen Sachen eine gerichtliche Bestätigung innerhalb einer Woche beantragen. Hierbei handelt es sich um eine Soll-Vorschrift, mithin ist deren Einhaltung keine Wirksamkeitsvoraussetzung für die Anordnung.[463] Gleichwohl kann der Betroffene nach § 111 e Abs. 2 S. 3 StPO die richterliche Entscheidung jederzeit beantragen. Gegenüber dem Betroffenen ist die Maßnahme durch die Vollstreckungsbehörde bekannt zu machen, insoweit dies den Erfolg der Sicherstellung nicht gefährdet.[464] Gegenüber dem durch die Tat Verletzten erfolgt eine Mitteilung nach § 111 e Abs. 3 StPO. Ist der Verletzte noch unbekannt oder ist die Mitteilung gegenüber jedem einzelnen Verletzten mit unverhältnismäßigen Aufwand verbunden, erfolgt sie, gem. § 111 e Abs. 4 StPO, durch Anzeige im Bundesanzeiger oder in anderer geeigneter Weise.

Der Vollzug der Beschlagnahmeanordnung ist in § 111 c StPO geregelt. Die Durchführungskompetenzen sind in § 111 f StPO festgelegt. Die Vollstreckung der Beschlagnahmeanordnung richtet sich nach dem sicherzustellenden Gegenstand. So legt § 111 c Abs. 1 StPO fest, dass eine bewegliche Sache in Gewahrsam zu nehmen ist. Alternativ kann die Beschlagnahme auch durch Anbringung eines Siegels oder in anderer Weise kenntlich gemacht werden. Die Vollstreckung in Grundstücke oder grundstücksgleiche Rechte wird gem. § 111 Abs. 2 S. 1 StPO durch Eintrag eines Beschlagnahmevermerks in das Grundbuch bewirkt. Forderungen werden nach § 111 c Abs. 3 S. 1 StPO gepfändet. Hierbei sind bei Durchführung der Pfändung die Vorschriften der ZPO über Zwangsvollstreckung in

460 *Spillecke*, in: KK StPO, § 111 b Rn. 13; hierzu detailliert: *Faust*, Vermögensabschöpfungsrecht, S. 131 ff.

461 Zu Form und Inhalt der Anordnung siehe *Faust*, Vermögensabschöpfungsrecht, S. 120 ff.

462 Zur sachlichen und örtlichen Zuständigkeit siehe *Schmidt*, Gewinnabschöpfung, Rn. 564 ff.

463 Vgl. auch *Meyer-Goßner*, StPO, § 111 e, Rn. 7; *Spillecke*, in: KK StPO, § 111 e, Rn. 4; zur Frage, ob eine Anhörung des Betroffenen erfolgen muss siehe Faust, Vermögensabschöpfungsrecht, S. 124 ff.

464 *Schmidt*, Gewinnabschöpfung, Rn. 579.

Forderungen und andere Vermögenswerte zu beachten. Die Beschlagnahme von Schiffen, Schiffsbauwerken und Luftfahrzeugen richtet sich nach § 111 c Abs. 4 StPO. Dabei wird auf Abs. 1 verwiesen, es sei denn eine Eintragung in das Schiffsregister, Schiffsbauregister und Register für Pfandrechte an Luftfahrzeugen ist möglich.

Die Beschlagnahme hat alsdann die Wirkung eines relativen Veräußerungsverbotes im Sinne des § 136 BGB (§ 111 c Abs. 5 StPO).[465] Mithin sind Verfügungen gegenüber dem Staat unwirksam. Hiervon sind auch Verfügungen im Rahmen der Zwangsvollstreckung und Arrestvollziehung gem. § 3 135 Abs. 1 S. 2, 136 BGB umfasst. Jedoch bleibt der gutgläubige Erwerb des Gegenstandes möglich (§§ 135 Abs. 2, 136 BGB). Handelt es sich um eine Einziehung aus Gründen der allgemeinen Sicherheit, besteht sogar ein absolutes Veräußerungsverbot im Sinne des § 134 BGB.[466] Dass die Beschlagnahme für diese Wirkung bereits vollzogen sein muss, geht schon aus der Formulierung des § 111 c Abs. 5 StPO hervor. Eine Rückgabe der beschlagnahmten Sache ist unter den Bedingungen des § 111 c Abs. 6 StPO möglich.

Zuständig für die Vollstreckung der Beschlagnahme ist gem. § 111 f Abs. 1 S. 1 StPO die Staatsanwaltschaft, in bewegliche Sachen auch deren Ermittlungspersonen. Zu beachten ist jedoch § 98 Abs. 4 StPO. Die erforderlichen Eintragungen in das Grundbuch sowie Eintragungen in die entsprechenden Register für die Anwendungsfälle des § 111 c Abs. 4 S. 2,3 StPO werden auf Ersuchen der Staatsanwaltschaft oder des Gerichts vorgenommen. Eine Übertragung dieser Aufgaben an den Rechtspfleger erfolgt gem. §§ 31 Abs. 1 und 22 Nr. 1 RPflG.

Die Aufhebung der Anordnung im Ermittlungsverfahren ist durchzuführen, sobald die Voraussetzungen der Beschlagnahme entfallen.[467] Bei einer rechtskräftigen Entscheidung entfällt die Beschlagnahmeanordnung von selbst, unabhängig davon, ob der Verfall oder die Einziehung ausgesprochen oder von den Maßnahmen abgesehen wird.[468] Ebenfalls aufzuheben ist die Anordnung, falls durch eine nicht rechtskräftige Entscheidung vom Verfall oder der Einziehung abgesehen wird.[469] Wurde der Gegenstand bereits sichergestellt, so ist mit Aufhebung der Anordnung auch die Sicherstellung zu beenden.

---

465 Siehe nur BT-Drucks. 16/700 S. 17; *Meyer-Goßner,* StPO, § 111 c, Rn. 10 m.w.N.; a.A. *Kiethe/Groeschke/Hohmann,* ZIP 2003, 185,189 m.w.N.

466 OLG Bremen NJW 1951,675, 675; *Meyer-Goßner,* StPO, § 111 c, Rn. 12.

467 *Schmidt,* Gewinnabschöpfung, Rn. 598.

468 Hierzu im Einzelnen *Spillecke,* in: KK StPO, § 111 e, Rn. 11 ff.

469 *Schmidt,* Gewinnabschöpfung, Rn. 600.

2. Der dingliche Arrest

Der dingliche Arrest kann dann angeordnet werden, wenn kein Gegenstand beschlagnahmt werden kann. Er sichert mithin sowohl den Verfall von Wertersatz als auch die Einziehung von Wertersatz. Des Weiteren kann eine Arrestanordnung wegen einer Geldstrafe oder der voraussichtlich entstehenden Kosten des Strafverfahrens (§ 111 d Abs. 1 S. 1 StPO) verhängt werden. Gleich der Beschlagnahme genügt hier ebenfalls ein einfacher Tatverdacht für die Anordnung der Maßnahme. Weiterhin bedarf es des Bestehens eines Arrestgrundes. Dies geht aus dem Verweis von § 111 d Abs. 3 StPO auf § 917 ZPO hervor. Demnach muss zumindest die Gefahr bestehen, dass ohne die Verhängung des dinglichen Arrests die Vollstreckung des Wertersatzverfalls oder der Wertersatzeinziehung wesentlich erschwert oder vereitelt würde. Für die Dauer des Arrests gelten die Ausführungen zur Beschlagnahme. Gleichwohl ist in besonderem Maße der Verhältnismäßigkeitsgrundsatz erheblich.[470] Auch hier ergibt sich in der Rechtsfolge eine Ermessenentscheidung.

Bei den Anordnungszuständigen kann im Wesentlichen auf die Beschlagnahme verwiesen werden. Dies gilt im gleichen Maße für die gerichtliche Bestätigung und die Mitteilungspflichten nach § 111 e Abs. 2–4 StPO. Lediglich den Ermittlungspersonen der Staatsanwalt steht keine Anordnungskompetenz zu. Die Vollziehung richtet sich gem. § 111 d Abs. 2 StPO i.V.m. § 928 ZPO nach den Vorschriften für die Zwangsvollstreckung. Davon unberührt bleiben die für den dinglichen Arrest getroffenen Regelungen in der StPO, wie z.B. die Zuständigkeiten des § 111 f StPO, aber auch die Rechtsmittel gegen die Maßnahmen.[471] Die Vollstreckung in das bewegliche Vermögen erfolgt gem. § 930 Abs. 1 ZPO durch Pfändung. Der dingliche Arrest von Grundstücken wird durch Eintragung einer Sicherungshypothek nach § 932 ZPO bewirkt. Bei Schiffen und Schiffsbauwerken findet § 931 ZPO Anwendung.

Die Vollstreckungszuständigkeiten finden sich in § 111 f StPO. Nach § 111 f Abs. 2 S. 1 StPO ist für die Pfändung von beweglichen Sachen die in § 2 JBeitrO bezeichnete Behörde, der Gerichtsvollzieher, die Staatsanwaltschaft oder deren Ermittlungspersonen zuständig. Für die Vollstreckung in Grundstücke gilt aufgrund des Verweises von § 111 f Abs. 3 S. 2 StPO auf § 111 f Abs. 2 StPO das zur Beschlagnahme Ausgeführte. Für die Vollziehung des Arrests in Schiffe

470 BVerfG StraFo 2005, 338 ff., hier allerdings zum dinglichen Arrest zur Rückgewinnungshilfe; BVerfG 2006, 2 BvR 583/06, Rn. 5 ff.; *Meyer-Goßner*, StPO, § 111 d, Rn. 7, m.w.N.

471 BGH NStZ-RR 2005, 146, 146.

und Schiffsbauwerke ist die Staatsanwaltschaft bzw. auf deren Antrag das Anordnungsgericht zuständig.

Bezüglich der Aufhebung der Arrestanordnung ist auf die Ausführungen zur Beschlagnahme zu verweisen. Jedoch erlischt die Arrestanordnung bei Absehen oder Bestätigen des Verfalls oder der Einziehung durch rechtskräftiges Urteil nicht von selbst. Es bedarf einer förmlichen Aufhebung, sobald die Vollstreckung beendet ist.[472] Gleichzeitig mit der Aufhebung der Anordnung entfällt auch die Vollstreckung der Maßnahme. Gleichwohl ist eine Aufhebung, nur der Vollziehungsmaßnahme,[473] durch § 934 ZPO möglich.

Die folgenden Ausführungen zum Rechtsschutz gegen die Maßnahmen werden nur skizziert. Gegen eine von der Staatsanwaltschaft angeordnete Maßnahme kann der Betroffene einen Antrag auf richterliche Bestätigung stellen. Dies gilt sogar gem. § 111 e Abs. 2 S. 3 StPO bei der Beschlagnahme von beweglichen Sachen durch die Ermittlungspersonen der Staatsanwaltschaft. Gegen eine richterliche Anordnung, auch im Falle der Bestätigung, ist die Beschwerde nach § 304 ff. statthaft. Weitere Möglichkeiten des Rechtsschutzes bieten eine Verfassungsbeschwerde sowie Dienstaufsichtsbeschwerden.[474] Diese Möglichkeiten des Rechtsschutzes sind ebenfalls bei der Anordnung des dinglichen Arrests zu wählen.

Die folgenden §§ 111 g und 111 f StPO dienen dem Verletzten zum Schutz seiner Interessen bei Beschlagnahme und Arrest. Sie sind für die Betrachtungen der Arbeit von untergeordneter Relevanz.

3. Sicherstellung zugunsten des Verletzten

§ 111 i StPO bietet die Möglichkeit, abweichend von der Sicherstellung zugunsten der staatlichen Ansprüche, eine Sicherung der Ansprüche des Verletzten durch den Staat vorzunehmen. Dabei regelt § 111 i Abs. 1 StPO die Möglichkeit die Dauer der Beschlagnahme oder des Arrests für 3 Monate aufrechtzuerhalten, insoweit das Verfahren nach §§ 430 und 442 Abs. 1 StPO auf bestimmte Rechtsfolgen beschränkt wurde und eine sofortige Aufhebung gegenüber dem Verletzten unbillig wäre. Unbilligkeit liegt zumindest dann vor, wenn die Wahrscheinlichkeit der Existenz eines Anspruchs besteht.[475] Des Weiteren ist

---

472 *Schäfer*, in: LR StPO, *§ 111 e, Rn. 23 a; Schmidt*, Gewinnabschöpfung, Rn. 767; a.A. *Spillecke*, in: KK StPO, § 111 e, Rn. 13.

473 LR Schäfer, in LR StPO, § 111 d, Rn. 28.

474 Rechtsbehelfe gegen Vollziehungsmaßnahmen siehe *Faust*, Vermögensabschöpfungsrecht, S. 185 ff., 215.

475 Vgl. hierzu: BGH NStZ 1984, 409, 409.

von einer Unbilligkeit auszugehen, insoweit der Verletzte alle ihm zustehenden und zumutbaren Mittel ausgeschöpft hat, um seinen Anspruch durchzusetzen.[476]

§ 111 i Abs. 2–4 StPO enthält die Möglichkeit, die Sicherstellung zugunsten des Verletzten vorzunehmen. Voraussetzung hierfür ist gem. § 111 i Abs. 2 StPO, dass nur deshalb der Verfall nicht angeordnet wurde, weil Ansprüche eines Verletzten gem. § 73 Abs. 1 S. 2 StPO entgegenstehen. Mit dieser Neuregelung kann nun die unbefriedigende Lage im materiellen Recht beseitigt werden, welche dem Täter die Rückerlangung des Verfallsgegenstandes aufgrund von zu spät oder nicht geltend gemachten Verletztenansprüchen ermöglichte. Liegen die Voraussetzungen des § 73 Abs. 1 S. 2 StGB vor, kann das Gericht diesen Umstand im Urteil feststellen. Ebenso kann das Gericht beim Wertersatzverfall nach § 73 a StGB verfahren (§ 111 i Abs. 2 S. 3 StPO). Hierbei ist nach § 111 i Abs. 2 S. 2 StPO das Erlangte zu bezeichnen. Bezugnehmend auf den Wortlaut der Vorschrift ist somit derselbe Gegenstandsbegriff wie in § 73 StGB zu verwenden. Folglich gilt auch hier das Bruttoerlangte. In Abzug zu bringen sind die in § 111 i Abs. 2 StPO bezeichneten Tatsachen, namentlich die im Wege der Zwangsvollstreckung oder des Arrests getätigte Verfügung des Verletzten oder die nachweisliche Befriedigung des Verletzten aus nicht beschlagnahmten oder arrestierten Vermögen sowie eine Herausgabe der Sache nach § 111 k StPO. Alsdann hat das Gericht die Beschlagnahme bzw. den dinglichen Arrest durch Beschluss für 3 Jahre aufrecht zu erhalten. Dabei sollen die sichergestellten Vermögenswerte bezeichnet werden. Dies bietet dem Verletzen eine Übersicht über seine Vollstreckungsmöglichkeiten und zeigt ihm gleichzeitig welche Vermögenswerte der Gefahr des Verlustes unterliegen.[477] Eines Arrestgrundes bedarf es gem. § 111 i Abs. 3 S. 4 StPO unterdessen nicht.

Insoweit eine Befriedigung des Verletzten erfolgt ist, hebt das Gericht die Maßnahmen nach § 111 i Abs. 3 S. 5 StPO auf. Mitteilungspflichten ergeben sich aus § 111 i Abs. 5 StPO.

§ 111 i Abs. 5 StPO verstärkt die Wirkung der Sicherstellung erheblich. Denn demnach erwirbt der Staat mit Fristablauf die sichergestellten Vermögenswerte. Dabei entfaltet sich eine dem § 73 e StGB entsprechende Wirkung. Ausschlussgründe bestehen hier nach § 111 i Abs. 5 S. 1 StPO und entsprechen im Wesentlichen denen nach § 111 i Abs. 2 S. 4 StPO. Zur Vermeidung einer doppelten Inanspruchnahme erlangt der Betroffene nach § 111 i Abs. 7 StPO einen Ausgleichsanspruch gegen den Staat. Dieser ist dann gegeben, wenn Ansprüche des

---

476 *Spillecke*, in: KK StPO, § 111 i, Rn. 8.

477 *Meyer-Goßner*, StPO, § 111 I, Rn. 11.

Verletzten erst nach der 3- Jahresfrist durchgesetzt werden. Der Ausgleichsanspruch muss dann innerhalb der nächsten 3 Jahre geltend gemacht werden. Ausgeschlossen ist er auch bei nicht vollständiger Realisierung des Zahlungsanspruches nach § 111 i Abs. 5 StPO.

Die Möglichkeit nun eine Sicherstellung über 3 Jahre zugunsten des Verletzten zu verhängen, hat erhebliche Auswirkungen. Zunächst wird durch diese Neuregelung § 73 Abs. 1 S. 2 StGB entschärft, der dazu führte, dass viele Verfallsanordnungen aufgrund von Verletztenansprüchen nicht erfolgten. Weiterhin gestattet die Vorschrift unter diesen Umständen den Verfallsgegenstand 3 Jahre lang sicherzustellen. Dies stellt eine erhebliche Abweichung zur Sicherstellung zugunsten des Staates dar. Diese beträgt in der Regel nur 6 Monate. Diese Abweichung erklärt sich schon deshalb, weil hier nicht nur ein Tatverdacht vorliegt, sondern eine Verfallsanordnung hätte erfolgen müssen, wenn nicht eine Hinderung durch § 73 Abs. 1 S. 2 StGB vorgelegen hätte. Der Auffangrechtserwerb des Staates greift sodann nach der 3-Jahresfrist und verhindert eine Rückgabe des Gegenstandes an den Tatbeteiligten. Auch hier findet sich eine Rechtfertigung darin, dass er den Gegenstand ohnehin eingebüßt hätte.

4. Auswirkungen der Sicherstellung bei Straftaten zugunsten von Unternehmen

Die Sicherstellungsmaßnahmen können nicht nur zu Lasten eines einzelnen Betroffenen verhängt werden, sondern auch gegen einen Verband. §§ 111 b Abs. 1 S. 1 und 111 b Abs. 2 StPO sind ihrem Wortlaut nach auf alle Fälle von Verfall und Einziehung sowie Wertersatzverfall und Wertersatzeinziehung anwendbar. Mithin ist diese Möglichkeit über die §§ 73 Abs. 3 und 75 StGB eröffnet. Die Regelungen finden unmittelbar Anwendung. Konsequenz für die betroffenen Unternehmen ist die Gefahr einer Beschlagnahme oder eines Arrests unter Berücksichtigung des Bruttoprinzips. Dies kann zur Blockierung erheblicher Summen über mehrere Monate führen und birgt folglich neben einer abschreckenden Wirkung auch erhebliche Risiken für die betroffenen Verbände. Hierfür reicht schon das Vorliegen des einfachen Tatverdachts. Die Chancen und Probleme der Regelungen soll zu einem späteren Zeitpunkt genauer untersucht werden.

Anders stellt sich die Problematik bei der Rückgewinnungshilfe dar. Diese findet nur in den Fällen des § 73 Abs. 1 S. 2 StGB Anwendung. Dafür bedarf es eines Opfers der Tat. Häufig sind Wirtschaftsdelikte opferlos. Auch steht hier bereits die Verhängung des Verfalls fest und ist lediglich durch § 73 Abs. 1 S. 2 StGB gehindert.

D. Materiell rechtliche Grenzen des Verfalls und der Einziehung

An diesem Punkt sollen nun die vom Gesetzgeber geschaffenen Grenzen der beiden Institute detailliert untersucht werden. Insbesondere die Härtefallregelung des § 73 c StGB ist von hohem Interesse, bietet sie doch eine der wenigen Möglichkeiten, die ansonsten obligatorische Verfallsanordnung zu begrenzen.

I. Grenzen des Verfalls

Der Verfall wird durch zwei Vorschriften in seiner Anwendung begrenzt. Der bereits mehrfach angesprochene § 73 Abs. 1 S. 2 StGB, welcher den Verletztenrechten Vorrang gewährt sowie § 73 c StGB, der eine Härtefallregelung enthält.

1. Die Härtefallregelung des § 73 c StGB

Der Härtevorschrift des § 73 c StGB kommt ein Ausnahmecharakter zu.[478] Sie soll Schärfen abfedern, die durch die Zwangsnatur der Verfallsanordnung entstehen können und ist Ausfluss des Verhältnismäßigkeitsgrundsatzes[479]. Die Bedeutung der Regelungen hat mit der Einführung des Bruttoprinzips zugenommen.[480] Gleichwohl soll die Vorschrift nicht dazu dienen, im Einzelfall die Auswirkungen des Bruttoprinzips zu mindern.[481] Unterteilt ist die Norm in drei Konstellationen. Nach § 73 c Abs. 1 S. 1 StGB ist von der Verfallsanordnung abzusehen, wenn die Anordnung einer solchen für den Betroffenen eine unbillige Härte darstellt. Hierbei handelt es sich, wie schon aus dem Wortlaut hervorgeht, um eine gebundene Entscheidung. Die Regelung entspringt dem Übermaßverbot.[482] Eine unbillige Härte liegt dann vor, wenn die Verfallsanordnung im konkreten Fall

---

478 BGH NStZ 2001, 312, 312.

479 *Fischer*, StGB, § 73 c, Rn. 2.

480 *Saliger*, in: NK StGB, § 73 c, Rn. 1; *Janssen*, Gewinnabschöpfung, Rn. 295.

481 *Saliger*, in: NK StGB, § 73 c, Rn. 1; a.A. BGHSt 51, 65, 69. Inwiefern die Härtefallregelung mit Bezug auf Unternehmen als Betroffene der Verfallsanordnung eine Abschwächung des Bruttoprinzips erreichen kann, soll erst an späterer Stelle in die Betrachtung einfließen.

482 *Rönnau*, Vermögensabschöpfung, Rn. 569; *Eser*, in: Schönke/Schröder, § 73 c, Rn. 1; BGHSt 51, 65, 69; BGH wistra 2001, 388,389; BGH NStZ 1995, 495, 495.

völlig außer Verhältnis zu dem vom Gesetzgeber bestimmten Zweck steht.[483] Dabei müssen besonders erschwerende Umstände hinzukommen, welche für den Betroffenen eine, außerhalb des Verfallszwecks liegende, zusätzliche Belastung bedeuten.[484] Auslegungshilfe hierfür bietet § 73 c Abs. 1 S. 2 StGB. Demnach liegt es im Ermessen des Gerichts, ob die Verfallsanordnung ausgesetzt wird, insoweit der Betroffene bezüglich des erlangten Etwas ganz oder teilweise entreichert ist. Wenn die Entreicherung des Betroffenen zu einer Ermessensentscheidung über die Verfallsanordnung führt, kann sie nicht gleichzeitig eine gebundene Entscheidung nach § 73 c Abs. 1 S. 1 StGB nach sich ziehen.[485] Es müssen demnach darüber hinaus weitere Umstände vorliegen, die zum Ausschluss nach § 73 Abs. 1 S. 1 StGB führen. Praktisch werden Fallkonstellationen genannt, in denen der Betroffene das erlangte Etwas unentgeltlich weitergibt.[486] Die Begrenzung des Verfalls durch Vorliegen einer unbilligen Härte erlangt besondere Bedeutung bei unternehmensbezogenen Straftaten. Die Verfallsanordnung gegen ein Unternehmen erfolgt über § 73 Abs. 3 StGB. Folglich ist das Unternehmen immer ein begünstigter Dritter. Gerade diesem soll bei dessen Gutgläubigkeit die Härtefallregelung nach § 73 c Abs. 1 S. 1 StGB zur Seite stehen.[487] Ebenso die Gefahr eines Konkurses des Unternehmens durch die Verfallsanordnung soll bei der Prüfung der unbilligen Härte Bedeutung zu kommen.[488] Inwiefern diese Kriterien bei der Begrenzung des Verfalls bei unternehmensbezogenen Straftaten dienlich sind, wird an späterer Stelle im Mittelpunkt der Betrachtung stehen.

§ 73 c Abs. 1 S. 2 StGB erfasst zwei weitere Konstellationen. So kann vom Verfall abgesehen werden, insoweit der Wert des Erlangten nicht mehr im Vermögen des Verfallsbetroffenen vorhanden ist oder das erlangte Etwas geringwertig ist. Die Entscheidung ist bei Vorliegen des Tatbestandes in das Ermessen des Gerichts gestellt. „Nicht mehr vorhanden ist“ bedeutet im Sinne der Vorschrift,

---

483 BGH wistra 2003, 424, 425.

484 *Schmidt,* in: LK, § 73 c, Rn. 7; BGH wistra 2009, 23, 24.

485 So auch: *Schmidt,* in: LK, § 73 c, Rn. 7 der sich hierzu insbesondere mit der Gesetzesbegründung auseinandersetzt; *Fischer,* StGB, § 73 c, Rn. 3; BGH NStZ 2000, 589, 590.

486 *Eser,* in: *Schönke/Schröder,* § 73 c, Rn. 2; weitere Fallkonstellationen bei: *Saliger,* in: NK StGB, § 73 c, Rn. 3.

487 *Saliger, in:* NK StGB, § 73 c, Rn. 3; *Fischer,* StGB, § 73 c, Rn. 3 a; *Podolsky,* in: *Wabnitz/Janovsky,* 28. Kapitel, Rn. 51; BGHSt 47, 369, 376; BGH wistra 2004, 465, 466; BGH wistra 2006, 384, 385 insgesamt mit teilweise unterschiedlichen Akzentuierungen.

488 *Eser,* in: Schönke/Schröder, § 73 c, Rn. 2; *Saliger,* in: NK StGB, § 73 c, Rn. 3; a.A. *Schmidt,* in: LK, § 73 c, Rn. 8; *Joecks,* in: MüKo, StGB, § 73 c, Rn. 15, wobei insgesamt nur auf eine Reinvestition des Erlangten in ein Unternehmen abgestellt wird.

dass ein etwaiger erlangter Vorteil dem Vermögen des Betroffenen nicht mehr zugeordnet ist. Für die Tatbestandsvoraussetzung ist es dabei unerheblich, auf welche Art und Weise der Betroffene diesen eingebüßt hat. Wird das Erlangte dazu genutzt einen äquivalenten Vermögensvorteil zu erhalten, reicht dies nicht für das Vorliegen einer Entreicherung aus.[489] Eine solche Erweiterung des Tatbestandes ist nicht vom Zweck der Norm erfasst. Zur Feststellung, ob das erlangte Etwas noch im Vermögen des Betroffenen vorhanden ist, wird sich einer Vermutungswirkung bedient. Solange der Tatbeteiligte oder der Dritte noch über Vermögen verfügt, ist davon auszugehen, dass dieses den Anteil aus der Tat noch enthält. Gleichwohl kann diese Vermutung widerlegt werden. Wenn es sich um Vermögen handelt, welches nachweisbar nicht im Zusammenhang mit der Tat steht, ist der Anwendungsbereich der Norm eröffnet.[490] Zutreffend wird bei dieser Auslegung auf den Wortlaut der Norm verwiesen, der insoweit vom Wert des Erlangten spricht.[491] Völlig außerhalb der Straftat erlangtes Vermögen abzuschöpfen, widerspricht diesem klar. Bei der Ermessensausübung wird dann zu berücksichtigen sein, wie das Erlangte aus dem Vermögen des Betroffenen abgeflossen ist.[492] So kann beachtet werden, ob dieser es beispielsweise für den Lebensunterhalt benötigt[493] oder es in einer Notlage verbraucht hat.[494] Aber auch eine über den Verfallsbetrag hinaus gehende Spende an eine gemeinnützige Gesellschaft kann die Entscheidung beeinflussen.[495] Des Weiteren sind die Folgen der Entscheidung für den Betroffenen zu berücksichtigen. Hier können vor allem Resozialisierungsgründe von Bedeutung sein.[496]

Bei der 2. Alternative aus § 73 c Abs. 1 S. 2 StGB handelt es sich um eine Geringwertigkeitsklausel, ähnlich der des § 248 a StGB. Die Vorschrift dient v.a. der Prozessökonomie und soll letztlich verhindern, dass Ressourcen des Gerichts

---

489 Vgl. *Fischer*, StGB, § 73 c, Rn. 4 a; BGHSt 38, 23, 25, der aber zutreffend klarstellt, dass die reine Schuldentilgung kein im Vermögen vorhandenen Wert mehr darstellt.

490 So auch: BGH NStZ 2003, 257, 258; BGH wistra 2009, 23, 24; BGH NJW 2012, 92, 92; *Joecks*, in: MüKo, StGB, § 73 c, Rn. 15; *Podolsky/Brenner*, Vermögensabschöpfung, S. 29; *Saliger*, in: NK StGB, § 73 c, Rn. 4; *Fischer*, StGB, § 73 c, Rn. 4 ; a.A. BGH NStZ 2006, 570, 571 f.; *Rönnau*, Vermögensabschöpfung, Rn. 571.

491 BGH NStZ 2003, 257, 258.

492 Zur Berücksichtigung von Steuern siehe *Rönnau*, Vermögensabschöpfung, Rn. 571; detailliert zur Berücksichtigung von Steuerlasten innerhalb des Verfallsverfahrens: *Büttner* wistra 2007, 47, 48 ff.

493 BGH NStZ 2001, 42, 42.

494 *Fischer*, StGB, § 73 c, Rn. 5.

495 OLG Hamm NJW 1973, 716, 719.

496 BGH NStZ 2001, 42, 42.

in ein Verfahren investiert werden, welches von geringer Bedeutung ist. Letztlich lassen sich für den Wert des Erlangten keine starren Regeln aufstellen.[497] Hier ist wohl ein Wert i.H.v. 50 Euro als Grenze anzusehen.[498]

Die Bedeutung des § 73 c Abs. 1 S. 2 StGB für unternehmensbezogene Verfallsanordnungen ist als gering anzusehen. Eine Entreicherung wird nur in seltenen Fällen vorliegen, zwar wird das Unternehmen das Erlangte oftmals direkt wieder investieren, jedoch verbleibt der Wert im Vermögen des Verbandes.

2. Die Beschränkung des Verfalls durch Rechte der Geschädigten nach § 73 Abs. 1 S. 2 StGB

Die bereits oben angesprochene Regelung vereitelt eine Verfallsanordnung bei Bestehen eines Anspruchs des Verletzten gegen den Verfallsbetroffenen. Die Vorschrift hat mehrere Zielsetzungen. Sie will zunächst verhindern, dass dem Verfallsbetroffenen die Mittel zur Befriedigung von Verletztenansprüchen entzogen werden.[499] Diese Ansprüche sollen vorrangig behandelt werden. Gleichzeitig wird die Situation des Bestehens von staatlichen Verfalls- und Verletztenansprüchen nebeneinander verhindert. Dies schützt wiederum den Verfallsbetroffenen vor einer doppelten Inanspruchnahme.[500] Die Vorschrift ist anwendbar bei allen Verfallskonstellationen, insbesondere auch bei § 73 Abs. 3 StGB sowie § 73 d StGB (§ 73 d Abs. 1 S. 3 StGB).[501] Mithin kommt die Vorschrift auch bei Delikten in Betracht, bei denen ein Unternehmen Drittbegünstigter im Sinne des § 73 Abs. 3 StGB ist. Verletzter nach § 73 Abs. 1 S. 2 ist nur derjenige, dessen Individualinteressen durch die vom Tatbeteiligten gebrochene Strafrechtsnorm geschützt werden sollen.[502] Das sind v. a. Delikte, welche sich gegen Individualrechtsgüter richten. Folglich kommt der Verfallsanordnung vor allem Bedeutung bei Delikten zu, die sich gegen Kollektivgüter richten wie Wirtschaftsstraftaten oder dem Umweltstrafrecht.[503] Dem Verletzten muss dabei ein Vermögensschaden durch die Tat entstanden sein.[504] Verletzter kann eine natürliche Person, eine

---

497 BGH MDR 1975 bei *Dallinger*, 541, 543.
498 *Joecks*, in: MüKo, StGB, § 73 c, Rn. 32.
499 *Schmidt*, Gewinnabschöpfung, Rn. 77.
500 BGHSt 30, 46, 48.
501 Vgl. *Saliger*, in: NK StGB, § 73, Rn. 19.
502 BGH NStZ 2001, 155, 156.
503 *Eser*, in: Schönke/Schröder, § 73, Rn. 26.
504 BGHSt 30, 46, 48.

Personengesamtheit oder eine juristische Person sein.[505] Jedenfalls ist zumindest eine, wenn auch auf minimale Aussicht erforderlich, dass der Verletzte seinen Anspruch gegen den Täter geltend macht. Dies setzt voraus, dass der Geschädigte überhaupt die Gelegenheit hat, von seinen Ansprüchen gegen den Täter zu erfahren und diese somit geltend machen zu können.[506] Bei einem Verletztenkreis, der völlig unbekannt ist und aufgrund der Deliktbeschaffenheit ahnungslose Opfer hinterlässt, kann nicht mehr von der Aussicht der Geltungsmachung eines Anspruches ausgegangen werden. Dies trifft auch dort zu, wo der Geschädigte auf die Geltendmachung seiner Ansprüche verzichtet oder dieser bezüglich Verjährung eingetreten ist.[507] Umfasst sind alle privatrechtlichen Ansprüche, auch solche, die lediglich mittelbar in Form von versicherungsrechtlichen Regressansprüchen bestehen.[508] Entscheidend ist lediglich, dass der Anspruch besteht und durchsetzbar ist. Dem entgegenstehen können § 817 S. 2 BGB oder andere Fälle mangelnder Klagbarkeit.[509]

Im Gegensatz zum klassischen Bereich des Strafrechts hat die Vorschrift bei Wirtschaftskriminalität, insbesondere bei unternehmensbezogenen Straftaten, keinen derart großen Stellenwert.

II. Grenzen der Einziehung

Nun sollen im Vergleich hierzu die Grenzen der Einziehung betrachtet werden. Begonnen wird mit dem in § 74 b StGB normierten Verhältnismäßigkeitsgrundsatz.

---

505 *Rönnau*, Vermögensabschöpfung, Rn. 386; *Joecks*, in: MüKo, StGB, § 73, Rn. 51. Inwiefern der Staat in Form des Steuerfiskus Verletzter sein kann siehe BGH NStZ 2001, 155, 156; *Güntert*, Gewinnabschöpfung, S. 74 ff., bzgl. des Verletztenstatus des Dienstherrn bei einer Bestechung eines Amtsträgers siehe *Nack*, GA 2003, 879, 883; BGH NStZ 2000, 589, 590 m.w.N.

506 Richtig verweist *Eser*, in: Schönke/Schröder, § 73, Rn. 26 auf den Wortlaut, der eine solche Auslegung zulässt. Im Übrigen ist der Zweck der Vorschrift, der Vorrang von Verletztenrechten dort nicht mehr gegeben, wo solche dem staatlichen Verfallsanspruch faktisch nicht entgegenstehen können. A.A. *Joecks*, in: MüKo, StGB, § 73, Rn. 55; *Schmidt*, in: LK, § 73, Rn. 39; *Fischer*, StGB, § 73, Rn. 19; BGHSt 52, 227, 244.

507 BGH NStZ RR 2004, 54, 55; BGH NStZ 2006, 621, 623.

508 OLG Düsseldorf NStZ 1986, 222, 223; *Saliger*, in: NK StGB, § 73, Rn. 20; a.A. *Eser*, in: Schönke/Schröder, § 73, Rn. 25.

509 BGHSt 33, 37, 38; *Saliger*, in: NK StGB, § 73, Rn. 22.

1. § 74 b Grundsatz der Verhältnismäßigkeit

Untergliedert ist die Norm in drei Absätze. Dabei wird in § 74 b Abs. 1 StGB auf den Verhältnismäßigkeitsgrundsatz im engeren Sinne eingegangen, indem eine Interessenabwägung vorgenommen wird. In § 74 b Abs. 2, 3 StGB hingegen wird der Erforderlichkeit der Maßnahme durch die Prüfung der zur Verfügung stehenden Mittel im Hinblick auf deren Eingriffsintensität Rechnung getragen.

§ 74 b Abs. 1 StGB gilt nach dem Wortlaut nur für Fälle der fakultativen Einziehung. Da letztlich jeder hoheitliche Eingriff am Maßstab der Verhältnismäßigkeit zu messen ist, muss er zumindest in seiner Quintessenz auch für eine obligatorische Einziehung Geltung beanspruchen. Grund für die unglückliche Formulierung der Vorschrift ist die vom Gesetzgeber gewählte Technik. Dieser wollte bei Fällen der obligatorischen Einziehung eine Verhältnismäßigkeitsprüfung aussparen, da er bei diesen Einziehungsvorschriften davon ausging, dass eine solche von vornherein aufgrund der möglichen Fallkonstellationen nicht nötig wäre.[510] Das eine solche Vorgehensweise Risiken für die rechtsstaatliche Handhabung der Maßnahmen birgt, ist offensichtlich. Dennoch kann die Norm auch dahin ausgelegt werden, dass ein solcher Ausschluss der Prüfung nicht zwingend geboten ist. Letztlich handelt es sich bei § 74 b StGB nur um einen normierten Ausfluss des generell geltenden Verhältnismäßigkeitsprinzips. Dabei werden dem Richter für die häufige Verhältnismäßigkeitsprüfung der fakultativen Einziehung Anhaltspunkte an die Hand gegeben, welche er bei dieser insbesondere zu berücksichtigen hat. Für die Fälle der obligatorischen Einziehung ist eine Verhältnismäßigkeitsprüfung in der Regel nicht erforderlich und muss deshalb nicht bei jeder Einziehung i.S.v. § 74 b StGB geprüft werden. Einen Ausschluss einer Verhältnismäßigkeitsprüfung für alle Fälle der obligatorischen Einziehung aus dieser unglücklichen Formulierung zu ziehen, ist jedoch nicht angezeigt.[511] Würde die Einziehung in einer atypischen Fallgestaltung zu einem in grober Weise außer Verhältnis stehenden Ergebnis führen, ist der Verhältnismäßigkeitsgrundsatz notfalls über eine Vorlage nach Art. 100 GG durchzusetzen.[512]

Zunächst bezieht sich § 74 b Abs. 1 StGB auf Fälle der strafähnlichen Einziehung. Dabei soll die Angemessenheitsprüfung die Bedeutung der begangenen Tat und den Vorwurf, der dem Einziehungsbetroffenen gemacht wird, besonders berücksichtigen. Aufgrund des Strafcharakters muss eine Gesamtwürdigung der zu verhängenden Strafe, also auch der Hauptstrafe, erfolgen. Diese muss in ihrer

---

510 *Schmidt*, in: LK, § 74 b, Rn. 6.

511 A.A. *Eser*, in: Schönke/Schröder, § 74 b, Rn. 2.

512 *Schmidt*, in: LK, § 74 b, Rn. 7.

Wirkung zusammen mit der Einziehung schuldangemessen sein.[513] Freilich ist insbesondere der Wert des einzuziehenden Gegenstandes für den Betroffenen in die Betrachtung einzuschließen. Als solcher bestimmt er letztlich die Härte des staatlichen Eingriffs. Im Ergebnis ist er somit auch ausschlaggebend für die Sicherungseinziehung. Diese ist zwar nicht ausdrücklich in § 74 b Abs. 1 StGB genannt, unterliegt aber ebenfalls der Verhältnismäßigkeitsprüfung.[514] Gewiss fließen hierbei weitere Gesichtspunkte in die Prüfung ein. Bei der Sicherungseinziehung ist v.a. die Gefährlichkeit des Gegenstandes als ein Schwerpunkt innerhalb der Abwägung anzusehen. Insbesondere Art und Bedeutung sowie die Wahrscheinlichkeit eines Schadenseintritts sind zu berücksichtigen.[515] Dabei fallen bei konkret – individuellen Gefahren die Anforderungen an die Verhältnismäßigkeit geringer aus, als bei abstrakt generellen Gefahren.[516]

§ 74 Abs. 2 StGB gilt nach dem Wortlaut für alle Fälle der Einziehung. Dennoch beschränkt sich der Hauptanwendungsbereich auf Fälle der Sicherungseinziehung.[517] Grund hierfür ist, dass der Zweck der Einziehung durch die Wahl einer milderen Maßnahme nicht gefährdet werden darf. Dies wird bei der repressiven Einziehung kaum der Fall sein, da ein geringeres Übel zumeist eine geringere Wirkung auf der Präventionsebene vermuten lässt. Gleichwohl ist dies nicht zwingend, so kann beispielsweise eine Unbrauchbarmachung in bestimmten Fällen aus Sicht des Täters die gleiche Wirkung wie eine Einziehung selbst erzielen.[518] Kann der Zweck mit einem gleich effektiven, aber für den Betroffenen milderen Mittel erreicht werden, so muss dieses mildere Mittel auch genutzt werden. Dies geht schon aus dem Verhältnismäßigkeitsprinzip selbst hervor. Mithin finden sich in § 74 b Abs. 2 StGB nur Regelbeispiele für solch ein milderes Mittel.[519] Dabei sind an das mit der Einziehung bezweckte Ziel hohe Anforderungen zu stellen.[520] Als normierte Maßnahme kommt zunächst die Unbrauchbarmachung in Betracht. Bei dieser wird dem Gegenstand die Gefährlichkeit bei gleichzeitigem Erhalt der Substanz im Eigentum des

---

513 BGH NJW 1983, 2710, 2710.

514 *Herzog/Saliger*, in: NK StGB, § 74 b, Rn. 7; *Schmidt*, in: LK, § 74 b, Rn. 5; *Niesler*, in: Graf/Jäger/Wittig, StGB § 74 b, Rn. 7.

515 *Fischer*, StGB, § 74 b, Rn. 3.

516 *Schmidt*, in: LK, § 74 b, Rn. 5.

517 *Schmidt*, in: LK, § 74 b, Rn. 9.

518 So auch *Joecks*, in: MüKo, StGB, § 74 b, Rn. 12; a.A. *Schmidt*, in: LK, § 74 b, Rn. 5; *Gürtler*, in: Gürtler/Seitz, OWiG, § 24, Rn. 8; *Niesler*, in: Graf/Jäger/Wittig, StGB § 74 b, Rn. 16; einschränkend: *Lackner/Kühl* StGB, § 74 b, Rn. 3.

519 *Herzog/Saliger*, in: NK StGB, § 74 b, Rn. 12.

520 *Herzog/Saliger*, in: NK StGB, § 74 b, Rn. 12.

Betroffenen genommen.[521] Weiterhin kommen das Entfernen von Einrichtungen und Kennzeichen sowie sonstige Veränderungen der Gegenstände in Betracht. Schließlich führt § 74 b Abs. 2 Nr. 3 StGB die Verhängung eines Verfügungsgebotes auf. Dies dient dazu, dem Betroffenen den Zugriff auf den Gegenstand zu verwehren, bei gleichzeitigem Ausgleich des wirtschaftlichen Verlustes. Wird eine solche Maßnahme verhängt, ist die Einziehung bis zum Vollzug des Gebots vorbehalten. Dabei hat der Vorbehalt mit Rücksicht auf § 74 b Abs. 2 Nr. 3 StGB die Wirkung eines Veräußerungsverbotes nach § 136 BGB.[522] Wird die Anweisung vom Betroffenen nicht erfüllt, kann alsdann die Einziehung angeordnet werden. Jedoch bedarf es nur bei der strafähnlichen Einziehung eines Verschuldens bezüglich der Nichterfüllung des Gebotes durch den Betroffenen.[523]

§ 74 b Abs. 3 StGB regelt letztlich die Teileinziehung. Diese gestattet es bei allen Arten der fakultativen Einziehung eine Beschränkung auf nur einen Teil der Gegenstände vorzunehmen.[524] Dies umfasst zwei Fallgruppen. Zuvorderst die Konstellation, dass es sich um mehrere Gegenstände, die der Einziehung unterliegen, handelt und deren gesamte Einziehung unverhältnismäßig ist. Weiterhin sind aber auch solche Gegenstände erfasst, die teilbar sind.[525] Ob es sich um solche handelt, bestimmt sich nach der Verkehrsanschauung, unter Berücksichtigung einer faktisch-wirtschaftlichen Betrachtungsweise.[526]

Insgesamt ist die Norm im Vergleich zur äquivalenten Vorschrift des § 73 c StGB im Verfallsrecht wesentlich besser in der Handhabung, da sie auf die Verhältnismäßigkeit des Eingriffs abstellt und nicht mit dem unbestimmten Begriff der „unbilligen Härte“ arbeitet. Dies macht es möglich über den im Gesetz als Grenze der Einziehung normierten Verhältnismäßigkeitsgrundsatz übermäßige Eingriffe zu verhindern.

2. Der Zugriff auf Verbandsvermögen gem. § 75 StGB

Als Nächstes soll § 75 StGB beleuchtet werden. Sicher stellt dieser aus Sicht der Einziehung keine Grenze des Instituts dar, vielmehr erweitert er den Bereich der Einziehung auch auf Verbandseigentum. Denn nach der Norm ist es möglich die Einziehung auch dann vorzunehmen, wenn der Einziehungsgegenstand

---

521 *Eser,* in: Schönke/Schröder, § 74 b, Rn. 7

522 *Lackner/Kühl* StGB, § 74 b, Rn. 4.

523 *Horn/Wolters,* in: SK-StGB, § 74 b, Rn. 11; *Herzog/Saliger,* in: NK StGB, § 74 b, Rn. 13; a.A. *Schmidt,* in: LK, § 74 b, Rn. 11.

524 Zur obligatorischen Einziehung s.o.

525 BayObLGSt, 1961, 277, 281; *Schmidt,* in: LK, § 74 b, Rn. 16.

526 *Herzog/Saliger,* in: NK StGB, § 74 b, Rn. 15.

nicht im Eigentum des Tatbeteiligten, sondern des Verbandes steht. Dies geschieht über eine Zurechnung. Der Verband wird dann so behandelt, als hätte er selbst gehandelt und somit die Voraussetzungen für die Einziehung erfüllt. Die Einordnung in diesen Teil der Arbeit hat eine andere Funktion. Im Vergleich zur Verfallsanordnung gegen Verbände (über § 73 Abs. 3 StGB) hat § 75 StGB auch eine begrenzende Wirkung. Denn bezogen auf den Betroffenenkreis ist die Zurechnungsregelung abschließend.[527] Aber auch bezüglich der vertretenden Personen sind klare Regelungen enthalten, die eine begrenzende Wirkung entfalten. Es kann schlichtweg nicht jeder Betriebsangehöriger eine Zurechnung nach § 75 StGB auslösen. Auffällig ist die Rechtsnatur des § 75, der insoweit als eine Strafe gegen einen Verband angesehen werden muss.[528]

Die Voraussetzungen sind zunächst, dass eine der in § 75 Nr. 1–5 StGB genannten Personen eine Handlung vorgenommen hat, die ihm gegenüber eine Einziehung zulassen würde. Diese darf nur an der Tatsache scheitern, dass er nicht Eigentümer des Einziehungsgegenstandes ist.[529] Bezüglich des Personenkreises wird auf die Ausführungen zu § 30 OWiG verwiesen. Die Normen haben insoweit auch bezüglich der Vertretenen denselben Wortlaut. Letztlich sollen an dieser Stelle noch einige Ergänzungen folgen. So ist es bei § 75 Nr. 1 StGB nicht erforderlich, dass das vertretungsberechtigte Organ allein zur rechtsgeschäftlichen Vertretung befugt ist und im tatsächlichen Fall in Wahrnehmung seines Funktionsbereiches tätig wurde.[530] Bezüglich § 75 Nr. 4 StGB ist darauf hinzuweisen, dass die handelnden Mitarbeiter die Geschicke der Vertretenen tatsächlich verantwortlich bestimmen müssen.[531] Beim Merkmal der leitenden Stellung soll der Umfang der Handlungsmacht ausschlaggebend sein, also inwiefern dem Vertreter tatsächlich eine Leitungsaufgabe in der betrieblichen Hierarchie mit Duldung der Organe zukommt.[532]

Auch hier muss der Vertreter „als" eine der in § 75 Nr. 1 – Nr. 5 StGB genannten Personen gehandelt haben. Mithin kann auch an dieser Stelle auf § 30

527 *Herzog/Saliger*, in: NK StGB, § 75, Rn. 2.

528 Siehe hierzu oben C. II.

529 Hier wird auch deutlich, dass es bei der sicherungsbedingten Einziehung des § 75 StGB nicht bedarf. Denn diese lässt die Einziehung auch gegen einen Dritten zu. Der Tatbeteiligte muss nicht zugleich Eigentümer des Einziehungsgegenstandes sein.

530 *Schmidt*, in: LK, § 75, Rn. 8.

531 BT-Drucks. 12/192 S. 14.

532 *Herzog/Saliger*, in: NK StGB, § 75, Rn. 6; *Fischer*, StGB, § 75, Rn. 2 c.

OWiG verwiesen werden. Dabei muss er zumindest nicht nur im Eigeninteresse gehandelt haben.[533]

§ 74 b StGB findet ebenfalls auf § 75 StGB Anwendung. Dabei ist insbesondere auch die Vorwerfbarkeit gegenüber der betroffenen juristischen Person zu berücksichtigen.[534] Insgesamt fällt auf, dass § 75 StGB zwar eine Einziehung gegen Verbandseigentum zulässt, hierfür aber im Gegensatz zur Verfallsanordnung gegen den Verband wesentlich engere Grenzen vorgibt.

3. Die Strafzumessung als Grenze der Einziehung

Auch die Berücksichtigung der Einziehungsanordnung bei der Strafzumessung hat begrenzenden Charakter bezogen auf die Eingriffsintensität. Wie schon im Zusammenhang mit § 74 b StGB angesprochen, ist die repressive Einziehung aufgrund ihres Charakters als Nebenstrafe eine Frage der Strafzumessung und muss deshalb in dieser berücksichtigt werden.[535] Folglich ist die Anordnung unter Berücksichtigung der Umstände des § 46 StGB in Abhängigkeit zur Hauptstrafe zu beurteilen. Dabei begrenzt die Norm die Einziehungsreichweite insoweit, dass eine Verhängung zusätzlich zur Hauptstrafe noch schuldangemessen sein muss. Andernfalls hat die Einziehungsanordnung zu unterbleiben. Bei der Einziehung von Verbandseigentum entfällt eine Berücksichtigung, da insoweit keine Hauptstrafe gegen den Verband verhängt wird.

III. Vergleich der Grenzen beider Rechtsinstitute

Nun sollen die Grenzen beider Rechtsinstitute verglichen werden. Dies ermöglicht es auszuloten, welches Institut größere Freiheit beim Eingriff in die Vermögensrechte des Betroffenen zulässt und somit mehr Möglichkeiten eine kriminalpräventive Wirkung zu entfalten. Letztlich bietet dieser Vergleich auch die Chance, Anleihen aus dem Einziehungsrecht für spätere Problemstellungen fruchtbar zu machen.

Zunächst bietet es sich an, mit dem offensichtlichen Äquivalenzpaar § 73 c und § 74 b StGB innerhalb der Grenzen beider Institute zu beginnen. Denn beide sind letztlich eine Ausprägung des Verhältnismäßigkeitsgrundsatzes. Zuvorderst besitzen die zwei Normen eine allgemeine Formulierung, um dem Verhältnismäßigkeitsprinzip zu genügen. § 74 b Abs. 1 StGB benutzt hierfür eine

533 BGH NStZ 1997, 30, 31.
534 *Herzog/Saliger*, in: NK StGB, § 75, Rn. 12.
535 BGH NJW 1983, 2710, 2711.

Abwägungsformel, die bestimmte Kriterien für eine solche festlegt. Dies hat den Vorteil, dass eine klare Struktur für die Angemessenheitsprüfung vorgegeben ist. Hingegen verwendet § 73 c StGB das Merkmal der unbilligen Härte. Wann eine solche vorliegt, lässt die Norm offen. Vielmehr wird der Ausnahmecharakter der Norm in den Vordergrund gestellt. Jedenfalls muss letztlich auch hier ein unverhältnismäßiger Eingriff unterbleiben. Insgesamt kann über beide Formulierungen eine Berücksichtigung von Unternehmensverhalten erfolgen. Beide Grenzen bilden gebundene Entscheidungen. In den weiteren Ausprägungen der Normen finden sich deutliche Unterschiede. So sind in § 74 b Abs. 2, 3 StGB Ausprägungen einer Erforderlichkeitsprüfung enthalten. Ist ein milderes Mittel vorhanden, mit dem der Zweck ebenfalls erreicht werden kann, so ist dieses anzuwenden. Im Vergleich hierzu enthält § 73 c S. 2 StGB eine ähnliche Prüfung. Denn wesentlicher Zweck des Verfalls ist es, dem Tatbeteiligten oder Dritten den durch die Straftat erlangten Vermögensvorteil zu entziehen. Ist der Betroffene jedoch entreichert und befindet sich somit der Verfallswert nicht mehr im Vermögen des Betroffenen, kann von der Verfallsanordnung abgesehen werden. Umso mehr verwundert es, dass dann die Verfallsanordnung nur in das Ermessen des Gerichts gestellt ist. Grund hierfür ist ein weiterer Zweck des Verfalls, die Kriminalprävention. Dem Betroffenen und wohl auch der Gesellschaft soll signalisiert werden, dass der Täter die aus der Tat stammenden vorhandenen Vorteile ohne Einschränkung nicht behalten darf, selbst wenn sich diese Vorteile nicht mehr im Vermögen des Betroffenen befinden[536]. An dieser Stelle kann das Gericht dann abwägen, ob es erforderlich ist, den Verfall zu verhängen. Erstaunlich ist, dass eine klare Erforderlichkeitsprüfung beim Verfall, im Gegensatz zur Einziehung, nicht vorgesehen ist. Man hätte durchaus darüber nachdenken können, mildere Mittel, gerade bei der Verfallsanordnung gegen Dritte, mit zu berücksichtigen, so z.B. eine teilweise Abschöpfung des erlangten Etwas,[537] wenn dies dem Verfallszweck genüge. Hier hat die Formulierung des § 74 b StGB klare Vorteile.

Im Gegensatz zu § 73 Abs. 3 StGB hat § 75 StGB den Vorteil einer weiteren Begrenzung des Anwendungsgebietes der Einziehungsanordnung. Die Norm zieht klare Grenzen, welche Art von Verbandsangehörigen eine Einziehungsanordnung gegen das Unternehmen[538] auslösen können. Freilich gilt dies insoweit nur bei der repressiven Einziehung. Bei der Sicherungseinziehung gegen Unternehmen gibt es eine solche Einschränkung nicht. Der Verfall wird mit dieser auf eine

---

536 So z.B., weil die erworbenen Vorteile konsumiert wurden.

537 Also nur in Höhe des Gewinns aus der Tat.

538 Hier soll sich der Blick an der Thematik orientierend auf Unternehmen richten.

Stufe gestellt. Das mag dort verständlich sein, wo es um die Abschöpfung des Nettogewinns geht. Denn hier kommt dem Verfall kein strafender Charakter zu. Dort allerdings, wo der Verfall den Bruttovorteil abschöpft, hat er die Wirkung einer Strafe. Mithin ist eine klare Begrenzung auf einen bestimmten leitenden Personenkreis wie in § 75 StGB wesentlich angezeigter, um an eine Vorwerfbarkeit seitens des Unternehmens anzuknüpfen. § 73 Abs. 3 StGB differenziert vom Wortlaut her hingegen nicht. Hier kann im Ergebnis ein Angestellter auf jeder Ebene des Unternehmens, ja sogar ein Tatbeteiligter, der nicht zum Unternehmen gehört, die Strafe des Verfalls gegen dieses auslösen. Die Einziehungsnorm des § 75 StGB erscheint in der Formulierung wesentlich ausgereifter.

Inwiefern die Grenzen des Verfalls aufgrund ihrer Offenheit doch gerechtfertigt sein können, muss sich jedoch letztlich an der Abwägung zwischen Zweckerreichung und Eingriffsintensität entscheiden. Bezüglich der Grenze des § 73 Abs. 1 S. 2 StGB kann keine im Einziehungsrecht vergleichbare Norm existieren. Denn die Einziehung konkurriert nicht mit Ansprüchen von Verletzten gegen den Einziehungsbetroffenen. Letztlich kann bei der Sicherungseinziehung auf § 74 f StGB verwiesen werden, der für den Tatunbeteiligten eine Entschädigung vorsieht, insoweit seine Rechte an dem Einziehungsgegenstand mit dem staatlichen Einziehungsanspruch konkurrieren.

E. Die Möglichkeiten von Einziehung und Verfall bei unternehmensbezogenen Straftaten

An dieser Stelle erfolgt nun eine umfassende Betrachtung der Möglichkeiten beider Institute, im Hinblick auf unternehmensbezogene Straftaten. Zunächst soll aber kurz der Untersuchungsgegenstand näher erläutert werden. Dieser ist abhängig von der Problemstellung: die Anordnung des Bruttoverfalls gegen Unternehmen. Mithin soll keine klare Abgrenzungsdiskussion zwischen Wirtschaftsstrafrecht und etwaigen anderen Bereichen des Strafrechts geführt werden. Vielmehr stehen präventive Möglichkeiten beider Institute in Bezug auf Straftaten, welche innerhalb des Verantwortungsbereichs eines Verbandes stattfinden, im Mittelpunkt. Dabei ist eine präventive Wirkung nur dort von Interesse, wo es sich um ein Verhalten handelt, welches dem Unternehmen selbst nicht schadet. Ansonsten wird der Verband auch ohne entsprechende gesetzliche Eingriffe ein Eigeninteresse an der Abwehr solcher Delikte haben. Mithin sollen beim Verfall Verhaltensweisen abgedeckt werden, bei denen das Unternehmen als Dritter durch die Tat bereichert wird und es sich beim Tatbeteiligten zumindest um einen Unternehmensangehörigen irgendeiner Stellung handelt. Ähnlich fällt die Betrachtung der Einziehung aus. Jedoch ist der Rahmen der handelnden Personen durch § 75 StGB begrenzt. Bezogen auf den etwaigen präventiven Einschlag wird dies wenige Unterschiede hervorbringen. Selbstverständlich muss keine Bereicherung des Unternehmens vorliegen, sondern unternehmenseigene Gegenstände durch die Straftat hervorgebracht oder zu einer solchen gebraucht worden sein. Ebenfalls fallen solche Delikte heraus, die dem Unternehmen schaden. Gleichwohl kann hier der Kreis etwas enger gezogen werden, so ist auf solche Taten zu begrenzen, bei denen der Täter nicht ausschließlich im Eigeninteresse handelt. Denn solche sind schon durch § 75 StGB nicht abgedeckt.

I. Wirksamkeit des Verfalls aus kriminalpräventiver Sicht

Der Verfall hat mehrere Ansatzpunkte zur Entfaltung präventiver Wirksamkeit. Zuvorderst schöpft er durch rechtswidrige Taten erlangte Gewinne beim Unternehmen ab. Allein der Gedanke, dass zusätzlich zu einem Übel, in der Regel die Verbandsgeldbuße[539], auch noch der Entzug des Erlangten Gewinns droht, könnte einen Einfluss auf Unternehmensentscheidungen haben. Deshalb

539 Zur Konkurrenzproblematik siehe C. I. 3.

kann sich die Tat dann wirtschaftlich nicht mehr lohnen. Weiterhin tritt zum Abschöpfungsgedanken die strafende Intensität des Bruttoprinzips hinzu. Denn neben dem Gewinn noch investierte Aufwendungen zu verlieren, kann zu erheblichen Schäden führen. Letztlich können auch die strafprozessualen Sicherstellungsmöglichkeiten präventive Wirkungen entfalten, denn hierdurch kann dem Unternehmen bereits ohne die Anordnung des Verfalls die faktische Wirkung des Instituts für einen bestimmten Zeitraum auferlegt werden. Diese drei Anknüpfungspunkte sollen in ihrer Wirkweise individuell betrachtet werden.

Um die präventiven Möglichkeiten des Verfalls bei unternehmensbezogenen Straftaten zu analysieren, bedarf es noch einer weiteren Festlegung des Untersuchungsgegenstandes. Es soll die Wirkrichtung der Maßnahme bestimmt werden. Gerichtet ist die Verfallsanordnung unmittelbar gegen das Unternehmen. Dieses handelt durch seine Mitarbeiter. Somit muss unterschieden werden, wie der einzelne Mitarbeiter, der eine Tat begeht, beeinflusst werden kann und wie sich der Verfall auf Entscheidungen der Unternehmensführung auswirkt. Denn als solche kann sie ebenfalls Maßnahmen ergreifen, um weitere Straftaten innerhalb des Unternehmens zu unterbinden. Letztlich sind also zwei Akteure zu betrachten.

1. Der präventive Einschlag des Abschöpfungsgedankens

Dies geschieht zunächst unter bloßer Einbeziehung des Abschöpfungsgedankens. Der Verfall verhindert durch die Abschöpfung des Nettogewinns, dass das Unternehmen den durch die Tat erlangten Vorteil behalten darf. Um die Frage zu beantworten, wie dies der Verhinderung von Straftaten dienlich sein kann, muss zunächst geklärt werden, warum in einem Unternehmen Straftaten, zumindest auch zu dessen Gunsten, begangen werden. Zu der Frage nach der Ursache von Kriminalität haben sich unzählige Theorien entwickelt.[540] Eine vollständige Auflistung oder Auswertung ist an dieser Stelle jedoch nicht notwendig. Denn letztlich handelt es sich bei dem Täterkreis um wirtschaftlich agierende Teilnehmer von ökonomischen Prozessen. Hier bietet es sich an, den Blick auf ökonomische Theorien zu richten. Dies ist schon deshalb angezeigt, weil der Akteur Unternehmen eine gewinnorientierte Zielsetzung hat. Letztlich wirkt der Nettoverfall auch nur an dieser Stelle, denn er entzieht dem Unternehmen den erlangten Gewinn. Folglich ist eine ökonomische Betrachtung zweckmäßig, um die Entscheidungsprozesse der einzelnen Akteure nachvollziehen zu können.

---

540 Vgl. zu den unterschiedlichen Ansätzen insgesamt *Bock/Münster*, in: Göppinger, Kriminologie, § 9–13 S. 119 ff.

Zunächst ist auf den Rational-Choice-Ansatz hinzuweisen. Nach diesem treffen Menschen unter den Bedingungen von Knappheit und dem Streben nach Bedürfnisbefriedigung stets eine rationale Entscheidung.[541] Bei dieser Herangehensweise ist der Ausgangspunkt ein ökonomisches Handlungsmodell. Demnach wird als Ziel menschlichen Verhaltens vordergründig Nutzenmaximierung unterstellt.[542] Ein solcher Nutzen soll sich auf immer gleich bleibende Präferenzen, die aus Aspekten wie Leben, Gesundheit, Prestige, Sinnesfreude, Wohlwollen oder Neid entstehen, beziehen.[543] Aufgrund der Annahme stabiler Präferenzen und nutzenmaximierenden Verhaltens sollen Vorhersagen über das Verhalten von Menschen getroffen werden können. Auch Einwirkungen auf dieses Verhalten sollen möglich sein, indem man die Kosten beeinflusst.[544] Dabei wird davon ausgegangen, dass der ökonomische Ansatz ohne Einschränkung auf jegliches menschliche Handeln anwendbar ist.[545]

In diesem Zusammenhang wird der Begriff des „homo oeconomicus" genannt. Dieser Terminus bezeichnet einen Menschen, der seinen Nutzen durch rationales Handeln maximieren will.[546] Diese Rationalität äußert sich in zwei Ausprägungen: Der homo oeconomicus schätzt Ereignisse und das Verhalten der Mitmenschen in seiner Umwelt korrekt ein und er trifft die Entscheidungen, die seine Bedürfnisse am besten befriedigen.[547] Dabei wägt der Mensch sein Verhalten wohl überlegt ab und entscheidet sich für die Handlungsvariante, die ihm bei geringen Kosten den höchsten Nutzen verschafft.

Der Rational-Choice-Ansatz soll sich ohne Nutzen anderer Theorien auf kriminelles Verhalten anwenden lassen.[548] Die Strafe, welche das Strafrecht vorgibt, ist danach als „Steuer" auf kriminelle Handlungen zu betrachten.[549] Erhöht man theoretisch betrachtet somit die Strafe auf der Seite des Kostenfaktors, stellt sich die kriminelle Handlung nicht mehr als die attraktivste Lösung dar und eine nicht kriminelle Handlung wird gewählt.

An diesem Ansatz wird vor allem kritisiert, dass insbesondere sozialstrukturelle Bedingungen, unterschiedliche persönliche Präferenzen, normative und

---

541 *Boers,* MschKrim 2001, 334, 347.
542 *Cooter/Ullen,* Law & Economics, S. 15.
543 *Becker,* Der ökonomische Ansatz, S. 4.
544 *Müller,* Ökonomische Grundlagen der Generalprävention, S. 94.
545 *Becker,* Der ökonomische Ansatz, S. 7.
546 *Tiedemann,* Wirtschaftsstrafrecht AT, Einführung Rn. 35.
547 *Laue,* in: Bannenberg/Jehle (Hrsg.) Wirtschaftskriminalität, 116, 116.
548 *Becker,* Der ökonomische Ansatz, S. 40.
549 *Kunz,* Kriminologie, 5.A., § 14, Rn. 19.

emotionale Motivationen kaum von Bedeutung sind.[550] Außerdem wird er als Tautologie angesehen, wenn behauptet wird, dass der Mensch sich immer ökonomisch verhalte, selbst wenn das Verhalten aus emotionalen oder altruistischen Gründen erfolgt.[551] Für eine rein wirtschaftskriminologische Betrachtung mögen diese Einwände ein so großes Gewicht nicht beanspruchen.[552] Dies macht ihn für die Beurteilung der Verfallsmöglichkeiten interessant.

Insgesamt haben sich hieraus drei Ausprägungen entwickelt, welche auf unterschiedlichen Ebenen den ökonomischen Ansatz anwenden.[553] Der erste bezieht sich auf die individuellen Entscheidungen des Straftäters. Dabei soll der Ansatz auf mikroökonomischer Ebene den Entscheidungsprozess des einzelnen Straftäters nachvollziehen können.[554] Diese sollen sich eine optimale Kombination von Aktivitäten (illegitime, aber auch legale) zusammenstellen, um einen möglichst großen Nutzen aus diesen zu ziehen.[555] Diese Zusammenstellung wird aufgrund von Anreizen für das Individuum erstellt, dabei wird eine egozentrische Kosten – Nutzen – Analyse vorgenommen, die von finanziellen Aspekten und psychischen Elementen abhängig ist.[556] Eine weitere Entwicklung des Ansatzes versucht aus diesem Modell eine Kosten – Nutzen – Analyse auf gesellschaftlicher Ebene durchzuführen.[557] Dabei wird überprüft, welche Möglichkeiten unter Aufteilung der zur Verfügung stehenden Ressourcen wirtschaftlich am effizientesten sind.[558] Der Schwerpunkt dieser Betrachtungen liegt auf der optimalen Strafauswahl sowie deren Durchsetzung und Härte.[559] Das dritte Produkt der ökonomischen Betrachtung menschlicher Entscheidungen bezieht sich nun auf eine Erweiterung der zweiten Entwicklung. Hier wird versucht, dem gesamten Rechtssystem eine ökonomische Bedeutung zu geben.[560] Dem Strafrecht soll in diesem System Bedeutung zukommen, wenn das Deliktsrecht aufgrund von

---

550 *Boers*, MschKrim 2001, 334, 347.
551 *Kunz*, Kriminologie, § 14 Rn. 26.
552 So auch: *Boers*, MschKrim 2001, 334, 348.
553 *Klevorick*, in: Criminal Justice, S. 290.
554 *Dessecker*, Gewinnabschöpfung, S. 85.
555 *Ehrlich*, Journal of Political Economy, 1973, S. 523.
556 *Heineke*, Econmic Models, S. 2.
557 *Klevorick*, in: Criminal Justice, S. 292.
558 Vgl. *Becker*, Journal of political Economy, 1968, S. 209 ff.
559 Siehe nur *Becker/Stigler*, Journal of Legal Studies 1974, S. 1 ff.; *Polisnky*, Journal of Legal Studies 1980, S. 105 ff., der die Kosteneffizenz von privater und öffentlicher Vollstreckung miteinander vergleicht.
560 *Posner*, Columbia Law Review 1985, S. 1194.

finanziellen Begrenzungen ins Leere laufen würde. Das Strafrecht soll damit vor allem gegen finanziell schwächere Schichten wirken.[561]

Für die Arbeit ist letztlich nur die auf das Individuum bezogene Betrachtung interessant, da der Untersuchungsgegenstand auf die Auswirkungen eines bestimmten Instituts begrenzt ist. Eine gesellschaftliche Auseinandersetzung mit der Thematik ist hierfür nicht notwendig. Stellt man auf das Individuum ab, so ist danach zu fragen, um welche Individuen es sich handelt. Unternehmensbezogene Delikte können vom kleinen Mitarbeiter bis hin zur Unternehmensführung begangen werden. Gleichwohl liegt der Schwerpunkt der Delikte beim Management.[562] Der typische Wirtschaftskriminelle ist männlich, im Durchschnitt um die 40 Jahre alt und schon seit längerer Zeit in seinem Unternehmen tätig.[563] Des Weiteren ist er überdurchschnittlich gebildet[564], zumeist verheiratet[565], selten vorbestraft[566] und gehört überwiegend der bürgerlichen Mittel- und Oberschicht an.[567] Das Sozialprofil des Wirtschaftsstraftäters entspricht somit nicht dem sozialen Stereotyp des Kriminellen.[568] Warum soll gerade dieser Tätertyp besonders auf rationale Entscheidungen bei der Begehung von Delikten zurückgreifen? Ein Grund hierfür wird in der geringen moralischen Verbindlichkeit der Norm gesehen.[569]

Der Tätertyp ist, bezogen auf die allgemeinen Regeln der Gesellschaft, angepasst und als sozial unauffällig einzustufen.[570] Dies führt zunächst zu dem Schluss, dass die Regeln der Gesellschaft befolgt und akzeptiert werden. Gerade die geringe Vorbestrafungsquote spricht für eine hohe moralische Bindungswirkung von Strafrechtsnormen. Dem Wirtschaftsstraftäter liegt es völlig fern ein Delikt aus dem klassischen Kriminalitätsbereich zu begehen. Er kommt aufgrund von moralischen Vorstellungen nicht auf einen solchen Gedanken. Warum sollte im Bereich seines Berufes, auf dem Gebiet des Wirtschaftsrechts, der Sachverhalt anders liegen? Dies dürfte zuvorderst am auf Gewinnmaximierung

561 *Posner,* Columbia Law Review 1985, S. 1204.

562 *Bussmann,* Causes of Economic Crime, S. 8.

563 PriceWaterhouseCoopers, Wirtschaftskriminalität 2009, 43.

564 PriceWaterhouseCoopers, Wirtschaftskriminalität 2007, 39.

565 *Bock,* Kriminologie, Rn. 899.

566 *Schwind,* Kriminologie, § 21, Rn. 21.

567 *Schwind,* Kriminologie, § 21, Rn. 21.

568 *Dannecker,* in: Wabnitz/Janovsky, Wirtschafts- und Steuerstrafrecht, 1. Kapitel, Rn. 19.

569 Vgl. *Yeager,* in: International Handbook, S. 32.

570 *Bock,* Kriminologie, Rn. 904.

ausgelegten System der Wirtschaft liegen. Der Code für das System „Wirtschaft" ist geschäftsmäßige Profiterzielung.[571] Alles, was diesem Code nicht entspricht, wird als Hindernis angesehen. So sind Gesetze, die das System „Wirtschaft" betreffen, aus der Sicht von Managern unnötig, beschränkend und kostenintensiv.[572] Die Norm im wirtschaftlichen Sinne hat für einen solchen Täter eine völlig andere Bedeutung als eine allgemeine Strafrechtsnorm. Dies führt zu Problemen der moralischen Verbindlichkeit der Norm. Auch aus Sicht der Unternehmen scheint dies bestätigt. So sehen diese, als eine der Hauptursachen für die Begehung von Wirtschaftsdelikten ein mangelndes Unrechtsbewusstsein bei den Tätern an.[573] Das lässt sich unmittelbar mit dem Gedanken, dass Wirtschaftskriminelle ein äußerst subjektives Rechtsempfinden haben[574] und sich oftmals nicht als Kriminelle sehen[575], verknüpfen. Illegale Verfahrensweisen werden teilweise als Routine angesehen, dabei wird aufgrund der Häufigkeit und der Umgangsweise mit den Aktivitäten das Unrechtsbewusstsein völlig ausgeschalten.[576] Mithin ist eine sehr geringe moralische Verbindlichkeit der Norm im Bereich von Wirtschaftskriminalität zu konstatieren. Dies stellt sich sogar als klassische „Achillesferse" des Wirtschaftsstrafrechts dar.[577] Hinzu kommen Probleme innerhalb der Unternehmenskultur, die diese Problematik verstärken. Vor allem wird oftmals ein Widerspruch zwischen ethischen Ansprüchen und Profiterzielung als Problem gesehen.[578] Hierbei wird von den Angestellten erwartet, dass sie solche Probleme allein lösen. Dies müsse im Interesse des Unternehmens geschehen. Dabei können beträchtliche Drucksituationen für den einzelnen Angestellten entstehen, indem er sich in Situationen wiederfindet, in denen der Erwartungshorizont des Vorgesetzten nicht mehr durch legale Mittel erreicht werden kann. Diese veranlassen ihn dazu, den eingeschlagenen rechtswidrigen Weg als einzige und deshalb auch als richtige Lösung anzusehen. Dieses Klima fördert wiederum die von den Tätern eingesetzten Neutralisierungstechniken. Neutralisierungstechniken sind Rechtfertigungsstrategien, mit denen die Täter ihre grundsätzliche Anerkennung herrschender Normen und Werte mit ihren

571 *Boers,* MschKrim 2001, 334, 353.
572 *Simpson,* Corporate Crime, Law and Social Control, S. 59.
573 *Bussmann,* in: Löhr/Burkatzki (Hrsg.), Wirtschaftskriminalität, S. 122.
574 Salvenmoser/Schmitt, in: Bannenberg/Jehle (Hrsg.) Wirtschaftskriminalität, S. 156.
575 *Benson/Simpson,* White-Collar Crime, S. 52.
576 *Gobert/Punch,* in: International Handbook, S. 101.
577 So: *Kaspar,* in: Bannenberg/Jehle (Hrsg.), Wirtschaftskriminalität, S. 140.
578 *Yeager,* in: International Handbook, S. 34.

kriminellen Handlungen in Einklang bringen.[579] Zuvorderst der Gedankengang, dass es nur im Interesse des Unternehmens getan wurde, aber auch Opferverneinung, Leugnung des Unrechts und die „Verdammung der Verdammenden" sind von erheblicher Bedeutung.[580]

Bezogen auf das Unternehmensklima spielen auch Lernprozesse eine wichtige Rolle. Hier lässt sich beispielsweise die Theorie der „differentiellen Assoziation" heranziehen. Demnach soll kriminelles Verhalten durch den Kommunikationsprozess mit anderen Personen gelernt werden.[581] *Sutherland*, ging davon aus, dass nicht nur Techniken zur Ausführung des Verbrechens, sondern auch Motive, Triebe, Rationalisierungen und Attitüde erlernt werden.[582] Dieser Ansatz lässt sich durchaus auf Wirtschaftskriminalität übertragen.[583] Hinweise hierfür finden sich im Profil des Wirtschaftsstraftäters. Dieser ist zumeist nicht vorbestraft, um die 40 Jahre alt und seit längerer Zeit im Unternehmen. Daraus lässt sich folgern, dass der Wirtschaftskriminelle sein „Handwerk" im Unternehmen erlernt hat. Gerade das Erlernen von Motiven und Rationalisierungen deckt sich mit den Befunden zum fehlenden Unrechtsbewusstsein, welches wohl in den Subkulturen des Unternehmens herausgebildet wird.

Letztlich wird die rationale Entscheidung des Akteurs innerhalb dieser Rahmensituation gefällt. Dabei wird aufgrund der geringen moralischen Verbindlichkeit der Normen die Möglichkeit eines weiteren Weges der Gewinnmaximierung überhaupt erst wahrgenommen. Diese illegalen Wege werden als Chance gesehen, bestimmte Ziele schneller oder überhaupt erst zu erreichen. Ein entsprechendes Unternehmensklima kann sogar dazu beitragen, dass solche Mittel erlernt und als völlig üblich wahrgenommen werden. Dies kann dazu führen, dass die kriminelle Handlung als eine derartige nicht mehr klassifiziert wird. Hierdurch werden sie in das Repertoire des Mitarbeiters aufgenommen und in Abwägungsprozessen als den legalen Mitteln gleichwertig angesehen. Die Wahl des illegalen Mittels wird sodann vom Arbeitsklima begünstigt, wenn dieses Drucksituationen schafft, in denen der Mitarbeiter sich gezwungen sieht, die gesamte Bandbreite an Möglichkeiten auszuschöpfen.

Jedoch ist das Wirkspektrum des Abschöpfungsgedanken in solchen Situationen gering. Er setzt am Gewinn an, indem er dem Unternehmen als Begünstigten diesen wieder entzieht. Folglich setzt er innerhalb der rationalen Entscheidung

579 *Hefendehl*, MschKrim 2003, 27, 32.

580 *Gobert/Punch*, in: International Handbook, S. 101 ff.

581 *Sutherland*, Principles of Criminology, S. 6 ff.

582 *Sutherland*, Principles of Criminology, S. 6.

583 Bussmann/England/Hienzsch, MschKrim 2004, 244, 247.

am Nutzen an, indem es diesen bestenfalls entfallen lässt. Dabei darf zwar der gesamte Rahmenkontext der rationalen Entscheidung nicht vernachlässigt werden, dennoch muss davon ausgegangen werden, dass ein wirtschaftlich handelnder Täter zumindest ein gewinnorientiertes Ziel verfolgt.

Als solcher hat er zur Gewinnmaximierung rationale Entscheidungen unter Berücksichtigung von Kosten und Nutzen für das Unternehmen zu treffen. Dabei kann er auch eigene Interessen verfolgen, die sich auch für ihn als Nutzen darstellen. Hierunter können z.B. Aufstiegschancen in der Unternehmenshierarchie fallen oder auch Auszahlungen von Boni. Gemeinsam wird diesen Interessen des jeweils Handelnden eine Kopplung an den Unternehmensgewinn sein. Der nur aus Eigeninteresse handelnde Täter ist bei dieser Betrachtung außer Acht zulassen.[584] Als Ergebnis dieses Entscheidungsprozesses wird er dann das Verbrechen wählen, wenn die einkalkulierten Kosten hinter dem Nutzen durch die Tat zurückbleiben.[585] Wird der Nutzen dem Unternehmen entzogen, wird der gekoppelte Nutzen des Mitarbeiters gleichzeitig entfallen, da er das vorgegebene Ziel der Gewinnerzielung völlig verfehlt hätte. Mithin müsste er den Verfall als Risikofaktor einkalkulieren. Im Idealfall könnte dies zum Absehen von der Straftat führen. Diese Wirkung kann sich gleichwohl nur dann entfalten, wenn der Täter mit der Entdeckung der Tat und dem Entzug des Gewinns zu rechnen hat und somit die Wahrscheinlichkeit eines Verlusts des Erlangten durch den Verfall einen wichtigen Faktor in seiner Berechnung darstellt. Dem wirken jedoch strukturelle Probleme des Wirtschaftsstrafrechts entgegen.

Zunächst ergeben sich Probleme bei der strafrechtlichen Verfolgung von Wirtschaftsdelikten. Kennzeichen von Wirtschaftsstraftaten sind vor allem die hohe Anonymität oder zumindest personale Distanz zwischen Täter und Opfer.[586] Diese hohe Anonymität führt zu einer geringen Sichtbarkeit des Rechtsbruchs.[587] Viele Opfer sind sich ihrer Viktimisierung nicht bewusst.[588] Selbst wenn, wird oft von einer Anzeige abgesehen[589]. Dies hat zur Folge, dass die Sanktionswahrscheinlichkeit sehr gering ist, auch wenn auf den ersten Blick die Aufklärungsquote einen anderen Schluss zulässt. So lag im Jahr 2012 die Aufklärungsquote

---

584 Eine Verfallsanordnung gegen das Unternehmen soll dann ohnehin nicht möglich sein, da die Tat zumindest im Interesse des Unternehmens begangen worden sein muss; siehe hierzu: B. 2. C. 1).

585 *Pirsching*, MschKrim 1982, 163, 164.

586 *Eisenberg*, Kriminologie, § 47, Rn. 5.

587 *Kaiser*, FS Schmid, 45, 52.

588 *Coleman*, AJS 1987, 406, 427.

589 *Bussmann*, MschKrim 2003, 89, 93.

von Wirtschaftsdelikten nach der polizeilichen Kriminalstatistik bei 91,1%.[590] Gleichwohl wird auch hier die Ungenauigkeit der Zahlen, aufgrund des großen Dunkelfeldes, eingeräumt.[591] Es ist wohl vielmehr davon auszugehen, dass viele Delikte völlig unentdeckt bleiben und somit die Aufklärungsquote erheblich niedriger ausfällt. Neben diesem Mangel werden bestimmte Bereiche der Wirtschaftskriminalität überhaupt nicht erfasst.[592]

Die Schwierigkeiten der Verfolgung von Wirtschaftsdelikten und im Speziellen bei unternehmensbezogenen Taten werden durch die verwendeten Techniken der Täter verschärft. *Benson/Simpson* verweisen auf drei Methoden, die von Wirtschaftskriminellen umfassend angewandt werden.[593] Zunächst steht die Fertigkeit der Täuschung im Vordergrund. Hierbei wird das Erscheinungsbild der Handlung so durch den Täter verändert, das die Wahrnehmung der Handlung durch Dritte von der Realität abweicht. Ziel hierbei ist es, den durch die Täuschung Betroffenen zumeist zu einer Handlung zu bewegen, die er ohne diese nicht vornehmen würde. Dabei wird sich der Wirtschaftskriminelle einen Profit durch die Täuschung zu Lasten des Getäuschten versprechen. Der Vorteil für den Wirtschaftskriminellen und zugleich der Nachteil für die Strafverfolgung ist die Unkenntnis des von der Täuschung Betroffenen[594], über die Illegalität der Handlung. Durch die Vortäuschung anderer Fakten und Vorgehensweisen ist es erheblich schwerer die kriminelle Handlungsweise als solche überhaupt zu identifizieren und somit zu ahnden. Als weiterer Punkt wird der Missbrauch von Vertrauen angesprochen.[595] Dabei wird unterschieden zwischen dem Agenten[596] und dem Principal[597]. Das Vertrauen wird dann missbraucht, wenn der Vertreter eine illegale Handlung vornimmt, die den Interessen des Principal nicht entsprechen. Bei unternehmensbezogenen Delikten, bei denen das Unternehmen Begünstigter ist, ist dieser Vertrauensmissbrauch

---

590 Polizeiliche Kriminalstatistik 2012, S. 262.

591 Polizeiliche Kriminalstatistik 2011, S. 262.

592 Richter, in: Müller-Gugenberger/Bieneck (Hrsg.), Wirtschaftsstrafrecht, § 7, Rn. 25.

593 *Benson/Simpson,* White-Collar Crime, S. 81 ff.

594 Der Betroffene der Handlung muss hierbei nicht zugleich Geschädigter sein, auch muss die Täuschung nicht vom Tatbestand der Norm erfasst sein. Vielmehr handelt es sich um eine allgemeine Vorgehensweise, um Wirtschaftsdelikte zu begehen ohne dabei von einer dritten Person entdeckt zu werden. Denn anders als bei konventioneller Kriminalität (wie z.B. Körperverletzungsdelikte) hängt der vom Täter erhoffte Erfolg bei Wirtschaftsdelikten von der Verschleierung der Illegitimität der Handlung ab.

595 *Benson/Simpson,* White-Collar Crime, S. 83 ff.

596 Dieser ist ein Vertreter im weiteren Sinne, derjenige, der für einen anderen handelt.

597 Der Principal ist der Vertretene im weiteren Sinne, derjenige, für den der Agent handelt.

abhängig vom Unternehmensklima. Wenn ein solches die Gewinnmaximierung auch über illegale Handlungen toleriert oder fördert, dann wird ein Vertrauen zumindest mit Bezug auf das Unternehmen nicht missbraucht. Anders hingegen kann dies der Fall bei Unternehmen sein, die rechtswidriges Verhalten als mit der Unternehmenspolitik nicht vereinbar ansehen. Zwar werden auch diese finanziell durch die Tat des Agenten begünstigt, dennoch liegt zumindest ein Vertrauensbruch vor, indem der Mitarbeiter entgegen dem Unternehmensinteresse die Gefahr einer Ahndung schafft. Dieser Vertrauensbruch kann aber noch weiter gefasst werden und sich auch auf Verhältnisse zwischen Unternehmen beziehen.[598] Innerhalb dieser Vertrauensbasis sind etwaige Delikte für jeweilige Betroffene und Dritte schwer als solche zu erkennen. Schafft doch gerade das Vertrauen Sicherheit und lässt eine Kontrolle wenig notwendig erscheinen. Es vereinfacht geradezu eine Täuschungshandlung. Als letzte Technik wird das Verschleiern der kriminellen Handlung als solche genannt. Dabei soll durch Zusammenwirken Mehrerer die Tat geheim gehalten werden. Ziel ist es im Gegensatz zur konventionellen Kriminalität nicht etwa die Identität des Täters zu schützen, sondern die kriminelle Handlung als solche zu verbergen.[599] Als Beispiel wird auf Preisabsprachen[600] hingewiesen, die letztlich in Konspiration mit anderen Unternehmen nur funktionieren, wenn diese geheim gehalten werden und nach außen hin der Eindruck erweckt wird, dass die Preise durch den freien Wettbewerb zustande gekommen sind.

Indem die Techniken unter Verwendung von völlig normalen Mitteln und Technologien angewandt werden, gestaltet sich die Verfolgung der kriminellen Handlung noch schwieriger. Denn der Wirtschaftskriminelle begeht die Tat eben nicht durch die gewaltsame Wegnahme einer Handtasche oder indem er sich in einem Gebäude illegal aufhält. Er begeht diese Taten unter Verwendung völlig legaler Mittel wie dem PC oder dem Telefon an Orten, an denen er sich üblicherweise auch aufhalten kann, ohne dabei den Anschein einer rechtswidrigen Handlung zu erwecken.[601] Teilweise werden dabei Kanäle gewählt, deren

---

598 Zu denken ist etwa an Delikte in Bereichen von Betrug, Korruption oder auch Bilanzfälschung.

599 *Benson/Simpson,* White-Collar Crime, S. 86.

600 Hierbei erfolgt eine Abschöpfung der Vorteile zumeist nicht über den Verfall, da dieser aufgrund von Schadensersatzansprüchen nach § 33 Abs. 3 GWB regelmäßig ausscheidet. Vielmehr ist eine Abschöpfung der Tatvorteile über die Geldbuße nach § 81 Abs. 5 GWB oder §§ 34, 34 a GWB möglich. Dabei ist die Zielsetzung jedoch dem des Nettoverfalls gleichzusetzen, denn die Aufwendungen der Tat werden bei der Berechnung des Vorteils berücksichtigt.

601 *Benson/Simpson,* White-Collar Crime, S. 86.

Verfolgung kaum nachzuvollziehen ist. Dies kann die Verwendung bestimmter Verschlüsselungstechniken einbeziehen, aber auch eine schlichte mündliche Absprache sein.

Werden neuartige oder fachspezifische Technologien nicht nur zur Tatbegehung verwendet, sondern auch als Tatobjekte miteinbezogen, verkompliziert sich der Tatvorgang erheblich. So im Beispiel über die Absprache der Verschlüsselung von Sendesignalen zweier großer deutscher privater Fernsehanbieter. Diese hatten sich über die Verschlüsselung des digitalen Fernsehsignals ihres Free-TV Angebotes geeinigt. Die Absprache betraf jedoch nur die SD-Qualität des Bildes und führte zu einer Kostensteigerung bei den Netzbetreibern. Diese gaben die Kosten an den Endverbraucher weiter. Schon hier bedarf es einiger Fachkenntnis, um nachzuvollziehen, dass die Signale auch für dieses Angebot verschlüsselt waren und zwar auf Veranlassung der TV-Sendegruppen. Auch die Kostenumlage auf die Kunden durch die Netzbetreiber macht die Absprache undurchsichtig. Diese haben als solche nicht gemerkt, dass überhaupt eine Gebühr aufgrund der Verschlüsselung anfällt. Bemerkenswert in diesem Fall war die völlige Unkenntnis der Endverbraucher über eine etwaige Verschlüsselung sowie der anfallenden Kosten. Wesentlich kompliziertere Delikte erfordern somit auch eine hohe Fachkenntnis bei den jeweiligen Behörden. Hierfür fehlen teilweise die Kapazitäten.[602] Diese Probleme der Strafverfolgungsbehörden sind jedoch grundsätzlicher Natur. Traditionell ist die Polizei für konventionelle Kriminalität zuständig und hat große Defizite bezüglich der nötigen Fachkenntnis, um Wirtschaftsstraftaten aufzuklären.[603]

Hinzu kommt die teilweise beträchtliche Komplexität einiger Delikte. In vielen Fällen sind die Handlungsstränge derart verworren und miteinander verstrickt, dazu durch fachspezifische Vorgänge verknüpft, dass es selbst Fachpersonal schwer fällt, die Zusammenhänge nachzuvollziehen.[604] Dies führt zu einer Undurchsichtigkeit der Vorgänge und erschwert zusätzlich eine Ahndung. Auch die gesetzliche Ausgestaltung vieler Straftaten im Bereich der Wirtschaftskriminalität beeinträchtigt die Möglichkeiten der Verfolgung. Als Beispiel soll nur auf die Schwierigkeiten beim Untreuetatbestand hingewiesen werden. Auch die vielen Blanketttatbestände, welche wiederum lange Ketten von Normverweisen nach sich ziehen, führen zu Komplexität und Undurchsichtigkeit. Oftmals

---

602 *Dannecker*, in: Wabnitz/Janovsky, Wirtschafts- und Steuerstrafrecht, 1. Kapitel, Rn. 23.

603 *Simpson*, Corporate Crime, Law and Social Control, S. 46.

604 Vgl. hierzu *Schröder*, Kapitalmarktstrafrecht, S. 374 f.; *Schröder*, in: Bannenberg/Jehle (Hrsg.) Wirtschaftskriminalität, 242 ff.

lässt sich kaum noch erfassen, ob es sich um eine legale Handlungsweise handelt oder man sich im illegalen Bereich befindet.[605] Mithin werden viele Delikte von Dritten als solche nicht wahrgenommen, da sie schlicht nicht den deliktischen Hintergrund erkennen.

Ferner ergeben sich Probleme bei der Strafverfolgung aus einem strukturellen Umstand. Die Delikte werden in einem Unternehmen begangen, als Folge sind sie für Außenstehende kaum sichtbar. Dies kann zu Abschottungseffekten führen. Bei einer Studie aus dem Jahr 2009 ging hervor, dass lediglich 8% der Fälle durch Polizei und Staatsanwaltschaft aufgedeckt wurden.[606] Hauptsächlicher Aufdeckungsfaktor war der Zufall.[607] Die geringe Aufklärungsquote durch die Polizei und Staatsanwaltschaft zeigt, wie hochgradig diese Abschottungseffekte wirken. Ursache hierfür ist die Komplexität der Unternehmensstruktur. In den Untergliederungen von Teilbereichen und der Delegation von Aufgaben kann der Außenstehende kaum erfassen, welche Person für bestimmte Handlungen verantwortlich ist. Auch gelangen Unternehmensinterna schon aufgrund von Wettbewerbsgründen nicht an Außenstehende. Diese Abschottungseffekte können des Weiteren auch von den Unternehmen genutzt werden, um Straftaten zu verschleiern und Strafverfolgungsbehörden zu verwirren.[608] Dadurch kann für die Unternehmen eine negative Publicity vermieden werden. Auch kann der Gewinn der rechtswidrigen Handlung dem Unternehmen erhalten bleiben. Aus ökonomischer Sicht ist eine solche Handlungsweise für konkret entdeckte Taten durchaus sinnvoll.[609]

Weitere Probleme der Strafverfolgung von Wirtschaftsdelikten ergeben sich aufgrund von grenzübergreifenden Taten. Viele deutsche Unternehmen unterhalten Geschäftsbeziehungen zu ausländischen Organisationen. Hierbei kann es zu erheblichen Straftaten kommen.[610] Für die Ahndung der Straftaten bringt dies aufgrund von Ermittlungsschwierigkeiten und kulturellen Diskrepanzen

---

605 *Dannecker*, in: Wabnitz/Janovsky, Wirtschafts- und Steuerstrafrecht, 1. Kapitel, Rn. 22.

606 PriceWaterhouseCoopers, Wirtschaftskriminalität 2009, 51.

607 PriceWaterhouseCoopers, Wirtschaftskriminalität 2009, 52, insoweit kommt die Studie von KPMG zu ähnlichen Ergebnissen, Wirtschaftskriminalität 2010, S. 11 f., die dem „Kommissar Zufall" ebenfalls einen beträchtlichen Stellenwert einräumt.

608 *Dannecker*, in: Wabnitz/Janovsky, Wirtschafts- und Steuerstrafrecht, 1. Kapitel, Rn. 23.

609 Freilich wird mit Blick auf Präventionsgesichtspunkte für die Mitarbeiter durch solch ein Verhalten ein völlig falsches Signal gesendet.

610 Zu denken ist beispielsweise an die Korruptionsaffäre um Siemens.

erhebliche Probleme mit sich. Allein das Entdeckungsrisiko dürfte hier erheblich geringer sein. So werden in bestimmten Kulturkreisen einige Verhaltensweisen, die im deutschen Kulturkreis kriminalisiert werden, als völlig normal oder sogar erwünscht angesehen. Dies führt zu einer sehr geringen Anzeigebereitschaft. Zu verweisen ist beispielweise auf den indischen Kulturkreis, in dem Korruption einen völlig anderen Status als in Deutschland hat.[611] Dies bedingt eine völlig andere Wahrnehmung der Tat und kann dazu führen, dass diese nicht als delinquent eingestuft wird. Hinzu können Ermittlungsschwierigkeiten kommen. So können beispielsweise Ermittlungen im Ausland nur auf dem Weg der Rechtshilfe erfolgen. Inwiefern eine solche erfolgt und welche Verfahren hierfür möglich sind, erscheint auf den ersten Blick undurchsichtig. Besonders interessant für unternehmensbezogene Delikte ist die sonstige Rechtshilfe, da bei solchen Taten oftmals wesentliche Untersuchungshandlungen unter Sichtung von erheblichen Datenmengen im Ausland erfolgen müssen. Letztlich stehen hier drei Möglichkeiten als Grundlage für eine Rechthilfe zur Verfügung.[612] In Betracht kommen internationale Abkommen, Verträge zwischen zwei Staaten sowie vertragslose Rechtshilfe. Die vielen umfassenden und oftmals unübersichtlichen Regelungen in diesen Bereichen verursachen erhebliche Schwierigkeiten für die Ermittlungsbehörden.[613] Bestehen keine Abkommen stellt sich die Frage inwieweit und in welchem Umfang eine Rechtshilfe überhaupt zugelassen wird.

Die herausgearbeiteten Schwierigkeiten bei der Strafverfolgung zeigen die Grenzen des Abschöpfungsgedankens mit Blick auf den Entzug des Gewinns bei unternehmensbezogenen Straftaten auf. Denn muss der Täter nicht mit einer Ahndung der Tat rechnen, weil das Entdeckungsrisiko und somit die Sanktionswahrscheinlichkeit sehr gering ist, so muss er auch nicht mit dem Entzug des Gewinns durch den Verfall für das Unternehmen rechnen. In seiner Kalkulation spielt der Verfall aufgrund der geringen Gefahr einer Abschöpfung des Gewinns kaum eine Rolle. Hinzu kommt ein weiteres Problem bei unternehmensbezogenen Straftaten, welches innerhalb einer Kalkulation des Täters von Bedeutung ist.

---

611 Hier sei nur auf eines der vielen Beispiele, die Vergabe der Mobilfunklizenzen aus dem Jahre 2009 und dessen Folgen zu verweisen, vgl. dazu *Köberlein*, Blätter, 2012, S. 31ff.

612 Vgl. *Bischoff*, in: Müller-Gugenberger/Bieneck (Hrsg.), Wirtschaftsstrafrecht, § 9 Rn. 4.

613 So wird teilweise innerhalb des Bereichs des Europarates von einem Normendschungel und Rechtshilfechaos gesprochen, siehe hierzu: *Schomburg*, in: Schomburg/Lagodny/Gleß/Hackner, II, Rn. 4.

Für eine Abwägung müssen auch sämtliche Fakten, die eine Verfallsanordnung nach sich ziehen können, dem potentiellen Täter bekannt sein. Zum einen müssen dem möglichen Delinquenten die Norm und die damit angedrohten Folgen bekannt sein. Zum anderen muss der Täter davon ausgehen, dass für einen Verstoß eine Ahndung erfolgt. Hier liegt jedoch der neuralgische Punkt der Betrachtung. Denn es wird nicht das objektive Risiko, entdeckt und sanktioniert zu werden, in die Abwägung einbezogen, sondern das subjektiv empfundene Risiko.[614] Wird dies unabhängig von der objektiven Wirklichkeit als niedrig eingeschätzt, kann die Ahndungswahrscheinlichkeit und damit eine Abschöpfung der Unternehmensgewinne als nur geringe Gefahr kaum Beachtung finden. Grenzt man diese Problematik auf den potentiellen Täter ein, so könnte davon ausgegangen werden, dass diese aufgrund ihrer Fachkenntnis in ihren Bereichen gut über die jeweiligen Normen und die Folgen eines Verstoßes informiert sind. Gleichwohl scheint mit Bezug auf das Normbewusstsein genau die gegenteilige Annahme vorzugswürdig. So fehlt vielen Wirtschaftsstraftätern, aus der Sicht von Unternehmen, schlicht das Unrechtsbewusstsein.[615] Das lässt den Schluss zu, dass sie teilweise nicht die einschlägigen Normen kennen oder den Sachverhalt nicht unter den Straftatbestand fassen.[616] Beides ist problematisch, da somit die Gefahr einer Abschöpfung des Gewinns nicht in die rationale Entscheidung einfließen kann. Dies wird auch bei der Befragung von Strafverteidigern deutlich, die angeben, dass viele Betroffene bei bestimmten Handlungsweisen, die einer gängigen Praxis im Unternehmen entsprachen, niemals an eine strafrechtliche Relevanz gedacht hätten.[617] Wie das Entdeckungsrisiko von Wirtschaftskriminellen eingeschätzt wird, lässt sich nicht mit Sicherheit sagen. Jedoch ist bei der cleveren und raffinierten[618] Vorgehensweise eines Wirtschaftsstraftäters wohl davon auszugehen, dass dieser das Entdeckungsrisiko als eher gering einschätzt. Dieser Gedanke wird auch durch die vorherigen Einschätzungen gestützt, die das objektive Entdeckungsrisiko im Bereich von unternehmensbezogenen Straftaten schon als sehr niedrig einordnen. Eine größere Abweichung auf der subjektiven Seite zugunsten eines höheren Entdeckungsrisikos ist wohl auszuschließen. Selbst eine Erhöhung des Entdeckungsrisikos würde aufgrund der subjektiven Wahrnehmung nicht zu einer Abschwächung der Gewinnerwartung führen.

---

614 *Kunz,* Kriminologie, 5.A., § 25, Rn. 15.
615 *Bussmann/Salvenmoser,* NStZ 2006, 203, 207.
616 *Kaspar,* in: Bannenberg/Jehle (Hrsg.), Wirtschaftskriminalität, 135, 142.
617 *Kaspar,* in: Bannenberg/Jehle (Hrsg.), Wirtschaftskriminalität, 135, 142.
618 *Kaiser,* Kriminologie, § 73, Rn. 3.

Sowohl die strukturellen Probleme bei der Verfolgung von unternehmensbezogenen Delikten, als auch fehlende Informationen über die Strafbarkeit von bestimmten Verhaltensformen sowie ein wohl niedriges subjektives Entdeckungsrisiko wirken sich bei einer etwaigen Abwägung zuungunsten der Verfallswirkung aus. Aus Sicht eines Ansatzes, der dem Täter eine rationale Entscheidung unterstellt sind die Möglichkeiten des Abschöpfungsgedankens sehr begrenzt. Nimmt er tatsächlich eine Abwägung vor, so ist zu unterstellen, dass er mit einer Abschöpfung des Gewinns beim Unternehmen wohl nicht rechnet. Der reine Abschöpfungsgedanke kann aus dieser Sicht keine präventive Wirkung entfalten. Dies wird noch deutlicher, wenn in die Betrachtung einbezogen wird, dass unter diesem Aspekt letztlich nur ein Verlust des Gewinns droht. Mithin wird in die Kalkulation nur ein sehr geringes Risiko der Abschöpfung dessen eingestellt, was vor der Tat sowieso nicht vorhanden war. Allein dies vermag eine wirtschaftliche Entscheidung nicht zu beeinflussen. Was für den Einzeltäter heraus gearbeitet wurde, kann auf die Haltung des Unternehmens übertragen werden. Das Unternehmen wird sich unter allen Bedingungen für die wirtschaftlich günstigste Gelegenheit entscheiden. Denn noch mehr als die einzelne Person wird im Unternehmen als Ganzes rational und ökonomisch entschieden. Diese Entscheidungen können von Einzelpersonen oder mehreren Personen getroffen werden. Dabei kann das Unternehmen als eine Art Rahmen angesehen werden, der durch bestimmte Parameter Einfluss auf mögliche Deliktsfelder der Mitarbeiter nimmt. Parameter, die sich auf wirtschaftsstrafrechtlich relevante Handlungen auswirken, können unterschiedlicher Art sein. So kann das Unternehmen ein Compliance-Programm erstellen, Ethische Richtlinien kommunizieren sowie Hinweisgebersysteme schaffen. Weiterhin können auch Maßnahmen zur Ahndung strafrechtlichen Verhaltens ergriffen werden, so z.B. eine Strafanzeige, die Ausschöpfung zivilrechtlicher Mittel sowie eine Verurteilung der Tat und unternehmensinterne Schritte. Hierdurch kann das Unternehmen bis zu einem gewissen Grad die Begehung von Straftaten verhindern. Jedoch muss sich die Einführung einer solchen Maßnahme für das Unternehmen lohnen. Die Abschöpfung des Nettogewinns dürfte unter den bereits oben aufgeführten Gesichtspunkten keinen großen Stellenwert bei einer Kosten-Nutzen-Analyse zur Einführung von Maßnahmen gegen Wirtschaftsstraftaten haben.

Dennoch darf im Zusammenspiel mit anderen Sanktionen die Zielsetzung des Abschöpfungsgedankens nicht verkannt werden. Denn ihm kommt eine andere Aufgabe zu. Der rechtswidrig erlangte Gewinn soll wieder entzogen werden. Der Gesellschaft soll aufgezeigt werden, dass sich Straftaten hinsichtlich des damit verbundenen Gewinns nicht lohnen. Dies erinnert an den Gedanken der positiven Generalprävention. Diese aus den Strafzwecken stammende Theorie könnte auch für den Abschöpfungsgedanken fruchtbar gemacht werden.[619] Nach der positiven Generalprävention dient die Strafe dazu, bei einem Normbruch die Verbindlichkeit der Rechtsordnung gegenüber der rechtstreuen Bevölkerung zu bestätigen.[620] Ausgangspunkt des Ansatzes ist die Annahme einer Beeinflussung von moralischen Anschauungen durch gesellschaftliche Gegebenheiten.[621] Der Rechtsgemeinschaft wird ein Orientierungsmuster vorgelegt, welches es ermöglicht, über einen längeren Zeitraum moralische Vorstellungen zu prägen und diese zu kommunizieren. Gleichzeitig werden die bestehenden Überzeugungen bestätigt und bekräftigt. Teilweise wurde versucht die Theorie der positiven Generalprävention als systemtheoretischen Ansatz anzusehen, bei dem sie nicht „Mittel der Erhaltung gesellschaftlicher Identität, sondern bereits diese Erhaltung selbst" ist.[622] Zutreffender wird in der positiven Generalprävention eine Legitimationsgrundlage für das Bedürfnis des Einzelnen nach Normbestätigung, welches sich durch ein elementares Gerechtigkeitsgefühl ausdrückt, gesehen.[623] Als Bestätigungsgrundlage für eine positiv generalpräventive Zielsetzung der Strafe wird auch das Gesetz herangezogen. So soll die Formulierung „zur Verteidigung der Rechtsordnung", wie sie sich in § 47 Abs. 1 StGB und in § 56 Abs. 3 StGB findet, aufzeigen, dass es Aufgabe der Strafe ist, das Recht gegen das vom Täter begangene Unrecht durchzusetzen und so die Unverbrüchlichkeit der Rechtsordnung vor der Rechtsgemeinschaft aufzuzeigen.[624] Zum Teil wird die positive Generalprävention in verschiedene Wirkbereiche abgegrenzt. So unterscheidet *Jakobs* in die Einübung in Normvertrauen, die Einübung in Rechtstreue und die Einübung in die Akzeptation der Konsequenzen.[625] Hinzu kommen Befriedigungseffekte, die sich einstellen, wenn durch die Sanktion das allgemeine Rechtsbewusstsein wieder hergestellt ist und der gesellschaftliche Konflikt mit

619 So auch: BVerfG NJW 2004, 2073, 2075.

620 *Kaufmann*, Jura 1986, 225, 229.

621 *Frister*, AT, 2. Kapitel, Rn. 21.

622 *Jakobs*, ZStW 107, 843, 844. Siehe *Roxin*, Strafrecht AT, Bd. 1, § 3, Rn. 31, für eine Übersicht zu der damals geäußerten Kritik.

623 *Streng*, FS Hruschka, 697, 710. Dies wird in der Schuldzuschreibung gegen den Täter manifest. Als Erkenntnisgrundlage hierfür werden die psychologischen Reaktionen der einzelnen Mitbürger herangezogen.

624 BGHSt 24, 40, 44; 64, 66, 66.

625 *Jakobs*, AT, Rn. 15.

dem Täter ausgeglichen ist.[626] Zum Teil wird darauf hingewiesen, dass zwischen der Normdurchsetzung und der Normakzeptanz zu unterscheiden ist.[627]

Dieses Konzept kann fruchtbar gemacht werden für die Untersuchung der Präventionswirkung des Abschöpfungsgedankens. Dabei hilft eine Heranziehung der unterschiedlichen Aspekte positiver Generalprävention. Gleichwohl lassen sich diese nicht scharf abgrenzen, vielmehr sind die Grenzen innerhalb der Teilbereiche fließender Natur.[628] So kann zunächst das Normvertrauen herangezogen werden. Durch die Abschöpfung des Gewinns wird das Vertrauen der Bevölkerung in die Norm bestärkt. Dies geschieht, indem dem Täter entzogen wird, was er durch den Normbruch erlangt hat. Würde ein solcher Entzug nicht geschehen, wäre das Signal für die Gemeinschaft diskrepant. Die Norm würde in ihrer Zielrichtung obsolet wirken. Denn selbst wenn dem Täter eine Strafe droht, erscheint es wenig konsequent, ihm den Gewinn zu belassen und somit die rechtswidrige Vermögenslage beizubehalten. Das Vertrauen in die Gültigkeit der Norm wird durch den Entzug des Nettoerlangten gestärkt oder zumindest aufrechterhalten. Hinzu kommen Lerneffekte innerhalb der Rechtsgemeinschaft. Bei jedem Normbruch wird durch die Gewinnabschöpfung aufgezeigt, dass die Norm sich letztlich durchsetzt. Sie ist derart wesentlich, dass niemand eine, gegen das von der Norm verbotene Verhalten, hervorgerufene Rechtslage aufrechterhalten darf. Dies führt zu einer hohen Anerkennung der Norm innerhalb der Gesellschaft. Weiterhin lässt sich der Befriedigungseffekt des einzelnen Bürgers hinzuziehen. Dieser kann unterteilt werden in ein Bedürfnis nach der Bestrafung des Täters und der Befriedigung durch die Strafe selbst, die zur Erledigung der Spannungslage zwischen Täter und Gesellschaft führt. Ein solches Befriedigungsbedürfnis ist an die moralische Normverbindlichkeit gekoppelt. Es besteht überall, wo der Einzelne durch die Tat in eine Konfliktsituation mit seinen eigenen moralischen Vorstellungen gebracht wird. Dies geschieht nur dort, wo Normen die Gesinnung des Bürgers widerspiegeln. Hierbei kann nun nicht von einer Folgekette im Sinne von „die Norm folgt der Moral“ gesprochen werden. Vielmehr hat die Norm im Rahmen des oben angesprochenen Lerneffektes auch

---

626 *Roxin*, Strafrecht AT, Bd. 1, § 3, Rn. 27.

627 So: *Zipf*, FS Pallin, 479, 483, der unter Normdurchsetzung die Art und Weise der Einwirkung des Richters auf die allgemeine Rechtstreue versteht, die Normakzeptanz soll hingegen der dem Richter vorgegebene Ausgangspunkt innerhalb der Strafbemessungstätigkeit sein.

628 So auch: *Zipf*, FS Pallin, 479, 483, der vor allem zwischen dem Vertrauenseffekt und dem Befriedigungseffekt starke Verwischungen sieht; ebenso: *Roxin*, Strafrecht AT, Bd. 1, § 3, Rn. 27.

die Möglichkeit, die moralischen Vorstellungen des Einzelnen zu prägen. Liegt ein solcher Konsens zwischen Moral und Norm nicht vor, entsteht auch kein Befriedigungsbedürfnis des Einzelnen. Dies zeigen Delikte, die nur eine sehr geringe moralische Verbindlichkeit bei der normalen Bevölkerung haben. Zu nennen sind beispielsweise Verkehrsdelikte, bei denen typischerweise ein solcher Zusammenhang fehlt.[629] Bei diesen Delikten ist das Befriedigungsbedürfnis der Bevölkerung wenig oder kaum ausgeprägt. Die moralische Verbindlichkeit ist zwar individuell, jedoch ist sie, auf Normen bezogen, zumeist einheitlich unter der Rechtsgemeinschaft ausgeprägt. Das Bedürfnis der Befriedung des Konfliktes mit der Tat entspringt wohl einem menschlichen Grundverlangen nach Gerechtigkeit.[630] Wird die Strafe letztlich verhängt, kann die Konfliktlage für den Bürger als erledigt angesehen werden. Es stellt sich eine Art Rechtsfrieden ein, bei dem die Norm bestätigt und die Spannung zwischen Täter und Gesellschaft gelöst wurde. Die Auflösung des Dilemmas zugunsten der Norm führt dann wiederum zur Auflösung des Befriedigungsbedürfnisses. Dabei muss nicht unbedingt die moralische Verbindlichkeit der Norm gestärkt werden, es kann auch als ausreichend angesehen werden, wenn dieses auf einem gewissen Niveau erhalten wird. Ohne Einstellung des Befriedigungseffekts durch Ausbleiben der Strafe, könnte die Spannungslage nicht ausgeglichen werden. Im Einzelfall würde der Schaden wohl gering ausfallen. Bei einer Häufung dieser unausgeglichenen Spannungslagen könnte der Konflikt nur zum Nachteil der Verbindlichkeitswirkung der Norm gelöst werden und die Norm als solche ihre Bindungswirkung für die Gesellschaft verlieren. Das Befriedigungsbedürfnis und die Erledigung des Konflikts sind dabei auch nicht unerheblich auf den Verfall angewiesen. Zwar ist der Nettoverfall als solcher wenig innerhalb der Bevölkerung bekannt. Dennoch ist vielen der Gedanke vertraut, dass der aus einer Straftat erlangte Gewinn nicht beim Täter verbleibt. Noch mehr dürfte der Entzug des Gewinns aus einer rechtswidrigen Tat als Selbstverständlichkeit anerkannt sein. Mithin

---

629 Siehe unten E. I. 2. bei den zur Verkehrsdevianz aufgeführten Studien.

630 Vgl. hierzu: *Walter,* ZIS 2011, 636, 638 ff. Dennoch wäre der Schluss, dass dies zu einem Vergeltungsstrafrecht führt, fehlerhaft. Denn vielmehr dient die Strafe der Auflösung des Konflikts zwischen moralischer Verbindlichkeit der Norm und des Normbruchs. Wird dieser gelöst, wird die Norm bestätigt und kann sogar an moralischer Verbindlichkeit gewinnen. Ein Selbstzweck ist dies freilich nicht. Vielmehr führt dies zu einer erhöhten Anerkennung in der Gesellschaft (oder ggf. der Erhaltung der Anerkennung auf einem bestimmten Niveau) und erfüllt folglich präventive Zwecke, da die moralische Verbindlichkeit ein wesentlicher Faktor bei der Begehung von Straftaten darstellt.

ist der Mehrwert für das Befriedigungsbedürfnis eher gering. Gleichwohl ist er von hoher Bedeutung. Dies zeigt sich bei Betrachtung der Sachlage ohne die Anwendung des Nettoverfalls. Gäbe es Fälle, in denen der Täter den Tatgewinn für sich beansprucht, könnte das Bedürfnis nach Befriedigung durch die Strafe nicht erreicht werden. Denn der Konflikt mit der Norm bleibt nicht nur gedanklich bestehen, sondern erhält sogar einen materiellen Ausdruck in Form des Tatgewinns. Der Gemeinschaft würde der Zustand des Normkonflikts dauerhaft vor Augen geführt. Die Spannungslage wird durch den rechtswidrigen Zuordnungszustand geradezu aufrechterhalten. Eine Erledigung scheint durch diesen Zustand nicht möglich. Dies führt zu einer Divergenz zwischen Anerkennung der Norm und moralischer Verbindlichkeit.

Folglich bedarf es einer Entziehung des Nettoerlangten aus positiv generalpräventiver Sicht. Das Institut dient dem Erhalt der Verbindlichkeitswirkung der Norm. Gleichwohl sind die empirischen Untersuchungen auf dem Gebiet der positiven Generalprävention bislang weder zahlreich noch bestätigend ausgefallen. Bezüglich einer solchen Wirkung des Verfalls sind, soweit ersichtlich, noch keine Erhebungen erfolgt. Bei den vorgenommenen Untersuchungen im Rahmen von Individualbefragungen erreichte vor allem die moralische Verbindlichkeit der Norm einen hohen Einfluss auf die Begehung von Straftaten.[631] Dies wird als Grundlage für einen positiv-generalpräventiven Einfluss des Strafrechts gesehen. Als Begründung werden Wechselwirkungen zwischen Strafpraxis und Normbewusstsein genannt.[632] Den Ergebnissen stehen jedoch nicht unerhebliche, methodische Probleme entgegen. Grund hierfür sind beachtliche Schwierigkeiten bei der Untersuchung generalpräventiver Wirkungen, besonders solche der positiven Art.[633] Vor allem wird die Befragungssituation selbst kritisiert. So ist zu befürchten, dass die Befragten in einer realen Handlungssituation anders reagieren, als in der Befragungssituation.[634] Weiterhin ist zu bedenken, dass, wie bei allen Befragungen, nur die Meinungen der Befragten über die Zusammenhänge und nicht die gesuchten Zusammenhänge selbst erhoben werden.[635] Diese Meinungen sind jedoch oftmals durch Irrtümer, Selbsttäuschungen und Fehleinschätzungen verzerrt.[636] Gleichermaßen wird in den Interviews von der Existenz eines geltenden Strafrechts ausgegangen.

631 *Schöch*, FS Jescheck, 1081,1099; zusammenfassend: *Streng*, Sanktionen, Rn. 59 m.w.N.

632 *Schöch*, FS Jescheck, 1081,1103 f.

633 *Hassemer*, in: Hassemer/Lüderssen/Naucke, 35 f.; *Dölling*, ZStW, 102, 1, 3.

634 *Dölling*, ZStW 102, 1, 5.

635 *Bock*, JuS 1994, 89, 95.

636 *Bock*, JuS 1994, 89, 95.

Sie können somit nicht aussagen, inwiefern die Personen ohne ein solches Strafrecht und der Angst vor einer formellen Sanktion reagieren würden.[637] Mithin sichern die Befunde die Theorie der positiven Generalprävention kaum ab. Hierunter leidet auch die Beurteilung der Möglichkeiten des Verfalls.

Ob eine solche Wirkung des Nettoverfalls bei unternehmensbezogenen Straftaten vorliegt, kann mithin ebenfalls nur theoretisch beurteilt werden. Der Vorteil dieser Betrachtung liegt in der Begrenzung der Tätergruppe[638], welche sich durch bestimmte Merkmale klassifizieren lässt. So ist für diesen Bereich des Strafrechts vor allem kennzeichnend, dass den Normen die moralische Verbindlichkeit fehlt. Dass der positiv generalpräventive Einfluss des Nettoverfalls etwas an dieser Situation ändert ist zweifelhaft. Zumindest führt dies zu einem geringen Befriedigungsbedürfnis bei der Tätergruppe des Wirtschaftskriminellen. Als Folge ist er kaum für eine Konfliktlösung und Normstärkung empfänglich. Das Bedürfnis der Konfliktlösung bei der Normalbevölkerung ist für die Präventionswirkung des Verfalls bei unternehmensbezogenen Delikten unerheblich.[639] Denn für sie sind zwar die Normen im Wirtschaftsstrafrecht schon deshalb verbindlich, weil es sich um Straftatbestände handelt, indessen ist dieser Blickwinkel für den Wirtschaftskriminellen nicht zugänglich. Ursache hierfür ist das System Wirtschaft. Die „Pflicht" der Gewinnmaximierung steht im Konflikt mit den begrenzenden Normen des Wirtschaftsstrafrechts. Wird die Norm somit als ein Gewinn begrenzendes Übel gesehen, entsteht durch die Tat kein Konflikt mit moralischen Anschauungen, sondern vielmehr ein Verständnis für die rechtswidrige Handlung. Dort wo ein solches Verständnis vorherrscht, kann aber kein Bedürfnis nach Sanktionierung entstehen. Ebenso bedarf es keiner Lösung der Spannungslage. Folglich kann der Verfall die Anerkennung der Norm nicht verstärken. Möglich ist sogar, dass eine Sanktionierung einen gegenteiligen Effekt auslöst. Auch Lerneffekte bezüglich der Normbestätigung laufen ins Leere, wo die Unternehmenskultur eine gegenteilige Position vermittelt.

---

637 *Dölling*, ZStW 102, 1, 7.

638 Bezüglich der unterschiedlichen Tätergruppen wurde die Allgemeingültigkeit der Ergebnisse in den Untersuchungen schon bezweifelt: siehe nur: *Müller-Dietz*, in: Jehle (Hrsg.), Kriminalprävention, 227, 245.

639 Sie sind schlichtweg aufgrund der fehlenden Möglichkeiten zur Begehung von unternehmensbezogenen Delikten nicht Adressaten des Nettoverfalls gegen Unternehmen. Würde man das Befriedigungsbedürfnis der gesamten Bevölkerung zur Legitimation des Instituts heranziehen, ginge eine präventive Ausrichtung teilweise ins Leere. Mithin kann nur das Befriedigungsbedürfnis bei der potentiellen Tätergruppe herangezogen werden.

Dort wo die Norm eher als Hindernis für die Gewinnmaximierung angesehen wird, kann auch das Mittel ihrer Bestätigung nicht zu einer erhöhten Akzeptanz führen. Wird in der täglichen Routine, in den Abläufen im Unternehmen, eine rechtswidrige Handlung gleich jeder anderen angesehen, so wird mit jedem Verstoß gegen die Norm auch die Bindungswirkung unterminiert. Indem sie vollends ignoriert wird, verliert sie jede Bedeutung. Dies ist ein Verhalten, welches im Unternehmen erlernt und immer wieder bestätigt wird. Der konträre Effekt der Normbestätigung durch die Durchsetzung der Norm mithilfe des Nettoverfalls kann innerhalb dieses Bereichs kaum eine Wirkung erzielen, da er nur punktuell durchschlägt, während der Normverstoß in seiner Häufigkeit dauerhaft imponiert. Letztlich ist der Nährboden hier wie oben derselbe: Das geringe Entdeckungsrisiko. Dies lässt einen Lerneffekt im Sinne einer Normbindung und Normakzeptanz kaum möglich erscheinen.

Gleichwohl die Möglichkeiten begrenzt erscheinen, kommt der Abschöpfung des Nettoerlangten eine wichtige Funktion im Sinne positiver Generalprävention zu. Indem er in den Gewinn des Unternehmens direkt eingreift, den Profit aus dem Geschäft entzieht, zeigt er auf, dass die Handlung eben nicht mit den anderen Prozessen vergleichbar ist. Ohne solch ein gegenteiliges Signal, überhaupt die reine Existenz des Verfalls, wäre die Norm völlig obsolet. Es wird zumindest die Grenze zwischen Recht und Unrecht verdeutlicht und dies wohl sogar besser als mit einer Strafe selbst. Denn die durch die Tat geschaffene Rechtslage zugunsten des Unternehmens wird beseitigt. Dies ist ein Appell für alle Mitarbeiter und kann somit flächenwirkend greifen, währenddessen die Strafe nur den Täter selbst betrifft. Dass das Unternehmen selbst als Institution einem positiv generalpräventiven Effekt nicht unterliegen kann, ist selbsterklärend. Aber der Flächeneffekt betrifft auch die Unternehmensleitung und zeigt in diesem Bereich den Unterschied zwischen Recht und Unrecht auf. Folglich könnte dies zu weiteren Präventionsmaßnahmen innerhalb des Unternehmens führen. Doch auch hier sollte ein solcher Effekt nicht überschätzt werden.

Insgesamt können die präventiven Möglichkeiten des Abschöpfungsgedankens bei unternehmensbezogenen Straftaten kaum überzeugen. Letztlich gilt auch bei unternehmensbezogenen Straftaten, für die Strafe als auch den Nettoverfall, dass unter dem Aspekt der positiven Generalprävention nicht mehr erwartet werden kann, als die Abstützung der Normen, die von vornherein einer Akzeptanz unterliegen.[640] Unter Berücksichtigung dieser Prämisse ist die ordnende Funktion des Verfalls von wesentlich größerer Bedeutung.

---

640 *Streng*, Sanktionen, Rn. 66.

2. Die Möglichkeiten der Abschöpfung des Bruttoerlangten

Im Gegensatz zu dieser ordnenden Funktion der Nettoabschöpfung, kommt der Abschöpfung des Bruttoerlangten eine weitere Funktion hinzu. Durch eine fehlende Berücksichtigung der Kosten und Aufwendungen für die Tat wird dem Unternehmen nicht nur der reine Gewinn entzogen, sondern ein zusätzliches Übel auferlegt. Durch eine Tat kann das Unternehmen somit letztlich in eine Verlustsituation gebracht werden und eine Vermögensschädigung eintreten. Diese Strafwirkung verfolgt das Ziel einer Abschreckung vor weiteren Straftaten. Dabei muss auch hier unterschieden werden, wer im Eigentlichen der Abschreckung unterliegen kann. Zunächst trifft der Eingriff in das Vermögen direkt das Unternehmen. Als Institution kann der Verband nur in Form von ihm zugehörigen Personen einer Abschreckung unterliegen. Mithin soll bei Schädigung des Unternehmens zuvorderst die Unternehmensleitung betroffen sein. Sie ist verantwortlich für die Unternehmensgeschäfte und hat Möglichkeiten über bestimmte Steuerungsprozesse weitere Straftaten zu verhindern. Sie mittelt folglich die Wirkung über andere Kanäle an die Mitarbeiter weiter. Weiterhin kann die Abschreckungswirkung auch mittelbar die potentiellen Delinquenten betreffen. Dies geschieht über den möglichen Schaden am Unternehmen. Der Mitarbeiter muss diesen zwar nicht unmittelbar fürchten, dennoch wird dieser Schaden auf den Mitarbeiter innerhalb des Unternehmens zurückgeführt. Ihm drohen mittelbare Sanktionen wie eine Kündigung, Versetzung oder zivilrechtliche Schritte.[641] Diese dürften auch von der Höhe des durch die Tat verursachten Verlusts abhängen. Ob eine solche Abschreckungswirkung im Sinne der negativen Generalprävention durch den Entzug des Bruttoerlangten auf die beteiligten Akteure wirkt, ist zweifelhaft.

Zunächst soll der Begriff der negativen Generalprävention erläutert werden. Schon 1799 prägte *Paul Johann Anselm von Feuerbach* die Idee der abschreckenden Wirkung der Strafe auf die Allgemeinheit. Nach Feuerbach werden Übertretungen verhindert, indem jedem Bürger bewusst ist, dass auf eine Übertretung ein größeres Übel folgt, als dasjenige, welches aus der Nichtbefriedigung des Bedürfnisses nach der Handlung entspringt.[642] Dieses Bewusstsein beim Bürger zu schaffen, soll Aufgabe des Gesetzes sein: „Der Zweck des Gesetzes und der in demselben enthaltenen Drohung, ist daher Abschreckung von der mit dem

---

641 PriceWaterhouseCoopers, Wirtschaftskriminalität 2009, S. 47.

642 *Feuerbach,* Revision der Grundsätze und Grundbegriffe des positiven peinlichen Rechts, Bd. 1,S. 45, 46.

Uebel bedingten That."[643] Schwerpunkt ist somit die Androhung der Strafe, während die Vollstreckung nur die Ernsthaftigkeit dieser Drohung aufzeigt.[644] Heute ist der Begriff selbst nicht klar begrenzt.[645] So wird teilweise nur auf die Furcht vor dem gesetzlich angedrohten Strafübel abgestellt.[646] Teilweise wird auch die Sanktionierung des Täters als Abschreckungskriterium hervorgehoben.[647] Wesentlich weiter ist der Begriff negative Generalprävention gefasst, wenn unter ihm Abschreckungswirkungen aufgrund der Androhung, Verhängung und Vollstreckung einer Strafe verstanden wird.[648] Dieser weite Begriff soll als Grundlage für nachfolgende Überlegungen gelten, da eine Trennung zwischen Strafandrohung, Verhängung und Vollzug die Betrachtungsweise wesentlich erschwert, ohne große Vorteile mit sich zu bringen. Mithin soll unter negativer Generalprävention die abschreckende Wirkung einer drohenden Strafe auf allen Wirkungsebenen des Strafens verstanden werden.[649]

Zur empirischen Überprüfung der These werden zwei methodische Ansätze verfolgt: Beim ersten Ansatz werden entweder zwei ähnliche Regionen mit unterschiedlicher Strafpraxis verglichen oder die Strafpraxis derselben Region zu unterschiedlichen Zeitpunkten untersucht.[650] Als zweiter Ansatz werden Befragungen mit Probanden durchgeführt.[651] Die Ergebnisse fallen zum Teil sehr unterschiedlich aus.[652] Gleichwohl wird zumeist davon ausgegangen, dass Strafen kaum eine abschreckende Wirkung inhärent ist.[653] Weiterhin scheint zumindest dem Entdeckungsrisiko eine gewisse Abschreckung eigen zu sein.[654] Einen wesentlich höheren Einfluss auf die Begehung von Delikten haben, wie bereits festgestellt, die moralische Verbindlichkeit der Norm sowie die Angst vor

---

643 *Feuerbach,* Revision der Grundsätze und Grundbegriffe des positiven peinlichen Rechts, Bd. 1, S. 49.

644 *Schmidhäuser,* Vom Sinn der Strafe, S. 30.

645 *Karstedt,* Normbindung und Sanktionsdrohung, S. 22.

646 Vgl. *Dölling,* ZStW 102, 1, 2.

647 *Albrecht,* Kriminologie, 4. A., S. 46.

648 So: *Schöch,* in: Kaiser/Schöch, Kriminologie Jugendstrafrecht Strafvollzug, 6. A., 1. Fall, Rn. 98; *Meier,* Strafrechtliche Sanktionen, S. 21.

649 So wohl auch: *Schöch,* in: Kaiser/Schöch Kriminologie Jugendstrafrecht Strafvollzug, 6. A., 7. Fall, Rn. 27.

650 *Schneider,* in: Göppinger, Kriminologie, § 30, Rn. 51.

651 *Schneider,* in: Göppinger, Kriminologie, § 30, Rn. 51.

652 *Pirsching,* MschKrim 1982, 163,164.

653 *Kaiser,* Kriminologie, § 31, Rn. 34; *Streng,* Strafrechtliche Sanktionen, S. 22.

654 *Schneider,* in: Göppinger, Kriminologie, § 30, Rn. 57.

informellen Sanktionen.[655] Besonders deutlich wird dieses Ergebnis, wenn man auf die abschreckende Wirkung der Todesstrafe abstellt. In verschiedenen Studien wurden keine Hinweise auf eine solche Wirkung dieser Sanktion gefunden.[656] Dieses Ergebnis erscheint zunächst überraschend. Sofern selbst der härtesten Sanktion kein negativ generalpräventiver Effekt zuzuschreiben ist, kann das gesamte Theorem verworfen werden?

Allerdings ist auch hier, wie bereits aufgezeigt, auf die erheblichen methodischen Probleme bei der Überprüfung generalpräventiver Effekte hinzuweisen. Dies spiegelt sich in den geradezu widersprüchlichen Befunden wieder.[657] Neben den bereits zur Befragungssituation aufgeworfenen Bedenken, ergeben sich auch für den erstgenannten Ansatz nicht unerhebliche Zweifel. Der Vergleich zweier unterschiedlicher Gesellschaften, räumlich oder zeitlich abgetrennt, ist aufgrund seiner erheblichen Variablenfülle kaum zur Erbringung eines Beweises geeignet. So kann beispielsweise das „moralische Klima" einer Gesellschaft den Kriminalitätsumfang wesentlich mehr beeinflussen als das Strafrecht.[658] Auch unter Berücksichtigung möglichst vieler Variablen, wie demographische und sozioökonomische Faktoren, ist das Kernproblem noch nicht erfasst.[659] Dieses besteht darin, dass die Kenntnis der Allgemeinheit von Sanktionierungs- und Verfolgungsstrategien nicht mit einbezogen ist.[660] Ohne Wahrnehmung der objektiven Strafverfolgungspraxis wird es im subjektiven Empfinden der Bevölkerung kaum zu Veränderungen kommen.[661] Folglich können auch keine Rückschlüsse auf die Abschreckungswirkung dieser Maßnahmen geschlossen werden. Des Weiteren fehlt beim Vergleich von amtlichen Statistiken die Berücksichtigung des Dunkelfelds.[662]

Auch ein kurzer Blick auf die Befunde zum Entdeckungsrisiko lohnt. Dieses hat sich als weitaus wichtiger erwiesen, als die eigentlich angedrohte Sanktion.[663] Folglich würde es keiner harten Strafen bedürfen, sondern lediglich des subjektiven

655 *Schöch*, FS Jescheck, 1081,1099.

656 Übersicht bei *Kury*, ZfStrVo 2000, 323, 327. Zum Teil wird die Beweislast zugunsten der Todesstrafe verkehrt, wenn behauptet wird, dass der abschreckende Effekt der Todesstrafe auch nicht verneint werden kann, vgl. nur *Ehrlich*, AER 1975, 397, 416.

657 *Albrecht*, in: Kleines Kriminologisches Wörterbuch, 3. A., 157, 159.

658 *Dölling*, ZStW 102, 1, 4.

659 *Meier*, in: Internationales Handbuch der Kriminologie, Bd. 1, S. 995.

660 *Meier*, in: Internationales Handbuch der Kriminologie, Bd. 1, S. 995.

661 *Dölling*, ZStW 102, 1, 4.

662 *Müller-Dietz*, in: Jehle (Hrsg.) Kriminalprävention, 227, 243.

663 Vgl. *Kunz*, Kriminologie, § 25, Rn. 7; *Kaiser*, Kriminologie, § 31, Rn. 35.

Empfindens der Bevölkerung, die Wahrscheinlichkeit ertappt zu werden sei hoch. Freilich setzt dies eine Trennbarkeit der beiden Aspekte voraus. Gleichwohl scheint es in der Denkfolge des Menschen unnatürlich, die Konsequenz (Strafe) von der Ursache (Entdeckung) trennen zu wollen. Im Gegenteil, das Entdeckungsrisiko muss wohl immer im Zusammenhang mit einer hypothetischen Strafe bewertet werden.[664] Macht eine befragte Person Angaben über die Angst entdeckt zu werden, so ist wohl eine gedachte Strafe mit berechnet.[665]

Weiterhin ergeben sich Zweifel hinsichtlich der Allgemeingültigkeit der Befunde. Zu Recht wird darauf hingewiesen, dass die Thematik eine Differenzierung nach der Art der jeweiligen in Bezug genommenen Delikts- und Personengruppen verlangt.[666] So wurde vor allem die Gruppe der Jugendlichen analysiert und Delikte, die für diese Gruppe spezifisch sind, ausgewählt, so z.B. Raub und Körperverletzung, Rauschgiftkonsum, Ladendiebstahl oder Fahren ohne Fahrerlaubnis.[667] Bei diesen Untersuchungen war der Einfluss der Strafschwere praktisch bedeutungslos.[668] Betrachtet man andere Situationen werden gegenteilige Ergebnisse erzielt. Beispielsweise eine Extremsituation aus Dänemark: Im Jahre 1944 wurden alle dänischen Polizisten durch die deutschen Besatzungstruppen verhaftet; ihre Funktion übernahm ein völlig ineffizientes Ersatzkorps.[669] In den folgenden Monaten verzehnfachte sich die Zahl bewaffneter Raubüberfälle im Vergleich zum Vorjahr, hingegen nahmen Sexualdelikte sowie Betrug und Veruntreuung kaum zu.[670] Die Sanktionswahrscheinlichkeit hatte folglich völlig unterschiedliche Auswirkungen auf bestimmte Delikte. Nun mag dies ein Extrembeispiel sein und dessen Aussagekraft aufgrund der damaligen Ausnahmesituation sehr fragwürdig. Jedoch spiegelt sich die unterschiedliche Auswirkung von negativer Generalprävention auf verschiedene Delikte wieder. Vor allem im Bereich von Straßenverkehrsvergehen werden solche unterschiedlichen Ergebnisse deutlich. So konnte zum Beispiel eine Gurtpflicht erst effektiv durchgesetzt werden, nachdem man einen Verstoß mit Bußgeld ahndete.[671] Im Gegensatz dazu hatte die Erhöhung des Entdeckungsrisikos beim Fahren unter

---

664 So auch: *Dölling*, ZStW 102, 1, 8.
665 So wohl auch: *Bock*, Kriminologie, Rn. 826, der den Begriff Sanktionsrisiko verwendet.
666 *Eisenberg*, Kriminologie, § 41, Rn. 3.
667 *Schöch*, in: Kriminologische Forschung in den 80er Jahren, Band 35/1, 227, 235.
668 *Schöch*, in: Kriminologische Forschung in den 80er Jahren, Band 35/1, 227, 234.
669 *Killias*, Kriminologie, Rn. 1007.
670 *Killias*, Kriminologie, Rn. 1007.
671 *Kaiser*, Kriminologie, § 78, Rn. 11.

Alkoholeinfluss kaum eine längerfristige Wirkung.[672] Dies demonstriert die unterschiedliche Wirkweise der Strafe in Abhängigkeit vom Deliktsbereich. Auch hat sich gezeigt, dass gerade bei leichten Delikten die Abschreckungswirkung wesentlich höher ist, als bei schweren Delikten.[673] Vor allem bei instrumentellen Delikten und insbesondere bei Gruppen, die diese innerhalb berufsmäßiger Rationalität begehen, wie z.B. Wirtschaftsstraftäter, wird eine Wirksamkeit vermutet.[674] Dieser Status von bestimmten Sondergruppen ist überwiegend anerkannt.[675]

Insgesamt muss konstatiert werden, dass die bisherigen Befunde unter erheblichen methodischen Problemen leiden, ihre Aussagekraft begrenzt ist und eine generelle Übertragung auf alle Bereiche nicht vorgenommen werden kann. Gleichwohl ist die Homogenität der Ergebnisse erstaunlich. Eine abschreckende Wirkung von Strafen findet keine empirische Stütze.[676] Nichtsdestotrotz bieten die Ergebnisse keinen Anlass von der Annahme auszugehen, dass Strafen überhaupt nicht abschreckend wirken.[677] Gerade der Verweis auf den Einfluss in bestimmten Deliktsbereichen mit Blick auf Wirtschaftsstraftaten veranlasst im Bereich der unternehmensbezogenen Delikte sich näher mit der Thematik auseinanderzusetzen.

Um Aussagen über die Wirkung der negativen Generalprävention bei Wirtschaftsstraftaten treffen zu können, lohnt es sich festzustellen, in welchen Bereichen ein Effekt nachzuweisen ist und ob ähnliche Bedingungen im Bereich der Wirtschaftskriminalität vorliegen. Auch könnte eine Analyse der Gründe des Versagens der negativen Generalprävention weitere Aussagen ermöglichen.

Vor allem der Bereich des Jugendstrafrechts hatte die Grenzen der negativen Generalprävention aufgezeigt. Speziell auf diesem Gebiet haben empirische Untersuchungen ergeben, dass dem Risiko der Strafverfolgung kaum generalpräventive Wirkung zukommt.[678] Auch hier kann, wie bereits oben, auf die Wichtigkeit der moralischen Verbindlichkeit der Normen verwiesen werden. Die Ergebnisse werden größtenteils auf die Normalbevölkerung übertragen. So liegt die Begehung von Straftaten für den Bevölkerungsschnitt aufgrund der

---

672 *Killias,* Kriminologie, Rn. 1035.

673 *Meier,* in: Internationales Handbuch der Kriminologie, Bd. 1, S. 998; *Streng*, Strafrechtliche Sanktionen, Rn. 65, der sich v.a. auf Bagatelle bezieht.

674 *Karstedt,* Normbindung und Sanktionsdrohung, S. 36.

675 Vgl. nur: *Schöch,* FS Jescheck, 1081,1104.

676 Statt vieler: *Kunz,* Kriminologie, § 25, Rn. 16.

677 *Meier,* Strafrechtliche Sanktionen, S. 28.

678 *Eisenberg*, Kriminologie, § 41, Rn. 13.

hohen moralischen Verbindlichkeit derart fern, dass selbst bei minimalem Entdeckungsrisiko oder mildester Strafzumessungspraxis keine verbreitete Neigung zur Deliktsbegehung besteht.[679] Der Jugendliche kommt in seiner Denkabfolge gar nicht dazu, die Folgen der Tat in Form der Strafe zu berücksichtigen, da aufgrund der moralischen Verbindlichkeit der Norm eine Tatbegehung überhaupt nicht in Betracht gezogen wird. Selbst falls er eine solche Situation der Tatmöglichkeit bemerken würde, sind für ihn noch immer die informellen Sanktionen, wie z.B. die Reaktion der Mutter[680] ein viel größeres Hindernis, als die erwartete Strafe. Allerdings liegt die Vermutung nahe, dass formelle Sanktionen eine bedeutende Rolle bei der Aktivierung informeller Reaktionen einnehmen.[681]

Als Gegenbeispiel zur Jugenddelinquenz soll die Verkehrsdevianz herangezogen werden, so das oben angeführte Beispiel einer Gurtanlegepflicht. Diese konnte nur unter der Bedingung, bei Zuwiderhandlung ein Bußgeld zahlen zu müssen, durchgesetzt werden.[682] Ohne ein solches war die Durchsetzung trotz zahlreicher Kampagnen zum freiwilligen Anlegen des Gurtes nicht möglich.[683] Eine weitere Untersuchung belegt den Abschreckungsgedanken ebenfalls. In dieser wurde festgestellt, dass eine erhöhte polizeiliche Kontrolle von Autoreifen dazu führte, dass ein Verbot des Fahrens mit abgenutzten Reifen wesentlich besser durchgesetzt werden konnte.[684] Ähnliche Ergebnisse wurden auf dem Gebiet des Falschparkens erzielt.[685] Tatsächlich wird bei Verkehrsdevianz von einem Täter ausgegangen, der im Vorfeld die Wahrscheinlichkeit berücksichtigt, ertappt und bestraft zu werden.[686] Mithin scheint das Verkehrsrecht wesentlich besser mit den Abschreckungsgedanken beeinflussbar zu sein, als andere Bereiche.

Die Ursache hierfür liegt in der Normakzeptanz der beiden Bereiche. Während die im Jugendstrafrecht untersuchten Delikte innerhalb der Bevölkerung eine hohe Bindungswirkung erzeugen, fehlt den verkehrsrechtlichen Normen eine solche Wirkung. Verstöße gegen das Verkehrsrecht werden oftmals als Bagatellen angesehen. Vor allem falsches Parken oder die Tragepflicht von Sicherheitsgurten erzeugen in der Bevölkerung eher Unverständnis. Viele sehen

---

679 *Kaiser,* Kriminologie, § 31, Rn. 39; *Schöch,* in: Kaiser/Schöch, Kriminologie Jugendstrafrecht Strafvollzug, 7. Fall Rn. 29.

680 *Kaiser,* Kriminologie, § 31, Rn. 37.

681 *Kaiser,* Kriminologie, § 31, Rn. 37.

682 *Killias,* Kriminologie, Rn. 1025.

683 *Killias,* Kriminologie, Rn. 1025.

684 Zu den Einzelheiten: *Killias,* Kriminologie, Rn. 1032 f.

685 *Killias,* Kriminologie, Rn. 1041.

686 *Dohm,* Verkehrsdelinquenz, 52.

in der Sanktionierung ein Mittel zur Geldbeschaffung. Dies veranschaulicht, dass Verkehrsnormen nur eine geringe moralische Verbindlichkeit besitzen.[687] Auch informelle Sanktionen dürften kaum zu fürchten sein. Im Gegenteil sind wohl eher Mitleidsbekundungen zu erwarten. Folglich könnte die negative Generalprävention ihre Stärke v.a. aus der geringen moralischen Verbindlichkeit der Norm sowie den kaum zu erwartenden informellen Sanktionen ziehen.[688] Ähnlich kann das gefundene Ergebnis Geltung in anderen Kriminalitätsbereichen beanspruchen, wie der Betäubungsmittel- und Umweltkriminalität.[689] Ein Fehlen von moralischer Verbindlichkeit wird häufig auf den Bagatellcharakter der Delikte zurückgeführt.[690]

Dies fügt sich in die oben bereits gemachten Ausführungen ein. Wirtschaftsstrafrechtliche Normen haben eine äußert schwache Bindungswirkung auf den potentiellen Täterkreis. Dies führt zur Wahrnehmung von Möglichkeiten, welche im Bereich des Wirtschaftsstrafrechtes liegen. Werden diese rechtswidrigen Chancen erkannt, kann die Strafe ein drohendes Übel als antagonistische Position einnehmen. Überträgt man nun diese Annahme auf die potentiellen Zielgruppen der negativen Generalprävention wird die Thematik komplexer. Der Adressat, die Unternehmen, vertreten durch die Unternehmensleitung, kann die Abschreckungswirkung nicht unmittelbar an die einzelnen Mitarbeiter weitergeben. Sie kann nur Maßnahmen ergreifen, um im Unternehmen Straftaten zu verhindern. Die Unternehmensführung berücksichtigt bei ihren Entscheidungen nicht die moralische Verbindlichkeitswirkung der Normen, vielmehr werden diese als Hindernis zur Gewinnmaximierung gesehen. Folglich muss die Abschreckungswirkung des Bruttoverfalls eine Anreizwirkung geben, solche Maßnahmen zu initiieren. Hierbei müssen allerdings weitere Punkte berücksichtigt werden. Zum einen wirkt die Abschreckung des Bruttoverfalls nicht mit der Unmittelbarkeit einer klassischen, gegen eine Person gerichteten Strafe. Die betroffenen Personen werden lediglich mittelbar beeinflusst. Dieser Einfluss dürfte daher auch nicht mit derselben Intensität wirken. Weiterhin verursachen Maßnahmen zur Prävention von unternehmensbezogenen Delikten Kosten. Diese steigen mit der Menge und Effektivität der ergriffenen Maßnahmen.[691] Auch dürfen die Gewinne, die durch die illegalen Handlungen erlangt werden nicht vernachlässigt werden. Letztlich ist auch an

687 So auch: *Kunz,* Kriminologie, § 25, Rn. 14.
688 Vgl. *Kunz,* Kriminologie, § 25, Rn. 14.
689 *Kaiser,* Kriminologie, § 31, Rn. 39.
690 *Dölling,* ZStW 102, 1, 7; wohl auch: *Kury,* ZfStrVo 2000, 323, 330.
691 Vgl. zu den Maßnahmen oben E. I. 1.

dieser Stelle der neuralgische Punkt das geringe Entdeckungsrisiko der Delikte. All diese Faktoren fließen in den Entscheidungsprozess zur Ergreifung der Maßnahmen ein. Der alleinige Entzug des Bruttoerlangten scheint auch hier Grenzen unterworfen zu sein. Gleichwohl der Vermögensschaden beträchtliche Ausmaße annehmen kann[692], wird ein Abwägungsprozess kaum aufgrund des Bruttoverfalls zugunsten der Schaffung von Präventionsmaßnahmen ausfallen. Die Wirkung des Bruttoverfalls auf den möglichen Delinquenten wird ebenfalls nur gemittelt durch die Reaktionen im Unternehmen.

Eine Abschreckungswirkung entsteht dort, wo dem Mitarbeiter interne Sanktionen durch das Unternehmen aufgrund des Vermögensschadens durch den Bruttoverfall drohen. Voraussetzung hierfür ist ebenfalls die Entdeckung des Delikts durch das Unternehmen und eine Sanktionierung entweder aufgrund des drohenden[693] oder des eintretenden Vermögensschadens. Hinzu kommt das Wissen des Mitarbeiters bei der Tatentscheidung um mögliche Konsequenzen durch das Unternehmen. Allerdings deutet viel daraufhin, dass die unternehmensbezogenen Reaktionen mehrdeutig, nicht notwendigerweise negativ sind.[694] So haben vor allem Täter im Bereich des Topmanagements weniger berufliche Konsequenzen zu befürchten.[695] Hauptsächlich hat der Wirtschaftskriminelle arbeitsrechtliche Folgen zu erwarten.[696] Teilweise drohen zivilrechtliche Folgen (50% der Fälle), Abmahnung (21% der Fälle) und Kündigung (79% der Fälle).[697] Jedoch sind die Sanktionen zahlenmäßig, über die letzten Jahre hinweg betrachtet, rückläufig.[698] Mithin greifen Unternehmen immer weniger auf Sanktionen wie Kündigung oder zivilrechtliche Schritte zurück. Auch wird zu unterscheiden sein, ob es sich um einen Täter handelt, der im Sinne des Unternehmens oder gegen das Unternehmen gehandelt hat. Im Fall des Bruttoverfalls hat der Täter wohl auch zugunsten des Unternehmens gehandelt, da dieses etwas aus der Tat erlangt hat.

Insgesamt dürfte der Effekt des Bruttoverfalls auch auf Seiten des potentiellen Täters nicht von wesentlicher Bedeutung sein. Letztlich wirkt der Bruttoverfall auch hier unmittelbar gegen das Unternehmen. Hier dürften die unmittelbaren

---

692 Vgl. zur Höhe der Vermögenschäden F. II.

693 Falls das Delikt noch nicht von Externen aufgedeckt wurde, kann es sein, dass dem Unternehmen die Begehung der Tat sogar vorteilhaft erscheint. In einem solchen Fall hat der Mitarbeiter womöglich keine internen Konsequenzen zu fürchten.

694 *Kaspar*, in: Bannenberg/Jehle (Hrsg.), Wirtschaftskriminalität, 135, 139.

695 PriceWaterhouseCoopers, Wirtschaftskriminalität 2007, S. 51.

696 KPMG, Wirtschaftskriminalität 2010, S. 17.

697 PriceWaterhouseCoopers, Wirtschaftskriminalität 2009, S. 47.

698 Vgl. PriceWaterhouseCoopers, Wirtschaftskriminalität 2009, S. 47.

Sanktionen aufgrund der Tat selbst eine größere Rolle bei der Entscheidung für oder gegen die Tat spielen. Weiterhin muss auf die schon bereits oben aufgeführten Probleme bei der Verfolgung von Wirtschaftsdelikten hingewiesen werden. Denn letztlich ist die Abschreckungswirkung durch Zugriff auf das Unternehmensvermögen ein weiterer Kostenfaktor im Sinne der ökonomischen Abwägung und steht somit vor den gleichen Schwierigkeiten. Dennoch kann zumindest festgehalten werden, dass theoretisch, ein abschreckender Effekt aufgrund der geringen Normverbindlichkeit möglich ist. Zumindest ist der Bruttoverfall ein weiterer Kostenfaktor[699] im Abwägungsprozess der sowohl bei der Unternehmensleitung, als auch beim Mitarbeiter im geringen Umfang in den Entscheidungsprozess einfließen kann.

Hinzuweisen ist noch auf die Reaktionen des Umfelds, die der Bruttoverfall auslösen kann. Diese Reaktionen können nicht isoliert betrachtet werden, sondern sind vielmehr gekoppelt an die Sanktion selbst. Hierbei ist zu unterscheiden zwischen den Reaktionen im beruflichen, als auch denen des privaten Umfelds. Innerhalb des beruflichen Umfelds[700] können nicht unerhebliche Folgen drohen. So kann durch den Schaden, den das Unternehmen durch den Bruttoverfall erleidet, das Arbeitsklima gestört sein. Insbesondere dem Delinquenten drohen negative Reaktionen der Arbeitskollegen. Auch gegenüber Geschäftskunden könnte das Verhältnis leiden, denn schließlich wird durch den Bruttoverfall verdeutlicht, dass das Unternehmen eine Strafe aufgrund einer unrechtmäßigen Bereicherung erhält. Hinzu kommen etwaige Image-Schäden. Innerhalb des privaten Umfelds können sowohl für Mitglieder der Unternehmensleitung, als auch für den Delinquenten selbst Reputationsschäden entstehen. Hierbei ist davon auszugehen, dass diesen Personen Reputation und Lebensstil wichtig ist.[701] Mithin haben sie viel zu verlieren, wenn sie kriminelle Handlungen begehen.[702] Der Bruttoverfall als solcher wird zwar gegen das Unternehmen verhängt, wirkt sich jedoch mittelbar auf die Akteure aus. Vor allem bei hohen Verfallsanordnungen kann das Unternehmen in finanzielle Schwierigkeiten geraten. Diese werden dann sowohl auf den Verursacher, als auch die Unternehmensleitung zurückgeführt. Negative Reaktionen im privaten Umfeld sind bei solchen Vorgängen

699 Hierbei dürfen weitere Sanktionen gegen das Unternehmen selbst, aber auch gegen den Mitarbeiter nicht vernachlässigt werden.

700 Insbesondere Arbeitskollegen, Geschäftspartner und potentielle Kunden.

701 *Friedrichs*, Trusted Criminals, 316.

702 *Simpson*, Corporate Crime, Law and Social Control, 36.

möglich. Freilich gelten diese Erwägungen auch für andere Strafen, wohl sind sie beim Verfall weniger ausgeprägt.[703]

Gewiss können auch beim Bruttoverfall Aspekte der positiven Generalprävention diskutiert werden. Hierbei kann jedoch auf die bereits oben gemachten Ausführungen mit wenigen Ergänzungen verwiesen werden. Fraglich ist letztlich, ob durch die Übelzufügung ein höherer positiv generalpräventiver Effekt zu erwarten ist. Hieran ist zu zweifeln. Die Hauptfunktion ist es schließlich, aufzuzeigen, dass bestimmte rechtswidrige Handlungen nicht gleichzusetzen sind mit rechtmäßigen Handlungen. Dies geschieht durch die Herstellung der vor dem Normverstoß geltenden Rechtslage. Der Eingriff in das Vermögen des Unternehmens ändert an dieser Funktion wenig. Zwar wird verdeutlicht, wie verwerflich der Normbruch war, indem alles in das illegale Geschäft Investierte verloren ist. Dennoch scheint der Mehrwert an Präventionswirkung für die Tätergruppe begrenzt. Es wird wohl eher als höherer Verlust eingestuft, als die Verdeutlichung des Unrechts zu erhöhen. Die Ursache liegt auch hier in der Tätergruppe, die wenig empfänglich für die positive Generalprävention ist. Da ist der zusätzliche Nutzen durch die Zufügung eines Übels gegen das Unternehmen wenig ertragreich. Teilweise könnte dies sogar gegenteilige Effekte bezüglich der Normverbindlichkeit verursachen. Freilich ist eine leichte Erhöhung eines generalpräventiven Effektes auch nicht auszuschließen.

Im Ergebnis ist damit dem strafrechtlichen Verfall, wenn überhaupt, nur eine geringe kriminalpräventive Wirkung bei unternehmensbezogenen Straftaten zuzugestehen. Ein Nachweis dieser Wirkung ist freilich kaum möglich.

3. Die präventive Wirkung der prozessualen Sicherstellungsmöglichkeiten

Auch die strafprozessuale Sicherstellung könnte einen präventiven Effekt auf unternehmensbezogene Straftaten haben. Hierbei soll zunächst der Blick auf die Beschlagnahme und den dinglichen Arrest gerichtet werden. Beide haben die Wirkung eines relativen Verfügungsverbotes im Sinne des § 135 BGB. So kann zwar über den Verfallsgegenstand oder ggf. über den dem Wertersatz unterliegenden Wert verfügt werden, jedoch bleibt dieses Rechtsgeschäft gegenüber dem Fiskus unwirksam. Lediglich ein gutgläubiger Erwerb bleibt möglich.[704] Mithin

703 Vgl. hierzu: *Breland*, Kriminalitätsbekämpfung, S. 231, der aufzeigt, dass vor allem einer Freiheitsstrafe unter Wirtschaftskriminellen abschreckende Wirkung zukommt.

704 *Ellenberger*, in: Palandt, § 136, Rn. 9.

kann für einen bestimmten Zeitraum, je nach Verdachtsgrad und Vorliegen bestimmter Gründe, unproblematisch jedenfalls für 6 Monate, der Verfallsgegenstand oder ggf. der Wertersatz der nutzbaren Vermögensbasis des Unternehmens entzogen werden. Im Bereich der Sicherstellung zugunsten der Verfallsanordnung liegt eine präventive Verstärkungswirkung des Verfalls selbst. Denn ein Entzug, der dem Verfall oder Wertersatzverfall unterliegenden Gegenstände, wird wesentlich erschwert. Aus Sicht des ökonomischen Ansatzes schlägt sich dies auf der Seite der Kosten nieder. Zwar werden die Kosten nicht erhöht, jedoch steigt die Wahrscheinlichkeit der Bruttoabschöpfung. Rein wirtschaftlich sinkt somit die Gewinnerwartung. Dies ist vergleichbar mit einer Steigerung der Abschreckungswirkung, da faktisch das Risiko einer Bestrafung erhöht wird. Gleichwohl sollte dieser Effekt nicht überschätzt werden. Um diesen Faktor in eine Abwägung einfließen zu lassen, muss er den potentiellen Delinquenten oder der Unternehmensleitung auch bekannt sein. Eine hohe Bekanntheit der Sicherstellungsregelungen zugunsten des Verfalls innerhalb dieses Personenkreises dürfte wohl zu verneinen sein. Selbst wenn die betroffenen Personen hiervon Kenntnis erlangen würden, wird der Einfluss anderer Faktoren wesentlich entscheidender bei der Abwägung zwischen Kosten und Nutzen sein, so etwa das Entdeckungsrisiko oder der zu erwartende Gewinn. Auch für etwaige Entscheidungen der Unternehmensleitung dürfte der Faktor der Sicherstellung kaum ein ausschlaggebender Punkt für die Einführung präventiver Maßnahmen sein. Dies gilt umso mehr, als dass auf den Wertersatzverfall zurückgegriffen werden kann. Denn noch mehr als bei einer Privatperson ist von genügend Vermögenswerten für den Wertersatzverfall beim Unternehmen auszugehen. Mit einem Vermögensschaden oder zumindest mit der Abschöpfung des Gewinns ist somit in den meisten Fällen auch ohne die Sicherstellung zu rechnen. Mithin sind die präventiven Möglichkeiten der Sicherstellung zugunsten des Verfalls als gering anzusehen.

Interessanter ist die Regelung des § 111 i Abs. 5 StPO. Sie verstärkt die Abschöpfungsmöglichkeiten des Verfalls erheblich. Durch den Erwerb der zugunsten des Verletzten sichergestellten Vermögenswerte, kann die Verfallswirkung nicht mehr durch § 73 Abs. 1 S. 2 StGB gehindert werden. Unterlässt es der Verletzte aus bestimmten Gründen seine Ansprüche gegen den durch die Tat bereicherten geltend zu machen, fällt sodann nach dem Ablauf der Frist von drei Jahren der Vermögenswert an den Fiskus. Dies erhöht die Aussicht auf den Verlust des durch die Tat erlangten Vorteils beträchtlich. Wurde doch gerade die Vorschrift des § 73 Abs. 1 S. 2 StGB als Totengräber des Verfalls bezeichnet.[705]

705 BGHSt 45, 235, 249.

Folglich ist eine Rettung des Gewinns über § 73 Abs. 1 S. 2 StGB nicht mehr möglich. Dem Bereicherten wird in jedem Fall, sei es durch den Verfall selbst, durch den Verletzten oder den Auffangrechtserwerb des § 111 i Abs. 5 StPO der Gewinn entzogen. Gleichwohl ist auch hier die Präventionswirkung bei unternehmensbezogenen Delikten beschränkt. Zunächst bezieht sich die Vorschrift auf die Möglichkeit, dass Verletztenrechte bestehen, welche den Verfall nach § 73 Abs. 1 S. 2 StGB hindern. Viele Wirtschaftsdelikte richten sich jedoch gegen Allgemeingüter. In diesen Fällen bestehen keine Individualansprüche gegen den Bereicherten. Mithin kommt der Vorschrift eine weitaus weniger hohe Bedeutung zu. Des Weiteren müsste auch diese Vorschrift den potentiellen Täterkreis bekannt sein, um einen präventiven Effekt zu erzielen. Daran dürften ebenfalls Zweifel bestehen. Wenn die meisten Täter die Delikte nicht als Unrecht ansehen, so kann davon auszugehen sein, dass solche speziellen Regelungen, die nur einen speziellen Fall innerhalb strafrechtlicher Folgen betreffen, wenig bekannt sind. Insgesamt ist auch die Bedeutung des Auffangrechtserwerbs des Staates nach § 111 i Abs. 5 StPO für unternehmensbezogene Delikte als unerheblich zu beurteilen.

II. Die Einziehung als kriminalpräventives Instrument

Auch die Einziehung bietet mehrere Ansatzpunkte bezüglich ihrer präventiven Möglichkeiten im Hinblick auf unternehmensbezogene Straftaten. Zunächst soll eine mögliche Wirkung der strafweisen Einziehung untersucht werden. Hierbei erfolgt eine Sanktionierung des Unternehmens über § 75 StGB. Dabei muss zwischen dem Entzug der Tatmittel und der Tatprodukte unterschieden werden. Dies betrifft ebenso die Analyse der Sicherungseinziehung. Allerdings bedarf diese keiner Zurechnung über § 75 StGB. Im letzten Schritt wird kurz der Einfluss der prozessualen Sicherungsmittel auf die präventive Wirkung der Einziehung dargestellt.

1. Möglichkeiten durch die strafweise Einziehung

Da es sich bei der Einziehung nach § 75 StGB im faktischen Sinne um eine Strafe gegen ein Unternehmen handelt, kann teilweise auf die Erkenntnisse der Wirkung des Bruttoverfalls verwiesen werden. Zunächst bietet es sich somit an, ebenfalls eine mögliche Abschreckungswirkung im Sinne der negativen Generalprävention durch den Eingriff in die Vermögenswerte des Unternehmens zu untersuchen. Um einen Effekt feststellen zu können, ist es notwendig, die Eingriffsintensität zu beleuchten. Durch die Einziehung können entweder

Tatmittel oder Tatprodukte entzogen werden.[706] Innerhalb der Tatmittel sind auch solche, die nur zur Tatbegehung bestimmt waren, umfasst. Als Tatmittel kommen insbesondere solche Gegenstände in Betracht, die typischerweise im Eigentum des Unternehmens stehen und als solche für Wirtschaftsstraftaten Verwendung finden können. Hierunter fallen z.B. die Firmencomputer[707], unternehmenseigene Fahrzeuge, aber auch der Firmenhelikopter[708]. Weiterhin kann auch das zur Bestechung eingesetzte oder bestimmte Mittel betroffen sein.[709] Hierbei kann es sich um nicht unerhebliche Geldbeträge oder Zuwendungen in Form von Sachleistungen handeln. Im Gegensatz dazu sind die Tatprodukte zumeist als eher unbedeutend anzusehen, da diese größtenteils einen sehr geringen wirtschaftlichen Wert haben und bei unternehmensbezogenen Straftaten ohnehin kaum von Bedeutung sind. Insgesamt ist der Wert der Einziehungsgegenstände im Gegensatz zum Verfall jedoch als gering anzusehen. Auch ist die Vielzahl der Gegenstände ohne weiteres wiederzubeschaffen. Der Verlust des gerade von der Einziehung betroffenen Gegenstandes kann folglich jederzeit ausgeglichen werden. Gerade für ein Unternehmen dürften die Kosten für den eingezogenen Firmencomputer oder die Bestechungssumme überschaubar sein.

Hingegen schlagen Bedenken gegen einen negativ generalpräventiven Effekt aufgrund der Anrechnung der Einziehung auf die Hauptstrafe bei einer Einziehung i.V.m. § 75 StGB nicht durch.[710] Denn anders als bei dem von der Einziehung betroffenen Täter hat das Unternehmen keine Hauptstrafe zu fürchten. Gleichwohl ist die Eingriffsbelastung als gering anzusehen. Das wirtschaftliche Risiko wird somit zumeist hinter dem des Bruttoverfalls zurückbleiben. Gleichzeitig treffen jedoch alle gegen eine abschreckende Wirkung des Bruttoverfalls geäußerten Bedenken auch auf die Einziehung zu. Dies bezieht sich sowohl auf Entscheidungen des einzelnen Mitarbeiters, als auch der Unternehmensleitung. Eine abschreckende Wirkung der Einziehung bei unternehmensbezogenen Delikten ist wohl zumeist auszuschließen.

Die Beurteilung der Möglichkeiten der Einziehung unter Heranziehung des ökonomischen Modells fällt ähnlich aus. Dies wundert nicht, gehen doch

---

706 Zu den Einzelheiten s.o.

707 *Hellmann/Beckemper*, Wirtschaftsstrafrecht, Rn. 978.

708 BGH NStZ 1997, 30, 31.

709 *Fischer*, StGB, § 74, Rn. 8; BGH NStZ-RR 2000, 45, 45.

710 Vgl. hierzu: *Julius*, ZStW 109, 58, 80, der der Einziehung den abschreckenden Charakter schon deshalb aberkennt, weil diese in einer Gesamtschau mit der Hauptstrafe zu berücksichtigen ist.

beide Ansätze von einer gleichen Grundkonzeption aus.[711] Die Einziehung ist ein Abwägungskriterium auf der Kostenseite. Dabei soll innerhalb des Entscheidungsprozesses sowohl der Unternehmensleitung zugunsten von Präventionsmaßnahmen, als auch des einzelnen Täters zum Nachteil der Tat, der Verlust von Unternehmenseigentum berücksichtigt werden. Auch hier sind die Wirkungen wie beim Verfall nur gemittelt durch den Schaden, welches das Unternehmen erleidet bzw. erleiden kann. Im Gegensatz zum Verfall kann sich jedoch der einzelne Mitarbeiter auch selbst bereichern. Den Schaden der Einziehung trägt jedoch das Unternehmen. Dies führt zu einer unmittelbaren Gewinnerwartung, da der Gewinn nicht an das Unternehmen weitergegeben wird. Der geringe Kostenfaktor der Einziehung, der den Schaden nur mittelbar an den einzelnen Mitarbeiter weitergibt[712], bleibt somit in der Abwägung noch hinter den Wirkungen des Verfalls zurück. Denn die bereits genannten Probleme, v.a. des geringen Entdeckungsrisikos sowie der geringe Schaden, verhindern die effektive Berücksichtigung der Einziehung als Kostenfaktor. Ebenso trifft dies auf die Unternehmensleitung zu, die in ihrem wirtschaftlichen Kalkül die Einziehung von Unternehmensgegenständen als Verlustfaktor aufgrund der geringen wirtschaftlichen Bedeutung wohl kaum einberechnet. Hinzu kommt die Begrenzung des Personenkreises nach § 75 StGB. Hierdurch können nicht alle Unternehmensangehörigen eine Einziehung gegen das Unternehmen auslösen. Auf der Kostenseite bedeutet dies eine weitere Reduzierung der Kostenwahrscheinlichkeit.

Als weiterer Aspekt zur Untersuchung der Möglichkeiten der Einziehung gegen Unternehmen kann auch an dieser Stelle die positive Generalprävention herangezogen werden. Dabei muss die unterschiedliche Wirkrichtung der Einziehung im Gegensatz zum Verfall besonders berücksichtigt werden. Im Unterschied zum Verfall beseitigt die Einziehung nicht die rechtswidrig geschaffene Vermögenslage, sondern entzieht dem Täter Tatprodukt und Tatmittel. Zwischen Tatprodukt und der rechtswidrig geschaffenen Vermögenslage können insofern noch Parallelen gezogen werden, als dass sie beide ursächlich durch die Tat geschaffen wurden. Folglich könnten hier dem Verfall ähnliche Einflussprozesse im Sinne der positiven Generalprävention anzunehmen sein.[713] Anders ist die Situation bei den Tatmitteln zu beurteilen. Diese spiegeln keine rechtswidrig geschaffene Lage wieder. Der mit dem Gegenstand verbundene Unrechtsgehalt ist somit wesentlich geringer. Gleichwohl wird zum Teil auf eine Bemakelung

711 *Bock*, JuS 1994, 89, 95.
712 In Form von Konsequenzen durch das Unternehmen für den vom Mitarbeiter angerichteten Schaden.
713 Vgl. *Köhler/Beck*, JZ 1991, 797, 798; *Julius*, ZStW 109, 58, 80f.

des Gegenstandes abgestellt.[714] Somit könnte argumentativ auf die zum Verfall gemachten Ausführungen bezüglich der Aufrechterhaltung des Normkonflikts durch Präsentation des Unrechtsgegenstandes verwiesen werden. Allerdings überzeugt die Annahme, dass der Gegenstand aufgrund der Verwendung oder gar nur der Verwendungsabsicht zu einer Straftat bemakelt sei, nicht. Letztlich verändert ein Gegenstand sich nicht deshalb, weil er zur Tat benutzt wurde. Würde man die Mordwaffe, z.B. einen Hammer neben einen anderen Hammer legen, ohne das Wissen, welcher der beiden die Mordwaffe ist, so kann man keinen Unterschied ausmachen. Der Makel ist letztlich das Wissen um die Tat und spiegelt sich lediglich gedanklich in dem Gegenstand wieder, ohne dass er diesen anhaften kann. Vielmehr erscheint der Verbleib der Mordwaffe beim Täter aufgrund der Gefährlichkeit in dessen Händen als unerträglich.[715] Mithin muss unabhängig untersucht werden, ob der Einziehung des Tatmittels positiv generalpräventive Wirkungen zukommen. Dabei kann letztlich die strafweise Einziehung als Vermögensstrafe angesehen werden, da sie letztlich dem Täter ein Teil seines Vermögens entzieht. Dies hat alsdann ähnliche Effekte wie die Geldstrafe. Ob darüber hinaus weitere Wirkungen erzielt werden können, soll anhand der Teilaspekte der positiven Generalprävention diskutiert werden. Zunächst kann das Normvertrauen für eine solche Betrachtung herangezogen werden. Die Norm setzt sich gegenüber dem Unrecht durch die Verhängung einer Strafe durch. Ein Mehrwert durch den Entzug eines speziellen Gegenstandes lässt sich dabei nicht erkennen. Dies trifft umso mehr zu, als dass dieser Entzug bei der Hauptstrafe zu berücksichtigen ist. Der Austausch der Strafen erscheint beliebig, ob nun die Geldstrafe höher ausfällt, weil der Gegenstand dem Täter nicht gehört oder niedriger, weil die Einziehung zu berücksichtigen ist, mag für die Bestätigung und das Vertrauen in die Norm unerheblich sein. Auch die Lernprozesse innerhalb der Bevölkerung werden wohl genauso von der höheren Geldstrafe beeinflusst, wie von der Einziehung des Tatmittels. Letztlich bleibt eine Betrachtung des Befriedigungseffektes. Hier könnte ein Bedürfnis nach dem Entzug des Tatmittels bestehen. Denn so kann es aus Sicht der Bevölkerung darauf ankommen, ob dem Täter ein persönlicher Gegenstand oder ein für ihn neutraler Geldbetrag entzogen wird. Dies hängt in vielen Fällen von dem konkreten Gegenstand ab. So kann der Entzug des für die Tat genutzten PKW für den Täter schwerer wiegen als die Verhängung einer Geldstrafe. Dies wird regelmäßig dann der Fall sein, wenn der Täter eine persönliche Bindung zu dem Gegenstand hat. Inwiefern

714 *Schmidt*, in: LK, § 74, Rn. 4.
715 *Julius*, ZStW 109, 58, 83.

ein solches Befriedigungsbedürfnis nach einer individuell auf den Täter abgestimmten Strafe besteht, ist schwer nachzuweisen. Auch wird ein individuelles Strafbedürfnis bei vielen Gegenständen, so wieder das Beispiel vom Hammer als Mordwaffe, schon deshalb nicht bestehen, weil eine persönliche Bindung zum Gegenstand offensichtlich nicht vorliegt. Anders kann die Sachlage jedoch bei der eigentlichen Befriedigung durch die Strafe selbst beurteilt werden. Denn hier scheint es zumindest plausibel, dass der Entzug des Tatmittels besser geeignet ist, als eine Geldstrafe, um dem Befriedigungsbedürfnis zu genügen. In der Denkweise der Bevölkerung ist das Tatmittel mit der Tat selbst verstrickt, insoweit eine solche Verknüpfung offensichtlich ist. Wird dieses dem Täter entzogen, kann dies eher zur Erledigung des Konflikts führen, da somit die Verknüpfung mit dem Rechtsbruch gelöst wird. Freilich ist ein solcher Effekt ebenfalls nicht nachgewiesen, dennoch ist er nicht auszuschließen. Gleichwohl dürfte der positiv generalpräventive Effekt wohl geringer als beim Verfall ausfallen.

Im Bereich der unternehmensbezogenen Delikte kommt es hierauf jedenfalls nicht an. Denn schließlich greift auch an dieser Stelle die Problematik der moralischen Verbindlichkeit. Die Möglichkeiten der Einziehung sind hierdurch an den gleichen Punkten wie der Verfall begrenzt und sind aufgrund ihrer geringeren Wirkung noch weiter eingeschränkt. In den meisten Fällen fehlt es an der Spannungslage, die durch die Einziehung gelöst werden sollte. Folglich kann der Befriedigungseffekt durch Auflösung der Spannungslage und mit ihm die Bekräftigung oder der Erhalt der Norm nicht erreicht werden.[716] Hinzu kommt, dass nicht dem Täter selbst der Gegenstand entzogen wird, sondern dem Unternehmen. Eine unmittelbare Verknüpfung zwischen dem Täter und dem Gegenstand besteht somit nicht. Folglich kann diese auch nicht durch den Entzug des Gegenstandes aufgebrochen werden.

Auch kann die Einziehung nicht das leisten, was der Verfall zumindest aufzeigt, dass rechtswidrige Handlungen nicht vergleichbar mit rechtmäßigen Handlungen sind. Denn hier wirkt der Verfall unmittelbar, indem er den Gewinn entzieht. Die Einziehung beschränkt sich lediglich auf das Tatmittel, wirkt also nur mittelbar und kann im besten Fall wie das Bestechungsgeld als einkalkulierter Verlust berechnet werden. Eine positiv generalpräventive Wirkung der strafweisen Einziehung bei unternehmensbezogenen Straftaten dürfte somit kaum vorhanden

716 Auch hier kommt es nur auf das Befriedigungsbedürfnis der potentiellen Täter an, da nur deren Normbekräftigung eine präventive Wirkung bei unternehmensbezogenen Delikten entfalten kann.

sein. Lediglich der Entzug der Tatprodukte könnte ähnliche Wirkungen wie der Verfall entfalten.

Insgesamt sind die Ergebnisse bezüglich der präventiven Möglichkeiten der strafweisen Einziehung bei unternehmensbezogenen Straftaten ernüchternd. Zumeist dürften von ihr kaum positive Impulse ausgehen.

2. Der Sicherungscharakter der Einziehung

Teilweise wird auch der Schwerpunkt des § 74 Abs. 2 Nr. 1 StGB in der Vorbeugung, mithin in der Sicherung der Allgemeinheit vor der abstrakten oder der konkreten Gefahr durch den Gegenstand in der Hand des Täters gesehen.[717] Hierbei wird jedoch die Systematik des § 74 Abs. 2 StGB missachtet.[718] Die Einziehung aus Sicherungsgründen ist explizit in § 74 Abs. 2 Nr. 2 StGB geregelt. Legt man den Schwerpunkt auch bei § 74 Abs. 2 Nr. 1 StGB auf diese, wäre die Regelung obsolet. Auch enthält die Formulierung des Gesetzes hierfür keine Anhaltspunkte. Vielmehr ist das Abstellen auf das Eigentum des Tatbeteiligten ein klares Zeichen, dass diesem ein zusätzliches Übel aufgrund der von ihm begangenen Straftat auferlegt werden soll. Schon im E 1962 wird der Schwerpunkt auf der Unterstützung der Strafwirkung gelegt und gerade nicht auf die Sicherung der Allgemeinheit, die lediglich in der Ermessenentscheidung berücksichtigt werden kann.[719] Im Gegensatz dazu hat § 74 Abs. 2 Nr. 2 StGB ohne Zweifel Sicherungscharakter.[720] Folglich soll die Vorschrift durch die Einziehung des Gegenstandes weitere Straftaten verhindern. Diese klare präventive Ausrichtung scheint in ihrer Wirkung zunächst vollends plausibel. So wird beispielsweise dem potentiellen Täter durch Entzug des Zugriffs auf ein etwaiges Tatmittel die Möglichkeit zur Begehung weiterer Straftaten genommen. Allerdings wird diese Zielrichtung in den Fällen leer laufen, in denen die Beschaffung eines Äquivalenzgegenstandes ohne weiteres gangbar ist. Zumindest von einer Erschwerung der Tatbegehung kann ausgegangen werden. Bei Delikten, in denen Gegenstände, die im Unternehmenseigentum stehen, genutzt werden, beurteilt sich die Sachlage anders. Hier wird die Beschaffung eines Ersatzgegenstandes zumeist ohne größere Umstände erfolgen. Häufig wird bei den Delikten ohnehin ein Gegenstand genutzt werden, der in größerer Menge vorhanden ist, wie z.B.

717 *Lackner/Kühl* StGB, § 74, Rn. 1.

718 So auch *Schmidt,* in: LK, § 74, Rn. 5.

719 Vgl. E 1962, S. 246 f.

720 Zumindest in Fällen, in denen keine Überschneidung mit § 74 Abs. 2 Nr. 1 StGB vorliegt. Im Detail hierzu: C. II. b.

Computer oder Telefone oder selbst Firmenwagen. Die Sicherungseinziehung wird in diesen Fällen kaum Auswirkungen auf die Begehung weiterer Straftaten haben. Nur in den Fällen, in denen der Gegenstand aufgrund besonderer für die Straftat notwendiger Eigenschaften schwer zu beschaffen ist, kann dies zu einem präventiven Einschlag führen. Zu denken ist etwa an Speichermedien, auf denen sich Programmcodes für Computerviren zum Ausspähen von Wirtschaftsdaten i.S.v. § 17 Abs. 2 Nr. 1 a) UWG befinden. Gegenstände, die eine abstrakte Gefahr innerhalb des Bereichs unternehmensbezogener Straftaten darstellen, finden sich eher unter den Tatprodukten. Hier ist z.B. an eine gefälschte Urkunde zu denken, die zur unrichtigen Darstellung nach § 331 HGB oder für eine Täuschung nach § 263 StGB erstellt wurde. Hierbei erschwert die Einziehung eine weitere Tatbegehung sicherlich in gewissem Umfang. Dennoch ist der präventive Mehrwehrt auch hier begrenzt. Insgesamt besitzt die Sicherungseinziehung aufgrund der v.a. im Bereich des Wirtschaftsstrafrechts leicht zu beschaffenden Ersatzgegenstände kaum einen vorbeugenden Effekt, wenngleich zumindest eine teilweise Erschwerung der Begehung von Straftaten zuzugestehen ist.

F. Bedenken gegen eine uneingeschränkte Anwendung des Verfalls bei unternehmensbezogenen Straftaten

Insgesamt weisen beide Institute einen geringen Einfluss auf die Begehung von unternehmensbezogenen Straftaten auf. Gleichwohl kann gerade der Verfall im Einzelfall zu erheblichen Schäden bei den betroffenen Unternehmen führen. Unter Berücksichtigung des Bruttoprinzips kann die Abschöpfung gegen das Unternehmen als Drittbegünstigten sogar zur Insolvenz führen. Diese Problematik steht nachfolgend im Mittelpunkt der Betrachtung. Dabei werden verschiedene Lösungen, immer in Anlehnung an den Verhältnismäßigkeitsgrundsatz, analysiert. Teilweise wird hierbei auf die im Einziehungsrecht bekannten Ansätze zurückgegriffen.

I. Problemaufriss

Um die Problematik der Reichweite des Verfalls bei unternehmensbezogenen Straftaten darzustellen, ist als Ausgangspunkt der gesetzliche Tatbestand des Verfalls gegen den Drittbegünstigten nach § 73 Abs. 3 StGB zu wählen. Demnach ist eine Verfallsanordnung im Sinne des § 73 Abs. 1,2 StGB möglich, falls der Täter oder Teilnehmer für einen anderen gehandelt und dieser dadurch etwas erlangt hat. Hierzu wurden bereits einige Ausführungen gemacht. Diese sollen an dieser Stelle vertieft werden. Letztlich sind nur zwei Voraussetzungen für eine Verfallsanordnung gegen den Drittbegünstigten notwendig. Die erste Bedingung ist, dass der Täter oder Teilnehmer für den Anderen gehandelt hat. Der Andere kann mithin jeder sein.[721] Insoweit ist die Formulierung unproblematisch. Eine Bereicherung, unabhängig von der Person des Bereicherten, soll immer entzogen werden. Wesentlich interessanter ist die Formulierung „für einen … gehandelt". Denn zunächst lässt sie Spielraum für eine vielförmige Auslegung, weiterhin kann eine weite Auslegung der Formulierung zu einer erheblichen Reichweite der Verfallsvorschriften an sich führen. Die zweite Voraussetzung ist, dass der Andere durch die Handlung des Tatbeteiligten etwas erlangt hat. „Durch" die Handlung zeigt an, dass zumindest ein Zusammenhang zwischen der Tat selbst und der Erlangung des Verfallsgegenstandes bestehen

721 Im Einzelnen hierzu siehe B. I.2.c.

muss. Allerdings lässt der Wortlaut auch in diesem Fall Möglichkeiten der Auslegung offen. Denn wie dieser Zusammenhang aussehen soll, wird nicht beschrieben. Letztlich kann über eine weite Auslegung dieses Merkmals abermals die Anwendung der Verfallsvorschriften ausgedehnt werden. Werden beide Merkmale ohne wesentliche Einschränkungen angewendet, kann gegen fast jeden Drittbegünstigten eine Verfallsanordnung erfolgen. Dies mag auf den ersten Blick nicht drastisch wirken, soll doch eine ungerechtfertigte Bereicherung bei diesem abgeschöpft werden. Erfolgt nun aber die Verfallsanordnung unter Berücksichtigung des Bruttoprinzips, ergeben sich erhebliche Schwierigkeiten. Denn dem Drittbegünstigten wird ohne Berücksichtigung seiner Aufwendungen das Erlangte entzogen. Gerade im Bereich von Straftaten, bei denen ein Unternehmen etwas durch die Tat erlangt, sind zumeist erhebliche Aufwendungen getätigt wurden. Dabei kann der Verband unter der Reichweite des Tatbestandes kaum einen Einfluss nehmen, ob er von einer solchen Abschöpfung betroffen ist. Denn letztlich gibt es bezüglich der Person des Tatbeteiligten keine Einschränkungen. Eine gleichzeitig begrenzende Vorschrift, ähnlich der Regelung des § 75 StGB, fehlt. Auch der Ursächlichkeitszusammenhang kann bei weiter Auslegung zu erheblichen Vermögensschäden führen, wenn die Kosten für das Unternehmen nicht berücksichtigt werden.

Gleichzeitig stellt sich die Problematik des Schuldgrundsatzes auch beim Verfall gegen einen Drittbegünstigten. Der Bruttoverfall hat strafähnliche Züge und ist somit als Strafe gegen den Drittbegünstigten anzusehen.[722] Gleichwohl ist diese Problematik im Rahmen der Verfallsanordnung gegen ein Unternehmen weniger brisant. Eines Schuldvorwurfes, gleich dem gegen natürliche Personen, kann gegen ein Unternehmen ohnehin nicht erhoben werden. Hierfür fehlt dem Unternehmen schlichtweg die Möglichkeit selbst zu handeln.[723] Eine solche strafähnliche Maßnahme gegen ein Unternehmen zu verhängen, ist letztlich nicht einzigartig. Denn auch die Einziehung im Rahmen des § 75 StGB ist als eine Strafe gegen das Unternehmen anzusehen. Dem Unternehmen wird hierbei, wie letztlich auch bei § 73 Abs. 3 StGB, das Verhalten der Mitarbeiter zugerechnet.[724] Auch wenn § 73 Abs. 3 StGB nicht klar als eine solche Zurechnungsnorm zu identifizieren ist, sprechen gewichtige Gründe dafür, sie als solche zu betrachten. Zunächst bedarf es, wie bei § 75 StGB, einer Anknüpfungstat, diese wird dann

722 Vgl. C. II. 2. c.

723 *Schmitz/Taschke, WiB 1997, 1169, 1169; Minoggio, wistra 2003, 121,121; Heine/Weißler,* in: Schönke/Schröder, Vor §§ 25 ff., Rn. 121.

724 So auch: *Eser,* in: Schönke/Schröder, § 75, Rn. 3, a.A. *Hofmann,* wistra 2008, 401, 407.

unter bestimmten Voraussetzungen[725] dem Unternehmen zugerechnet. Hierbei wird, anders als bei § 75 StGB, die Zurechnung nicht über eine bestimmte, vorher dem Unternehmen zugeordnete Personengruppe festgelegt, sondern durch die beiden Voraussetzungen des § 73 Abs. 3 StGB geschaffen. Indem der Tatbeteiligte zumindest auch im Interesse des Unternehmens handelt und zwischen Tat und Erlangung des Verfallsgegenstandes ein Bereicherungszusammenhang[726] bestehen muss, wird ähnlich dem § 75 StGB eine Zurechnung vorgenommen. Hiergegen wird vorgebracht, dass es gerade einer speziellen Zurechnungsnorm wie der des § 75 StGB bedarf, um eine solche Sanktion gegen ein Unternehmen zu verhängen.[727] Jedoch aus der wesentlich allgemeineren und weiten Fassung der Norm[728] schließen zu wollen, dass gerade eine bestimmte Gruppe nicht von dieser erfasst werden soll, ist eine Verdrehung der Argumentation.[729]

Inwiefern dem Mitarbeiter selbst ein Schuldvorwurf zu machen ist, um gegen das Unternehmen eine strafähnliche Maßnahme zu verhängen, ist fraglich. Zumindest im Rahmen der Zurechnung nach § 75 StGB bedarf es eines solchen Schuldvorwurfes gegen den Tatbeteiligten. Auch die Betrachtung des § 30 OWiG bringt dieses Ergebnis hervor. Die selbständige Anordnung nach § 30 Abs. 4 OWiG ändert daran ebenfalls nichts. Demnach wäre der Schluss möglich, dass nur bei einer schuldhaft begangenen Anknüpfungstat eine Verfallsanordnung gegen ein Unternehmen zu verhängen ist. Allerdings ist die Anknüpfungstat eben nur Anlass der Zurechnung. Die Voraussetzungen müssen lediglich beim Tatbeteiligten vorliegen, nicht beim Unternehmen selbst. Zugerechnet wird dann das zur Bereicherung führende Verhalten. Dieses bedarf nach der gesetzgeberischen Entscheidung gerade keines Schuldvorwurfes. Dieser ist bei der Zurechnung für ein Unternehmen auch entbehrlich.[730] Auch ist die Zurechnung einer Schuld an sich schon höchst problematisch. Im Übrigen findet eine Schuldzurechnung auch bei § 30 OWiG und § 75 StGB nicht statt. Vielmehr wird

725 Diese sind innerhalb des § 73 Abs. 3 StGB weiter gefasst, um eine mögliche rechtswidrige Bereicherung zu beseitigen.

726 Für das Bestehen eines solchen wird zumindest immer eine betriebliche Zugehörigkeit zwischen dem Tatbeteiligten und dem Unternehmen bestehen müssen. Vgl. BGHSt 45, 235, 246; *Rönnau*, Vermögensabschöpfung, Rn. 280.

727 *Hofmann*, wistra 2008, 401, 407.

728 Im Gegensatz zu der Begrenzung auf einen bestimmten Personenkreis im Rahmen des § 75 StGB.

729 So aber: *Hofmann*, wistra 2008, 401, 407.

730 Anders kann sich die Sachlage bei der Verhängung des Verfalls gegen natürliche Personen beurteilen.

dem Unternehmen ein Vorwurf bezüglich der Organisationstruktur gemacht.[731] Anders können Formulierungen, die den Präventionsgedanken des Verfalls darauf aufbauen, dass das Unternehmen aufgrund der Wirkung des Verfalls Gegenmaßnahmen aufbaut, nicht verstanden werden. Dem Unternehmen wird in einem solchen Fall der Vorwurf gemacht, nicht genug gegen die Begehung von Straftaten innerhalb der Organisation getan zu haben. Eines Schuldvorwurfes gegen den Tatbeteiligten bedarf es bei der Verfallsanordnung gegen ein Unternehmen mithin nicht.

II. Praktische Folgen der Problemstellung

Insgesamt ist die Reichweite des Tatbestandes als Problemkernpunkt anzusehen. Dass die Problemstellung nicht nur theoretischer Natur ist, zeigt sich auch aufgrund von zahlreichen Hinweisen in der Literatur. So wird die Handhabung des Verfalls in diesem Bereich durch eine „hohe Experimentierfreude" der Ermittlungsbehörden sowie durch große Summen und „Unschärfen" bei der Anwendung der gesetzlichen Vorschriften beschrieben.[732] Gleichzeitig soll sich der Verfall in Wirtschaftsstrafsachen zu einer Standardmaßnahme und hervorragenden Einnahmemöglichkeit entwickelt haben.[733] Wie drastisch die Folgen einer uneingeschränkten Anwendung des Drittempfängerverfalls für betroffene Unternehmen ausfallen können, soll anhand von Beispielen verdeutlicht werden.

Einer der brisantesten Fälle war der bereits oben angedeutete Kölner Müllskandal[734], nicht zuletzt durch die außergewöhnlich hohe, zur Diskussion stehende Verfallsumme. Hierbei soll zunächst nicht die Entscheidung des 5. Strafsenats erläutert werden, sondern der Sachverhalt selbst im Mittelpunkt der Betrachtung stehen. Im Wesentlichen handelt es sich um die Auftragserlangung durch ein Unternehmen (nachfolgend auch LCS), aufgrund von rechtswidriger Einwirkung auf die Auftragsvergabe. Hierbei hat der Geschäftsführer bei Auftragsvergabe an das Unternehmen (den Bau einer Müllverbrennungsanlage für eine städtisch beherrschte Mischgesellschaft) Schmiergelder für die Einflussnahme auf das Vergabeverfahren in Aussicht gestellt. Daraufhin erlangte die GmbH den Zuschlag für den Bau der Anlage. Der hierfür berechnete Werklohn betrug 792 Mio. DM. Bei Subsumtion unter den Verfallstatbestand hätte

731 So auch: *Tiedemann*, NJW 1988, 1169, 1172; *Heine/Weißer*, in: Schönke/Schröder, Vor §§ 25 ff., Rn. 131 m.w.N.

732 *Michalke* in: Nelles, Money, money, money…, S. 101.

733 *Hofmann*, wistra 2008, 401, 401.

734 BGH NStZ 2006, 210.

bei weiter Auslegung der gesamte Betrag i.H.v. 792 Mio. DM eingezogen werden können, freilich als Wertersatz. Denn der Geschäftsführer der LCS hat für das Unternehmen gehandelt, indem er zumindest auch in dessen Interesse die Schmiergeldzahlungen in Aussicht stellte, um den Auftrag zu erlangen. Durch diese rechtswidrige Tat erhielt das Unternehmen den Auftrag. Dessen Wert könnte durch den vereinbarten Werklohn bestimmt werden. Diese hohe Summe kann gewiss schon zur Insolvenz des Unternehmens führen. Besonders dann, wenn berücksichtigt wird, dass der vorläufige Gewinn gerade mal bei 8–9 Mio. Euro lag und endgültig sogar mit einem Verlust von 688.000 Euro berechnet wurde. Bei diesem Beispiel zeigt sich die Härte des Bruttoprinzips in vollem Ausmaß. Ohne die Berücksichtigung der Kosten der LCS für den Bau der Anlage droht sogar bei einem Verlustgeschäft die vollständige Abschöpfung des Geschäftswertes i.H.v. 792 Mio. DM.

In einem anderen Fall[735] hatte ein Unternehmen, unter Umgehung eines Embargos der Vereinten Nationen, Tabakpapier nach Serbien geliefert. Die Angestellten, in diesem Fall der Gesamtverkaufsleiter und der Leiter des Betriebsbereiches „Tabakpapiere", organisierten durch Einschaltung von Zwischenbetrieben den Verkauf trotz des Embargos. Die Geschäftsleitung war hierrüber informiert und billigte diesen Vertriebsweg. Dabei wurden Verkaufserlöse von ca. 4 Mio. Euro erzielt. Auch in diesem Fall lässt sich der Sachverhalt unter den Tatbestand des § 73 Abs. 3 StGB subsumieren, mit der Folge, dass der gesamte Verkaufserlös eingezogen werden müsste, ebenso wieder in Form von Wertersatz. Die beiden Angestellten begingen eine rechtswidrige, hier auch schuldhafte Tat nach dem AWG. Durch diese Tat erlangte das Unternehmen unmittelbar die Kaufpreisforderungen. Dabei handelten die Mitarbeiter zumindest auch im Interesse des Unternehmens, welches durch die Geschäfte weiteren Umsatz generierte. Durch das Bruttoprinzip sind etwaige Kosten für die Aufträge nicht in Abzug zu bringen. Im Gegensatz zum vorherigen Fall sind es nicht die Geschäftsführer selbst, die zur Verfallsanordnung beim Unternehmen führten. Das Wissen der Geschäftsführung ist für die Beurteilung der Voraussetzungen des § 73 Abs. 3 StGB nach dem Wortlaut unerheblich. So konnten die Angestellten einen erheblichen Schaden am Unternehmensvermögen verursachen, selbst wenn die Geschäftsführung nicht über die Verstöße informiert gewesen wäre. Besonders interessant in diesem Fall ist der spätere Verkauf der GmbH an ein weiteres Unternehmen. Der BGH bejahte sogar unter diesem Gesichtspunkt den Verfall gegen den Rechtsnachfolger und belastete damit auch den Käufer

735 BGHSt 47, 369.

des Unternehmens. Dies ist eine weitere Folge der uneingeschränkten Verfallsanwendung. Eine Belastung völlig unbeteiligter Drittunternehmen kann somit ebenfalls im erheblichen Maße erfolgen. Das Bruttoprinzip schlägt hier ebenso auf den Erwerber des Unternehmens durch.

Ein weiterer Fall[736], in dem v.a. die Höhe des Verfallsgegenstandes auffällt, ist dem Bereich der strafbaren Werbung zugeordnet. Durch die Begehung von Straftaten nach § 16 Abs. 1 UWG wurde der Absatz von Katalogartikeln erheblich gesteigert, indem den Zusendungen falsche Gewinnversprechen beifügt waren, die bei Bestellung ausgeschüttet werden sollten. Eine Besonderheit dieses Falles ist die Vernetzung von Gesellschaften, um somit künftigen Forderungen der Kunden zu entgehen. Ausgangspunkt ist eine Holdingsgesellschaft (I). Diese hielt alle Geschäftsanteile am Unternehmen (O), welche die Logistikleistungen für den Versand der Kataloge übernahm. Die Konzeption der Gewinnmitteilungen erfolgte über ein weiteres Unternehmen, der Se. Die Gewinnversprechen wurden alsdann unter den Firmen hierfür gegründeter oder aktivierter ausländischer Unternehmen versandt. Die in Verbindung mit der unlauteren Werbung erzielten Zahlungseingänge wurden dann direkt an O bzw. über eine weitere Gesellschaft (F) an O weitergeleitet. Diese wiederum leitete die daraus erzielten Gewinne an I weiter. Insgesamt wurden ca. 54 Mio. Euro durch die Kaufverträge mit den Kunden, beruhend auf der strafbaren Werbung, erzielt. Davon wurde ein Gewinn von ca. 1,5 Mio. Euro an die I ausgezahlt. Die Straftaten selbst wurden von der Führungsebene der Unternehmen gesteuert. Auch in diesem Beispiel lässt sich eine Verfallsanordnung gegen die Unternehmen bejahen. Die Besonderheit in dieser Konstellation ist die Weiterleitungskette bezüglich des erlangten Etwas. Bei Prüfung des Tatbestandes ergibt sich zunächst eine Verfallsanordnung gegen die ausländischen Gesellschaften, die unmittelbar aus den Taten, hier bei weiter Auslegung des Verfallsgegenstandes, die Kaufpreise der aus dem Katalog bestellten Waren erhielten. Diese wurden dann direkt oder indirekt über F an O weitergeleitet. Auch hier ist eine Verfallsanordnung gegen O, als auch F möglich, da sie bei weiter Auslegung der Voraussetzung „durch" die Taten etwas erlangt haben. Denn ohne die strafbare Werbung hätten die Kaufpreiszahlungen nicht erzielt werden können, wem sie gemittelt zufließen, ist unerheblich, da sie letztlich unmittelbar mit der Tat in Verbindung stehen. Ebenso lässt sich die Verfallsanordnung gegen I begründen. Die Höhe der gesamten Abschöpfung darf hierbei jedoch nicht die Gesamtsumme dessen, was

---

736 BGHSt 52, 227.

insgesamt erzielt wurde übersteigen.[737] Es soll letztlich nur das insgesamt aus der Tat Erlangte abgeschöpft werden. Mithin kann die Abschöpfung bis zur I durchschlagen und selbst diese treffen. Bei solchen Ketten, bei denen die Weiterleitung ohne die Begehung weiterer Straftaten erfolgt, sollen die Drittbegünstigten, soweit die einzelnen Verfallsanordnungen in der Summe die erzielte Gesamtsumme überschreiten würden, als Gesamtschuldner einstehen.[738] Diese Fallkonstellation mag, mit Ausnahme der beträchtlichen Verfallssumme, nicht derart kritisch wirken. So waren die ausländischen Gesellschaften, wie auch die O und F in Händen der I. Von dieser aus wurden die strafbaren Handlungen durch die Geschäftsführung gesteuert. Verändert man jedoch die Bedingungen der Kette etwas, können sich erheblichere Folgen ergeben.

Ebenso können solche Verfallsanordnungen im Insiderrecht[739] erfolgen. Im vorliegenden Fall wurden Wertpapiere unter Verstoß gegen § 14 Abs. 1 Nr. 1 WpHG veräußert, um für die Wertpapiere höhere Verkaufserlöse zu erzielen. Diese betrugen insgesamt 2,4 Mio. Euro. Auch hier könnte sich der Gesamtverfallsbetrag gegen ein Unternehmen richten, wenn dieses Inhaber der Wertpapiere gewesen wäre. Dann würde es als Drittbegünstigter den Verkaufspreis der Wertpapiere erhalten. Dieser Gesamtverkaufswert könnte alsdann dem Verfall unterliegen. Ebenso denkbar sind Fälle im Umweltrecht oder anderen Bereichen des Wirtschaftsstrafrechts, so z.B. im Markenrecht.

In den bereits angeführten Beispielen stellte sich die Problematik v.a. im Bereich des Verfallsgegenstandes unter Berücksichtigung des Bruttoprinzips dar. Die Aufwendungen, die die Unternehmen tätigten, um die Verträge zu erfüllen, wurden nicht berücksichtigt. Ebenso war im Insiderfall der Erwerb der Papiere oder auch der rein aus der Straftat erlangte Vorteil unerheblich. In der Darstellung wurde das aus den Geschäften Erlangte abgeschöpft. Die Problematik spitzt sich zu, insoweit nicht mehr die Geschäftsführung oder Leitungspersonen die Straftaten innerhalb des Unternehmens begehen.

Hierfür genügt es im obigen Bestechungsfall die Gegebenheiten zu verändern. Die Bestechung erfolgt nun nicht vom Geschäftsführer, sondern von einem Mitarbeiter im Vertrieb. Hierfür wurden Schwarzgeldkonten in der zuständigen Abteilung im Bereich des Vertriebes eingerichtet. Der Unternehmensführung war die Korruptionspolitik der Abteilung nicht bekannt. Ähnliche Fälle könnten auch für die anderen Beispiele, sowohl im Embargofall, als auch der

737 BGHSt 52, 227, 252.

738 BGHSt 52, 227, 253.

739 Vgl. BGH NJW 2012, 882, hierbei könnte ebenfalls ein Unternehmen etwas durch die Tat erlangen.

strafbaren Werbung gebildet werden. Im Ergebnis bleibt die Verfallsanordnung möglich, ohne dass die Unternehmensleitung Einfluss auf die einzelne Tat hat. Eine Begrenzung auf Leitungspersonen ist beim Verfall nicht vorgesehen. Ähnlich könnten Fälle konstruiert werden, bei denen die Vermittlung des Auftrages durch einen Dritten erfolgt oder bei denen Aufträge durch Auslandsniederlassungen erlangt werden. Noch deutlicher zeigt sich die Problematik im folgenden Beispiel[740].

Zur Planung von Bauprojekten wurde vom Täter eine BGB-Gesellschaft gegründet. Im Rahmen dieser Tätigkeit machte er beim Finanzamt falsche Handwerkerrechnungen geltend, um so Vorsteuererstattungen i.H.v. 930.000 DM zu erlangen. Von dieser durch Steuerhinterziehung erlangten Summe überwies er zur Erfüllung einer titulierten Forderung 20.000 DM an die Sparkasse. Zu beachten ist, dass der Drittbegünstigte, hier die Sparkasse, keinen Einfluss auf die Begehung der Straftat hatte. Weiterhin hatte das Institut kein Wissen um die rechtswidrige Herkunft des Geldes. Dennoch wäre nach dem Tatbestand eine Verfallsanordnung möglich. Der Täter hatte eine Straftat begangen, welche die Zahlung an die Sparkasse ermöglichte. Dass die Erlangung eines Geldbetrages zumindest auch „für“ die Sparkasse erfolgte kann angenommen werden, wenn der Täter bei Tatbegehung vorhatte, mit dem erlangten Geld die Forderung der Sparkasse zu begleichen.

Zu diesen Fällen, bei denen die Unternehmensführung keinen Einfluss auf die Begehung der Straftaten hat, weil der Mitarbeiter oder ein Außenstehender die Tat begeht, können, wie im Fall der strafbaren Werbung, noch komplexe Weiterleitungsketten hinzukommen. Angenommen die ausländischen Gesellschaften sind keine Scheinbetriebe, sondern selbständig organisierte Teile der Holdinggesellschaft. Aufgabe dieser ist es, lediglich die Konzeption und den Versand der Kataloge zu organisieren. Der Produktverkauf läuft über ein anderes Unternehmen der Holdinggesellschaft. Eine der ausländischen Gesellschaften versendet nun die Gewinnmitteilungen, um den Umsatz der von ihr generierten Katalogkonzepte zu steigern. Nun werden die erlangten Summen letztlich wie im obigen Beispiel weitergeleitet. Eine Verfallsanordnung erfolgt ebenso. Als Gesamtschuldner haften alle Teile der Weiterleitungskette freilich unter der Härte des Bruttoprinzips. Letztlich kann so der gesamte Konzern erhebliche Schäden erleiden, ohne dieses Verhalten überhaupt gebilligt zu haben.

Die obigen Beispiele zeigen, welche Konsequenzen die weite Formulierung des Wortlauts der Verfallsregelung gegen den Drittbegünstigten für Unternehmen

740 Vgl. Hierzu: BGHSt 45, 235.

haben kann. Die Unbestimmtheit des Verfallsgegenstandes, in Verbindung mit der fehlenden Einflussmöglichkeit der Unternehmen infolge mangelnder Begrenzungen des möglichen Tatbeteiligten, sowie der Abschöpfung, selbst bei Weiterleitung des Verfallsgegenstandes, führen zu unkalkulierbaren Risiken, ohne gegen diese effektiv vorgehen zu können. Im Ergebnis drohen aufgrund der Verluste Zahlungsschwierigkeiten bis hin zur Insolvenz. Dies könnte zum Arbeitsplatzverlust von Arbeitnehmern führen. Die Anzahl der Betroffenen kann bei einer Aktiengesellschaft noch größer sein, indem selbst die Aktionäre von der Verfallsanordnung betroffen sind[741]. Die hohen Schäden beim Unternehmen mindern den Wert der Aktien erheblich. Die Kontrollmöglichkeiten über den Aufsichtsrat sind bei nicht informierten Vorstand und Führungsebenen wenig hilfreich. Letztlich kann somit sogar ein Kleinanleger in Form von Privatpersonen von den Wirkungen des Verfalls betroffen sein. Aufgrund dieser Konsequenzen und der geringen Aufklärungsquote im Wirtschaftsstrafrecht kann es gerade in Bereichen wie der Korruption zu einer erhöhten Bereitschaft der Unternehmen führen, die Taten zu verschleiern. Im Ergebnis könnten die Organisationen sogar auf geringere Kontrollmechanismen setzen, um einer etwaigen Aufklärung gänzlich vorzubeugen.

III. Verhältnismäßigkeit des Verfalls

Inwiefern diese Eingriffsintensität v.a. in den Grenzbereichen des unternehmensbezogenen Verfalls noch verhältnismäßig sind, soll nachfolgend geprüft werden. Maßstab der Überprüfung kann letztlich nur Art. 14 GG i.V.m. Art. 19 Abs. 3 GG sein. Dieser Ausgangspunkt ist zunächst nicht ganz unzweifelhaft. Teilweise wird die Anwendbarkeit von Art. 14 GG beim einfachen Verfall mit Verweis auf die von *Eser* entwickelte Verwirkungslehre abgelehnt.[742] Der Kern der Verwirkungsfolge ist demnach im Missbrauchserfordernis zu sehen, analog zu den zivilrechtlichen Verwirkungstatbeständen wird als Folge eines Rechtsmissbrauchs auch die Möglichkeit einer Grundrechtsverwirkung gesehen.[743] Ein solcher Missbrauch soll im Speziellen dort angenommen werden, wo Gegenstände im klaren Widerspruch zu Gemeinwohlinteressen erlangt oder hergestellt wurden. Folge eines solchen Missbrauchs soll alsdann der Verlust des

741 *Michalke*, in: Nelles, Money, money, money…, S. 105.

742 *Eser*, Sanktionen, S. 178; siehe Verweise bei: *Julius*, ZStW 109, 58, 59; aber auch: *Joecks*, in: MüKo, StGB, § 73 c, Rn. 5, der die Verwirkungslehre als vorherrschend ansieht.

743 *Eser*, Sanktionen, S. 178.

grundrechtlichen Schutzes in Bezug auf das missbrauchte Recht sein. Demnach würden sich alle staatlichen Eingriffe nach § 73 Abs. 1 S. 1 StGB auf einen Grundrechtsmissbrauch berufen können, mit der Folge der Verwehrung des Schutzes aus Art. 14 GG, freilich nur mit Blick auf den jeweiligen Verfallsgegenstand. Neben den Bedenken, die hierzu vorgebracht werden[744], trägt v.a. der Einwand, dass beim Verfall gegen einen Drittbegünstigten gerade nicht der Missbrauchsgedanke hervorgebracht werden kann.[745] So wird der Missbrauchsgedanke an der Vorstellung festgemacht, dass die rechtswidrige Erlangung eines Gegenstandes durch den Täter eine geradezu völlig konträre Handlung zur Schutzposition der Eigentumsgarantie darstellt.[746] Hierbei wird zumindest der Verbleib beim Täter als Deformierung des Eigentumsschutzes durch strafrechtliche Normen gesehen.[747] Aus dieser erheblichen Umkehrung des Eigentumsschutzes wird die Verwirkung des Grundrechtschutzes für den aus der Tat erlangten Gegenstand gefolgert. Genau hier liegt der Unterschied zum Drittbegünstigten. Dieser begeht gerade nicht die Missbrauchshandlung, sondern erlangt den Gegenstand lediglich infolge einer solchen. Würde man hier den Verwirkungsgedanken weiterhin Geltung verschaffen wollen, wäre dies nur möglich, indem man die Existenz des Gegenstandes als derart widersprüchlich zur Eigentumsgarantie ansieht, wie die Missbrauchshandlung selbst. Dies führt zu einem Bemakelungsbegriff, der schon an vorhergehender Stelle abgelehnt wurde. Der Drittbegünstigte missbraucht gerade nicht den Eigentumsschutz in der vom Tatbeteiligten vorgenommenen Art und Weise. Folglich verliert er durch die Erlangung des Verfallsgegenstandes nicht den durch Art. 14 GG gewährten Grundrechtschutz.

Insgesamt stellt sich damit der Verfall als eine Maßnahme nach Art. 14 Abs. 1 S. 2 GG dar. In Abgrenzung zur Enteignung nach Art. 14 Abs. 3 GG soll durch den Verfall gerade nicht das Eigentum zur Verwirklichung von dem Allgemeinwohl dienenden Interesse entzogen werden, sondern eine Sanktionierungswirkung entfalten oder verstärken.[748] Mithin ist der Verfall gegen ein drittbegünstigtes Unternehmen am Verhältnismäßigkeitsgrundsatz zu überprüfen.

---

744 Vgl. hierzu insgesamt: *Julius*, ZStW 109, 58, 60 ff., Ebenso *Joecks*, in: MüKo, StGB, § 73 c, Rn. 6; *Wallschläger*, Verfallsvorschriften, S. 42.

745 Ähnliche Bedenken schon bei: *Eser*, Sanktionen, S. 173; *Joecks*, in: MüKo, StGB, § 73 c, Rn. 5.

746 *Eser*, Sanktionen, S. 182.

747 *Eser*, Sanktionen, S. 183.

748 *Jarass/Pieroth*, Art. 14, Rn. 77; *Julius*, ZStW 109, 58, 89; *Joecks*, in: MüKo, StGB, § 73 c, Rn. 5; Vgl. zur strafrechtl. Einziehung auch: BVerfG NJW 1996, 246, 246; *Wallschläger*, Verfallsvorschriften, S. 44.

Die bereits oben erläuterte Thematik der Rechtsnatur des Verfalls erleichtert die Frage nach der Bestimmung des verfolgten Zwecks. Die Bruttoverfallsanordnung soll durch die Androhung eines Übels von der Begehung weiterer Straftaten abschrecken. Gleichzeitig wird durch den Entzug des Gewinns die Unverbrüchlichkeit der Rechtsordnung dargestellt. Beide Aspekte sollen auch der Verhinderung weiterer unternehmensbezogener Straftaten dienen. Dieses Anliegen ist durchaus legitim und anerkannt. Inwiefern dieser Zweck durch die Verfallsanordnung gegen drittbegünstigte Unternehmen erreicht werden kann, ist hingegen zweifelhaft. Letztlich wurde dem Verfall bereits eine kaum nachweisbare Wirkung konstatiert. Zwar ist zuzugeben, dass eine Wirkung bestimmter Aspekte positiver und negativer Generalprävention nicht auszuschließen ist. Dies ist aber kein besonders gewichtiges Argument. Gleichwohl wird die Geeignetheit einer Maßnahme nur in Ausnahmefällen verneint. Dem Gesetzgeber wird hier ein weiter Prognosespielraum zuerkannt, der erst überschritten ist, wenn die Maßnahme offensichtlich völlig ungeeignet ist, den Zweck zu erreichen.[749] Eine völlige Ungeeignetheit zur Erreichung des Zwecks kann der Maßnahme unter Berücksichtigung obiger Befunde nicht bescheinigt werden. Weiterhin muss die Maßnahme unter den gleich geeigneten zur Verfügung stehenden Mitteln das mildeste darstellen.[750] Schon die Beurteilung, ob ein Mittel gleich geeignet ist, bereitet aufgrund der begrenzten Möglichkeiten der Überprüfbarkeit der präventiven Wirksamkeit von Sanktionen gegen Unternehmen erhebliche Schwierigkeiten. Dennoch scheint gerade der Entzug des rechtswidrig erlangten Vermögens das besondere Unrecht der Tat aufzuzeigen. Eine einfache Vermögenssanktion gleich der Geldbuße reicht hierfür nicht aus. Auch andere Vermögenssanktionen wie die Einziehung können mit einer solchen Wirkung nicht aufwarten. Dennoch könnte die Verbandsgeldbuße als ausreichende Sanktion in Betracht kommen. Denn gleich dem Verfall kann auch hier der Gewinn abgeschöpft werden. Jedoch wurden bereits an obiger Stelle wesentliche Unterschiede festgestellt. Denn zunächst ist der Personenkreis begrenzt, der eine Sanktion gegen das Unternehmen auslösen kann. Folglich kann dem Verfall hier eine höhere Tauglichkeit zur Bekämpfung von unternehmensbezogenen Taten, gerade im Bereich von unteren Ebenen im Unternehmen, zuerkannt werden. Die Verantwortlichkeit der Unternehmensleitung wird hierdurch stärker betont. Weiterhin ist der Nettoabschöpfung nach § 17 Abs. 4 OWiG kein abschreckender

749 BVerfGE 30, 250, 263; BVerfGE 77, 170, 215, vgl. auch: *Stern,* Staatsrecht, 776 f. m.w.N.

750 BVerfGE 78, 232, 245; *Ipsen,* Staatsrecht II, Rn. 191; ausführlich zum Erforderlichkeitskriterium *Stern,* Staatsrecht, 776 f. m.w.N.

Effekt zuzuerkennen, ebenso wird hierdurch das Tatunrecht nicht derart deutlich. Eine strafende Sanktion gleich dem Verfall könnte zumindest die Illegitimität der Handlung mit Blick auf die positive Generalprävention deutlicher hervorheben. Insgesamt bedarf es ohnehin einer eindeutigen Feststellung, dass die Alternative die gleiche Eignung zur Erreichung des Zwecks aufweist.[751] Dies kann zumindest nicht zweifelsfrei festgestellt werden.

Letztlich ist nun zu prüfen, ob der Eingriff durch den Verfall nach § 73 Abs. 3 StGB in unternehmensbezogene Güter in Abwägung zum verfolgten Zweck der Maßnahme gerechtfertigt ist.[752] Der verfolgte Zweck, die Verhinderung weiterer Straftaten, wirkt wie bereits festgestellt auf zwei Ebenen. Dem Unternehmen wird durch die reine Gewinnabschöpfung der durch die Tat erlangte Gegenstand entzogen. Dadurch soll im Sinne der positiven Generalprävention und unter Berücksichtigung eines wirtschaftlichen Berechnungsmodells dem potentiellen Täterkreis bei Begehung der Tat verdeutlicht werden, dass sich solche Taten nicht lohnen und als noch gewichtigerer Aspekt rechtswidrig im Sinne von Straftaten sind. Dies soll alsdann zu einer Normbindung sowie der Einführung von Kontrollmechanismen im Unternehmen führen. Dem entgegen steht der Eingriff in Vermögenspositionen des Unternehmens. Diese unterliegen zunächst grundsätzlich dem Eigentumsschutz des Art. 14 GG, je nachdem welcher Gegenstand eingezogen wird, muss dennoch unterschieden werden. Ausnahmen könnten z.B. die Erfassung der Steigerung von Gewinnchancen oder eine verbesserte Marktposition sein.[753] Eine Schwächung der Abwägungsposition findet sich jedoch im Einwand, dass die aus der Tat erlangten Vermögenspositionen nicht dem Vertrauensschutz der Eigentumsgarantie, der sich auf seine rechtmäßig anerkannten Vermögensrechte[754] bezieht, unterliegen.[755] So ist dem Tatbeteiligten die Möglichkeit des Entzugs der Vermögensposition wohl bewusst. Gleichwohl wiegt dieser Einwurf beim Verfall gegen ein drittbegünstigtes Unternehmen nicht derart schwer, da dieses kein Tatwissen innehaben muss. Das Interesse eine rechtswidrig erlangte Vermögensposition beim betroffenen Unternehmen zu belassen, dürfte indes noch durch einen weiteren

---

751 BVerfGE 25, 1, 20; BVerfGE 30, 292, 319; BVerfGE 37, 1, 21.

752 Vgl. so zur Prüfungsfolge: BVerfGE 30, 292, 316; BVerfGE 103, 293, 306 f.; *Sommermann,* in: Mangoldt/Klein/Starck, GG II, Art. 20, Rn. 314.

753 Vgl. BverfGE 77, 84, 118; a.A. *Wendt,* in: Sachs, Grundgesetz, Art. 14, Rn. 48.

754 Vgl. hierzu auch BVerfGE 84, 290, 300.

755 *Julius,* ZStW 109, 58, 93. Auch wenn unter dem Aspekt des Vertrauensschutzes ein Mitschwingen des Missbrauchsgedankens erkennbar ist. Gleichwohl soll dies zunächst nicht den Schutzbereich begrenzen.

Punkt geschmälert sein. Denn der Entzug der reinen Nettoposition bedingt eine Nullrechnung. Es wird kein Übel zugeführt, da nur der Grundzustand wieder hergestellt wird. Mithin überwiegt das staatliche Interesse an dieser Stelle, denn so schwach auch die Wirkung aus kriminalpräventiver Sicht ausfällt, überwiegt sie immer noch die Stärke der Eingriffsintensität und ist somit gerechtfertigt.

Freilich trägt dieses Argument dann nicht mehr, wenn das Unternehmen zusätzliches Vermögen zur Erlangung des Gegenstandes aufgewendet hat. Denn hier wird nicht die Ausgangsposition hergestellt, sondern dem Unternehmen faktisch ein Vermögensschaden zugefügt. Wägt man nun die Eingriffsintensität zu der Förderung des verfolgten Zwecks ab, erhält man ein anderes Ergebnis. Die aufgezeigten, möglichen Folgen des Bruttoverfalls gegen Unternehmen stehen außer Verhältnis zu den Möglichkeiten der Zweckerreichung. Die erheblichen Schäden[756], die durch eine unbegrenzte Auslegung der Norm im Einzelfall ermöglicht werden, können durch die, wenn überhaupt nur schwache Generierung einer Abschreckungswirkung[757] nicht gerechtfertigt werden. Ebenso ist eine Verstärkung positiv generalpräventiver Effekte durch den Bruttoverfall kaum von Gewicht. Dass der Verfall im Einzelfall zu solchen unverhältnismäßigen Eingriffen führen kann, wurde jedoch vom Gesetzgeber gesehen. Nicht ohne Grund wurde die Härtevorschrift des § 73 c StGB geschaffen. Allerdings bietet die Norm in der derzeitigen Auslegung nicht die Möglichkeiten solchen Eingriffen vorzubeugen. Denn sie wird gerade nicht genutzt, um etwaige Härten des Bruttoprinzips auszugleichen. Auch soll sie nur in Ausnahmefällen Anwendung finden, in denen für den Betroffenen besonders erschwerende Umstände hinzukommen, die außerhalb des Verfallszwecks eine zusätzliche Belastung bedeuten würden.[758] In der Konsequenz bedeutet dies eine uneingeschränkte Abschöpfung der Vermögenspositionen eines Unternehmens. Mithin genügt die Norm in der oben aufgezeigten weiten Auslegung nicht dem Verhältnismäßigkeitsgrundsatz. Im Ergebnis ist folglich eine Begrenzung des unternehmensbezogenen Verfalls notwendig.

IV. Verhältnismäßigkeit der Einziehung und Rückschlüsse auf den Verfall

Als Vergleich hierzu soll die Eingriffsintensität der Einziehung insgesamt und im speziellen mit Blick auf die gegen Unternehmen gerichtete Einziehung beleuchtet werden. Auch an dieser Stelle ist zunächst nach der Eingriffsart der

756 Siehe hierzu F. II.

757 Siehe hierzu: E. I. 2.

758 Im Einzelnen hierzu: D. I. 1.

Einziehung selbst zu fragen. Gleich dem Verfall ist die Einziehung keine Maßnahme enteignender Art im Sinne des Art. 14 Abs. 3 GG.[759] Als solche müsste die Entziehung des Eigentums notwendig für die Verwirklichung eines konkreten Vorhabens zur Erfüllung öffentlicher Aufgaben sein.[760] Entscheidend bei der Beurteilung ist, dass die Einziehung gerade nicht dazu dient den entzogenen Gegenstand einer gemeinwohlorientierten Nutzung zuzuführen.[761] Der Zweck der Vorschrift liegt je nach Einordnung der Einzelmaßnahme in der Sicherung der Allgemeinheit oder im Bereich der Bestrafung des Tatbeteiligten. Zwar wird durch die Einziehung das Eigentum vollends entzogen, gleichwohl ist das Institut als Inhalts- und Schrankenbestimmung im Sinne des Art. 14 I S. 2 GG anzusehen.[762] Solche legen generell und abstrakt die Rechte und Pflichten des Eigentümers fest.[763] Durch den Gesetzgeber werden Normen geschaffen, welche nicht nur die Eigentümerstellung begründen, sondern ebenfalls ausgestalten.[764] Durch die Einziehung wird die Nutzung des Eigentums ausgeformt, indem er Gegenstände der in § 74 Abs. 1 StGB beschriebenen Art entzieht, konkretisiert der Gesetzgeber die Reichweite des Eigentums selbst.[765]

Als Inhalts- und Schrankenbestimmung muss die Einziehung die Belange eines Einzelnen in gerechten Ausgleich mit den Interessen der Allgemeinheit bringen.[766] Inwiefern dieses Verhältnismäßigkeitserfordernis an eigentumsrechtliche Besonderheiten geknüpft ist, mag bei der Einziehung wenig von Bedeutung sein.[767] Somit richtet sich die Beurteilung der Maßnahme danach, ob sie geeignet

---

759 Dies ist wohl einhellige Meinung vgl. *Bryde*, in: Münch/Kunig GG, Art. 14 Rn. 76; BVerfGE 22, 387, 422; *Eser*, Sanktionen, S. 155 ff.; *Julius*, ZStW 109, 58, 93 (m.w.N.).

760 BVerfGE 100, 226, 239 f.; BVerfGE 104, 1, 10. Diese rein formale Abgrenzung zur Inhalts- und Schrankenbestimmung beruht auf dem klassischen Enteignungsbegriff und wurde zwischenzeitlich durch materielle Abgrenzungskriterien, welche die Schwere des Eingriffs bewerteten, ersetzt. Vgl. zur hist. Entwicklung: *Papier*, in: Maunz-Dürig GG, Art. 14, Rn. 523 ff.

761 *Papier*, in: Maunz-Dürig GG, Art. 14, Rn. 656.

762 Will man eine Differenzierung beider Begriffe vornehmen (vgl. hierzu z.B.: *Wendt*, in: Sachs GG, Art. 14, Rn. 55 ff.), so wäre die Einziehung als Schranke für die Ausübung des Eigentumsrechts anzusehen.

763 BVerfGE 58, 300, 330; 72, 66, 76.

764 BVerfGE 58, 300, 330.

765 *Julius*, ZStW 109, 58, 71; *Hofmann*, in: Schmidt-Bleibtreu/Hofmann/Hopfauf, GG, Art. 14, Rn. 48

766 BVerfGE 25, 112, 117; 52, 1, 29; 100, 226, 240.

767 Vgl. hierzu z.B.: *Bryde*, in: Münch/Kunig GG, Art. 14, Rn. 60; a.A. *Depenheuer*, in: Mangoldt/Klein/Starck, GG I, Art. 14, Rn. 226. Die Ursache hierfür liegt in der

und erforderlich ist, den von ihr geförderten Zweck zu erreichen und in einem angemessenen Verhältnis zu den beeinträchtigten Interessen liegt. Aufgrund der unterschiedlichen Zwecksetzungen ist nach den jeweiligen Einziehungsarten zu unterscheiden. Zunächst soll hier mit der Beurteilung der Sicherungseinziehung begonnen werden. Diese verfolgt den Zweck, die Allgemeinheit je nach Alternative schon vor einer abstrakten Gefahrenquelle oder einer konkreten Gefahr, ausgehend vom Einziehungsgegenstand, zu schützen.

Die Einziehung aufgrund der ersten Alternative, bei der der Gegenstand schon nach Art und Umstand eine Gefahr für die Allgemeinheit darstellt, überwindet ohne große Schwierigkeiten die ohnedies geringen Anforderungen der Geeignetheit. Die Einziehung solcher schon abstrakt gefährlicher Gegenstände wie Gifte oder Sprengstoffe senkt das von den Gegenständen ausgehende Gefahrenpotential erheblich ab. Gleiches gilt für Gegenstände, von denen den Umständen nach eine Bedrohung ausgeht. Auf der Stufe der Erforderlichkeit müssen nun andere Möglichkeiten gleicher Eignung und geringer Eingriffsintensität ergründet werden. Diesem Erfordernis ist der Gesetzgeber selbst nachgekommen, in dem er in § 74 b Abs. 2 und 3 StGB weniger einschneidende Maßnahmen normiert. In Betracht kommt die Unbrauchbarmachung, die Abänderung oder eine Verfügungsanordnung. Weiterhin wird die Möglichkeit eingeräumt, die Einziehung auf einen bestimmten Teil der Gegenstände zu beschränken. Damit kann in Fällen, in denen eine weniger eingriffsintensive Maßnahme gleich effektiv ist, auf dieses mildere Mittel zurückgegriffen werden. Auf der Abwägungsebene ist die besonders hohe Intensität des Eingriffs selbst zu berücksichtigen.[768] Demnach kann nicht nur jedes denkbare öffentliche Interesse einen solchen erheblichen Eingriff rechtfertigen, sondern diesem muss unter Beachtung der Abwägung beider Interessen Vorrang vor dem Eigentumsrecht zukommen.[769] Gleichwohl fällt die Abwägung zugunsten der Einziehung hier nicht schwer. Zwar ist der vollständige Entzug des Eigentums an dem Einziehungsgegenstand ein erheblicher Eingriff. Dennoch ist hier das herausragende Gut der allgemeinen Sicherheit durch den Gegenstand bedroht. Die vom

---

Wirkung der Einziehung auf die eigentumsrechtliche Position, welche weniger im Inhalt durch die Einziehung definiert ist, sondern durch diese entzogen wird. In dieser Konstellation ist der Entzug des Eigentums in das Verhältnis zum Interesse des Bürgers am Erhalt des Eigentums zu setzen.

768 Je stärker der Eingriff grundrechtlich geschützte Positionen einschränkt, umso höher sind die Anforderungen an den verfolgten Zweck. Siehe: BVerfGE 20, 150, 159; BVerfGE 49, 382, 400.

769 Vgl. hierzu: BVerfGE 26, 215, 222.

Gegenstand ausgehende Gefahr betrifft damit empfindliche Rechtsgüter der Gemeinschaft, welche vermittelt werden durch unmittelbar betroffene Individualinteressen, die durch den Gefährdungsgegenstand ganz konkret betroffen sein können.[770] Die dem Gegenstand ohnehin anhaftende Gefahr kommt alsdann noch ein weiteres Bedrohungspotential, die bereits erfolgte Verwendung bzw. die Entstehung des Gegenstandes im Zusammenhang mit einer Straftat, hinzu.

Weitaus schwieriger gestaltet sich hingegen schon die Prüfung dort, wo der Gegenstand eingezogen wird, weil die Gefahr der Begehung weiterer rechtswidriger Taten unter Verwendung des Gegenstandes besteht. Zunächst ergeben sich schon erhebliche Bedenken bezüglich der Reichweite der Vorschrift. Der Wortlaut lässt schon die Gefahr der Begehung einer weiteren Straftat für die Einziehung des Gegenstandes, sogar gegen einen völlig außerhalb der Tat stehenden Dritten, zu. Diese bloße Wiedergebrauchsgefahr lässt sich wohl kaum ganz ausschließen und dehnt den Bereich der Einziehung erheblich aus.[771] Dies führt schon zu erheblichen Problemen auf der Stufe der Geeignetheit. Diese lässt sich zwar ohne größere Probleme für speziell hergestellte Gegenstände bejahen, gleichwohl ist die Einziehung von leicht austauschbaren Gegenständen, die im Eigentum eines Dritten stehen, kaum ein geeignetes Mittel zur Erfüllung des Schutzzwecks. Diese Problematik setzt sich auf der Stufe der Erforderlichkeit fort. Die Beschaffung eines Äquivalenzgegenstandes kann im Einzelfall kein großes Hindernis für den Täter darstellen. Hier sind weniger belastende Maßnahmen wie z.B. die Rückgabe des Gegenstandes an den rechtmäßigen Eigentümer denkbar oder auch teilweise ein Verzicht auf die Einziehung als solches, wenn der Gegenstand sich nicht mehr im Herrschaftsbereich des Täters befindet. Hier liegt die große Stärke des Einziehungsrechtes im Gegensatz zum Verfall. Zunächst ermöglich die Vorschrift des § 74 b Abs. 2 StGB alternative Maßnahmen wie z.B. die Verfügung, den Gegenstand einen Dritten zukommen zu lassen. Als zweiter Punkt kann dann auf der Ermessensebene auch völlig auf die Einziehung verzichtet werden, wenn die Maßnahme im konkreten Einzelfall nicht mehr für die Zweckerreichung geeignet oder erforderlich ist. Auf der Stufe der Abwägung kommt ein weiterer Punkt hinzu, der das Ergebnis zugunsten der Einziehung gestaltet. Hier kann neben der Einziehung dem Dritten eine Entschädigung nach § 74 f StGB gewährt werden. Somit ist sichergestellt, dass selbst

770 Dies kann z.B. die von Sprengstoff ausgehende Gefahr für die körperliche Unversehrtheit sein.

771 *Julius*, ZStW 109, 58, 75.

bei Entzug die Eingriffsintensität abgeschwächt wird. Gleichwohl ist aufgrund der Reichweite der Norm eine restriktive Auslegung des Gefahrenmerkmals geboten, um auf Seiten der Zweckerfüllung im Rahmen einer verfassungskonformen Anwendung zu verbleiben.[772]

Nichts anderes kann letztlich bei der sicherungsbedingten Einziehung gegen ein Unternehmen gelten. Vielmehr scheint die Eingriffsintensität mit Blick auf die Möglichkeiten des Unternehmens auf Beschaffung eines Äquivalenzgegenstandes und der nicht vorhandenen persönlichen Bindung des Unternehmens an den Einziehungsgegenstand weniger gering auszufallen.

Bei der strafweisen Einziehung im Sinne des § 74 Abs. 2 Nr. 1 StGB ergeben sich bereits erhebliche Probleme auf der Stufe der Erforderlichkeit. Zwar mag der Entzug eines im Eigentum des Täters stehenden Gegenstandes zur Erreichung einer der nicht wenig vertretenen Strafzwecke wohl geeignet sein. Gleichwohl stellt sich die Frage, ob nicht ein anderes Mittel geringerer Eingriffsintensität zumindest gleichgeeignet erscheint. Konkret in Betracht kommt hier die Geldstrafe. Die Fragestellung lässt sich jedoch nur unter Beleuchtung der jeweiligen Strafzwecke der Einziehung beantworten. Hierzu kann zunächst auf die Ausführungen unter Punkt E II 1 verwiesen werden. Dabei ist es schon fraglich, ob eine abschreckende Wirkung der Einziehung generell anhaftet.[773] Jedenfalls kann sie bei der Einziehung gegen ein Unternehmen kaum von Bedeutung sein.[774] Gleichwohl kann hier zumindest nicht der Gedanke herangezogen werden, dass dann der Einziehungswert innerhalb der Strafzumessung zu berücksichtigen ist, da das Unternehmen insofern keine Hauptstrafe zu erwarten hätte.

Hingegen beurteilt sich die positiv generalpräventive Wirkung der strafweisen Einziehung erheblich schwieriger.[775] Die Einziehung der Tatprodukte kann dort Wirkung entfalten, wo durch diese ein Widerspruch mit der Rechtsordnung aufrechterhalten wird.[776] Hingegen kann die Einziehung der Tatmittel mit Blick

---

772 *Julius*, ZStW 109, 58, 76 m.w.N.

773 *Julius*, ZStW 109, 58, 80, vgl. hierzu schon: *Baumann*, AE StGB 1969, S. 177, der einer solchen keine Bedeutung zukommen lässt.

774 Insgesamt dazu s.o. E II 1, v.a. mit Blick auf den geringen Wert der Einziehungsgegenstände und den etwaigen Nutzen der meisten Delikte.

775 Vgl. ebenfalls die hierzu bereits aufgeführten Ausführungen unter E II 1.

776 Hierbei ist zunächst die Widerspruchslage mit der Rechtsordnung auschlaggebend für das Rechtsempfinden der Bevölkerung. Ein durch die Tat rechtswidrig geschaffener Gegenstand muss, um den Unrechtsgehalt der Tat vollständig zu beseitigen, zumindest dem Täter, der den Gegenstand rechtswidrig erlangt hat, entzogen, wenn nicht ganz nach der Tat beseitigt werden. Dieser symbolisiert geradezu das durch

auf die Sanktionsmöglichkeit der Geldstrafe kaum eine eigenständige Bedeutung entfalten.[777] Lediglich der Befriedigungseffekt der Bevölkerung könnte durch den Entzug bestimmter, dem Täter gehörender Gegenstände von Bedeutung sein.[778] Gleichwohl ist dieser Ansatz bei der unternehmensbezogenen Einziehung fehlerhaft. Hier kann in der Erforderlichkeit nicht die Geldstrafe als milderes, gleich geeignetes Mittel herangezogen werden, da eine solche gegen das Unternehmen nicht verhangen wird. Dann aber entwickelt die Einziehung eine selbständige Bedeutung, als eigenständige Sanktion gegen das Unternehmen, wenn auch mit wohl sehr geringer Wirkung. Ob sie bei dieser geringen Wirkung dann aber noch angemessen ist, scheint äußerst fraglich. Gleichwohl kann in vielen Fällen davon ausgegangen werden, dass die Eingriffsintensität ebenso gering ist. Der vage positiv generalpräventive Effekt, dass dem Unternehmen immerhin die zur Verwirklichung der Tat genutzten Mittel entzogen werden, zeigt das Unrecht der Tat auf und wird nur in Ausnahmefällen durch die Eingriffsintensität verdrängt werden. Dann ist jedoch wieder von der Einziehung abzusehen.

Andere Aspekte der Strafe sind bei unternehmensbezogenen Straftaten nicht relevant. Insbesondere, ob der Einziehung eine eigenständige schuldausgleichende Funktion zukommt oder spezialpräventive Aspekte von Bedeutung sind[779], ist bei der Einziehung gegen das Unternehmen unerheblich.

Insgesamt genügen die Einziehungsvorschriften mit Blick auf eine gegen ein Unternehmen gerichtete Einziehung den verfassungsrechtlichen Voraussetzungen. Hierbei haben sie einen erheblichen Vorteil gegenüber den Verfallsvorschriften, der die Verfassungsgemäßheit wahrt. Es kann von der Anordnung der Einziehung im Einzelfall abgesehen werden, insbesondere dann, wenn die Anordnung nicht zweckmäßig und damit unverhältnismäßig wäre. Auch gibt

die Tat geschaffene Unrecht. Auch sind hier dem Verfall ähnliche Erwägungen von Bedeutung ebenso: *Köhler/Beck*, JZ 1991, 797, 799; *Baurmann*, GA 1994, 368, 380 ff.; *Julius*, ZStW 109, 58, 82.

777 So auch *Julius*, ZStW 109, 58, 82.

778 Vgl. E II 1.

779 Hier sind v.a. individuelle täterbezogene Erwägungen von Interesse. Eine besondere Übelzufügung kann dort liegen, wo der Täter eine über das materielle Interesse hinausgehende Bindung an den Einziehungsgegenstand hat. Dies kann z.B. bei einem zur Tat genutzten PKW möglich sein, bei anderen Tatmitteln z.B. einen Hammer für einen Einbruchsdiebstahl mag die Geldstrafe gleich geeignet sein. Auch kann die Einziehung dort Sinn machen, wo die Tat einen speziellen, schwer wiederzubeschaffenden Gegenstand erforderte. Vgl. *Julius*, ZStW 109, 58, 79; *Körner*, BtMG, § 33, Rn. 30 ff. beispielsweise zu besonderen Werkzeugen bei BtMG Delikten.

§ 74 b StGB weitere Möglichkeiten einen milderen, gleich geeigneten Eingriff vorzunehmen.

V. Reaktionen der Rechtsprechung

Diese Unverhältnismäßigkeit wurde sowohl von der Rechtsprechung, als auch von der Literatur erkannt und hat zur Entwicklung verschiedener Ansätze zur Eindämmung der Problemstellung geführt. Zunächst soll der Lösungsweg des BGH vorgestellt werden. Ausgangspunkt hierfür ist der bereits kurz vorgestellte „Sparkassenfall“[780]. Hier erlangte die Sparkasse aufgrund einer von der Straftat völlig unabhängigen Forderung einen Geldbetrag, der vom Täter aufgrund einer Steuerhinterziehung erlangt wurde. Die Sparkasse hatte weder Einfluss auf die Begehung der Straftat, noch war ihr die rechtswidrige Herkunft des Geldes bekannt. Diese Fallkonstellation nahm der BGH als Anlass, die Problematik der Reichweite der Vorschrift des § 73 Abs. 3 StGB aufzugreifen. Insgesamt wird nicht auf einzelne Kriterien zur Auslegung der Merkmale zurückgegriffen, sondern auf drei verschiedene Fallgruppen zur Klassifizierung des Vorteilserwerbes abgestellt. Die Bildung der Fallgruppen wurde als notwendig angesehen, da einzelne Auslegungskriterien nicht die erforderliche Genauigkeit besitzen und erst in Verbindung mit den Fallgruppen an Konturen gewinnen.[781] Diese Fallgruppen untergliedern sich in Vertretungsfälle, Verschiebungsfälle und Erfüllungsfälle. Die Vertretungsfälle werden wiederum unterschieden in Vertretungsfälle im engeren und weiteren Sinne. Der Unterschied innerhalb dieser Unterkategorie findet sich in der Nähe zum Drittbegünstigten. So sind unter den Vertretungsfällen im engeren Sinne Sachverhalte erfasst, in denen der Täter als Organ, Vertreter oder Beauftragter im Sinne des § 14 StGB gehandelt hat. Die Vertretungsfälle im weiteren Sinne umfassen das Handeln von sonstigen Organisationsangehörigen wie z.B. den einfachen Angestellten, auch auf unteren Ebenen des Unternehmens. Beide Unterkategorien werden im Ergebnis gleich behandelt. Das Tatbestandsmerkmal „für einen anderen gehandelt“ wird bejaht, da der Tatbeteiligte zumindest faktisch immer im Interesse der Organisation handelt. Das zweite Tatbestandsmerkmal „dadurch… etwas erlangt“ wird aufgrund des betrieblichen Zurechnungsverhältnisses bejaht. Dies soll für das Vorliegen eines Bereicherungszusammenhangs genügen. Als Begründung wird angeführt, dass eine restriktivere Handhabung des Unmittelbarkeitsmerkmals die Abschöpfung in Fällen von komplexen Geldkreisläufen zu sehr einschränken

780 BGHSt 45, 235.

781 BGHSt 45, 235, 245.

würde.[782] Konsequenz dieser Fallgruppe für den unternehmensbezogenen Verfall ist eine quasi uneingeschränkte Anwendung von § 73 Abs. 3 StGB, sobald ein betriebliches Zurechnungsverhältnis bejaht wird. Somit kann jeder innerhalb des Unternehmens den Verfall gegen dieses auslösen.

Die zweite Fallgruppe, der Verschiebungsfall, ist durch eine unentgeltliche oder bemakelte Weiterleitung des Verfallsgegenstandes vom Täter an einen Dritten zur Verhinderung des Gläubigerzugriffs oder zur Verschleierung der Tat gekennzeichnet. In dieser Konstellation werden andere Kriterien zur Auslegung des Tatbestandes herangezogen. Der Täter wird zumeist die Vermögensverschiebung im eigenen Interesse und allenfalls faktisch auch im Interesse des Dritten vornehmen.[783] Dass der Tatbeteiligte im Einflussbereich des Dritten steht, ist für diese Fallgruppe völlig unerheblich. Ebenso unerheblich ist die Zwischenschaltung weiterer Rechtsgeschäfte. Die Anordnung des Verfalls in diesen Fällen wird mit Verweis auf § 822 BGB begründet. An dieser Fallgruppe wird deutlich, wie weit die Merkmale vom BGH ausgelegt werden. Falls der Täter einem gutgläubigen Dritten den Gegenstand zukommen lässt, um die Tat zunächst zu verschleiern und sich zu einem späteren Zeitpunkt des Gegenstandes wieder anzunehmen, bestehen schon erhebliche Zweifel, ob der Tatbeteiligte „für" den anderen gehandelt hat. Gleichwohl sind diese Konstellationen für die Betrachtung von geringer Bedeutung, denn typische unternehmensbezogene Delikte sind nicht durch eine Weiterverschiebung des Täters an das Unternehmen gekennzeichnet. Vielmehr kommt der Gegenstand dem Unternehmen direkt aus der Tat zu.

Letztlich bleibt die vom BGH gebildete Fallgruppe der Erfüllungsfälle. Einzig bei diesen Konstellationen sieht der BGH von einer Verfallsanordnung ab. Ein Vertreter dieser Fallgruppe ist der vom 5. Strafsenat entschiedene „Sparkassenfall". Von einer Verfallsanordnung gegen die Sparkasse wurde abgesehen. Dabei kommt es auf die Weiterleitung des erlangten Etwas an einen gutgläubigen Dritten aufgrund einer nicht bemakelten entgeltlichen Forderung an[784]. Die Forderung muss unabhängig von der Tat entstanden sein und auch sonst inhaltlich mit dieser in keinem Zusammenhang stehen. Zwar wird hier die Tatbegehung im Interesse des Dritten bejaht, jedoch soll das Unmittelbarkeitskriterium wegfallen. Die völlig von der Tat unabhängigen Rechtsgeschäfte sollen einer Erlangung „durch" die Tat entgegenstehen.[785] Dabei wird darauf verwiesen, dass diese

---

782 BGHSt 45, 235, 246.

783 BGHSt 45, 235, 246.

784 Krit. zur Entgeltlichkeit des Geschäftes: *Katholnigg*, JR 2000, 509, 513.

785 BGHSt 45, 235, 247.

vielmehr selbst als Grundlage der Erlangung dienen. Ebenso wird auf § 822 BGB verwiesen. Der Dritte ist, wie auch im Bereicherungsrecht, dann schutzwürdig, wenn er den Gegenstand aufgrund eines nicht bemakelten, entgeltlichen Rechtsgeschäftes erhält.[786]

Der BGH versucht anhand dieser Fallgruppen die Tatbestandsmerkmale zu konkretisieren und Konstellationen aus dem Bereich des Verfalls herauszunehmen, bei denen der Dritte keinen Einfluss auf den Tatbeteiligten in Hinblick auf die Tatbegehung hat und eine Weiterleitung derart unabhängig von der Tat selbst ist, dass sich die Erlangung lediglich auf ein Rechtsgeschäft zwischen dem Dritten und dem Tatbeteiligten stützt. Für den unternehmensbezogenen Verfall ist die Eingrenzung jedoch wenig nützlich, da hier vom BGH andere Kriterien für die Auslegung der Norm genutzt werden.

Ein weiterer Ansatzpunkt des 5. Strafsenats bezieht sich auf den Verfallsgegenstand und wurde im Rahmen des „Kölner Müllskandals" angewendet. Die durch die Bestechung erlangte Werklohnforderung betrug 792 Mio. DM. Genau an dieser Stelle, beim Verfallsgegenstand, sieht der 5. Strafsenat eine Beschränkungsmöglichkeit. Durch die korruptive Einflussnahme auf die Auftragsvergabe wird demnach nicht der vereinbarte Werklohn erlangt, sondern der Wert des Auftrages zum Zeitpunkt des Vertragsschlusses.[787] Dieser soll den Gewinn sowie etwaige weitere Vorteile umfassen. Dabei wird argumentiert, dass für die Bestimmung des erlangten Verfallsgegenstandes zunächst das Bruttoprinzip unerheblich ist. Erst wenn der Vorteil feststeht, entfaltet die Bruttoberechnungsmethode Wirkung. Bei einer Bestechung sei nicht die spätere Ausführung des Werkvertrages bemakelt, sondern lediglich das „wie" der Auftragserlangung. Folglich sollen nur die Vorteile des Vertragsschlusses relevant sein, nicht solche des späteren Vollzugs. Dies verhält sich nur dann anders, wenn die Ausführung des Geschäfts an sich schon bemakelt ist.[788] Der Wert des Auftrages bestimmt sich somit nach dem zu erwarteten Gewinn. Hinzu können noch etwaige weitere Vorteile wie z.B. konkrete Chancen zum Abschluss von weiteren Verträgen oder die Verbesserung der Marktposition kommen.[789] Gleichartig argumentiert der 5. Strafsenat im „Insiderfall"[790]. Hier handelt es sich beim Verkauf der Wertpapiere ebenfalls um ein nicht bemakeltes Rechtsgeschäft. Vielmehr stellt sich

---

786 BGHSt 45, 235, 248.

787 BGH NStZ 2006, 210, 212.

788 Als Beispiele hierfür werden Embargoverstöße und Betäubungsmittelgeschäfte genannt.

789 BGH NStZ 2006, 210, 212 m.w.N.

790 BGH NJW 2010, 882.

dieser als völlig rechtmäßiger Prozess dar. Lediglich die Art und Weise selbst, die Veräußerung der Wertpapiere unter Verwendung von Insiderinformationen, soll bemakelt sein. Als Folge wird auch in einer solchen Konstellation das erlangte Etwas als Vorteil der rechtswidrigen Handlungsweise ermittelt. Dieser soll sich als Sondervorteil aus dem Insiderwissen ergeben. Dies ist im vorliegenden Fall die Differenz zwischen dem Verkaufswert der Wertpapiere unter Anwendung der Insiderinformationen und dem Verkaufswert, der erlangt worden wäre, wenn es sich um einen uninformierten Marktteilnehmer gehandelt hätte.[791] Der Erwerb der Aktien wird dabei ebenfalls nicht in Ansatz gebracht, da es sich um einen völlig legalen Prozess handelt. Folglich würden hier nicht die insgesamt 2,4 Mio. Euro dem Verfall unterliegen, sondern lediglich der Sondervorteil in Höhe von 400.000 Euro. Offensichtlich wird durch diese Rechtsprechung des Senats der Verfallsbetrag wesentlich zugunsten der Verfallsbetroffenen gemindert. Dies geschieht unter Ausschaltung des Bruttoprinzips für bestimmte Fallgruppen.

Deutlich von der Einengung des Verfallsgegenstandes grenzt sich der 1. Strafsenat des BGH ab. Dies findet seinen Ansatz schon im „Embargofall"[792]. Angenommen wird vom Senat ein Vertretungsfall im weiteren Sinne, da es sich bei den Tätern um Angestellte des Betriebes handelt. Folglich sollen die Voraussetzungen des § 73 Abs. 3 StGB vorliegen. Bei der Bestimmung des Verfallsbetrages wird das Bruttoprinzip herangezogen. Mit diesem Hinweis wird der gesamte Verkaufserlös aus den Embargogeschäften für verfallen erklärt. Dass dabei erhebliche Nachteile für das betroffene Unternehmen entstehen können, wird zwar erkannt, aber durch den Verweis gerechtfertigt, dass es sich um bemakeltes Vermögen aus vergangenen rechtswidrigen Taten handelt.[793] Für Fälle, in denen eine übermäßige Belastung des Betroffenen vorliegt, wird auf § 73 c StGB verwiesen. In der Embargokonstellation ist der Unterschied zum 5. Strafsenat noch nicht derart eklatant. Schließlich beruft sich auch der 5. Strafsenat zum Teil auf den Bemakelungsgedanken und nutzt diesen bei seiner Entscheidung zum „Kölner Müllskandal" und im „Insiderfall". Jedoch stützt sich der 1. Strafsenat nicht auf die Bemakelung der Geschäfte. Dass es dem Senat gerade nicht auf den Unterschied zwischen Art und Weise der Auftragserlangung und dem Geschäft selbst ankommt wird im Fall der strafbaren Werbung deutlich.[794] Zunächst wird auch hier ein Vertretungsfall angenommen und unter dieser Prämisse die Voraussetzungen des Verfalls nach § 73 Abs. 3 StGB letztlich bejaht.

---

791 BGH NJW 2010, 882, 884 m.w.N.

792 BGHSt 47, 369.

793 BGHSt 47, 369, 375.

794 BGHSt 52, 227.

Bei der Bestimmung des Verfallsgegenstandes kommt der Senat zu dem Ergebnis, dass die gesamten Verkaufserlöse, die im Zusammenhang mit der strafbaren Werbung erzielt worden sind, dem Verfall unterliegen. Zwar wird zunächst auf die Ansicht des 5. Strafsenats im „Kölner Müllskandal" abgestellt und darauf verwiesen, dass diese nicht im Widerspruch zur getroffenen Entscheidung stehen. So wird argumentiert, dass anders als im vorliegenden Fall, im Rahmen der Bestechung das Schutzgut nicht die Dispositionsfreiheit der Verbraucher, sondern der freie Wettbewerb ist. Diese Beeinflussung der Dispositionsfreiheit soll aufgrund einer anderen Schutzrichtung eine Bemakelung jedes einzelnen Kaufvertrages nach sich ziehen. Dies rechtfertige eine Abschöpfung des gesamten Verkaufserlöses. Gleichzeitig wird das Merkmal der Bemakelung eingeschränkt, indem es bei einer Beurteilung auf die Strafbarkeit der Ausführung des Vertrages nicht ankommen darf.[795] Ebenso kritisiert der 1. Strafsenat die unterschiedliche Behandlung von Verpflichtungs- und Erfüllungsgeschäft. Eine Abschöpfung müsse auch beim Verpflichtungsgeschäft nach dem Bruttoprinzip erfolgen.[796] Letztlich wird anhand dieses Falles deutlich, wie weit die Positionen der beiden Senate auseinander liegen. Der 5. Strafsenat hätte im Fall der unlauteren Werbung wohl zu einem anderen Ergebnis kommen müssen. Die Art und Weise, wie die Verpflichtungsgeschäfte erlangt worden (durch Irreführung mittels unwahrer Angaben), ist zwar bemakelt, die spätere Ausführung der Geschäfte und der mit diesen erzielten Verkaufserlösen ist es jedoch nicht. Hierbei handelt es sich um Geschäfte, die völlig innerhalb des rechtmäßigen Raumes vorgenommen werden. Folglich wären auch hier nur die Vorteile des Vertragsschlusses, somit hauptsächlich der Vertragswert, der sich im Gewinn wiederspiegelt, erheblich. Diese Diskrepanz ist auch im Insiderfall ersichtlich. Mit der gleichen Begründung wie im Fall der „unlauteren Werbung" hätte der 1. Strafsenat wohl die gesamte erlangte Summe abschöpfen müssen.[797] Denn auch hier stellt das Insiderwissen eine Art Wettbewerbsvorteil dar, der sich erst anhand der Veräußerung der Wertpapiere realisieren lässt. Ohne die Veräußerung hat diese Chance keinen abzutrennenden Marktwert.

Insgesamt lässt sich zwar bei der Begrenzung des § 73 Abs. 3 StGB durch die Bildung von Fallgruppen eine einhellige Rechtsprechung konstatieren. Der Versuch die schwerwiegenden Folgen des Bruttoverfalls v.a. mit Blick auf unternehmensbezogene Straftaten über das „erlangte Etwas" zu mindern, wurde

795 BGHSt 52, 227, 250.
796 BGHSt 52, 227, 251.
797 BGHSt 52, 227, 247.

durch die Rechtsprechung des 1. Strafsenats konterkariert. Dennoch können die vorgeschlagenen Möglichkeiten an späterer Stelle als möglicher Ausweg näher betrachtet werden.

VI. Überblick über den Meinungsstand in der Literatur

An dieser Stelle soll jedoch zunächst der Meinungsstand in der Literatur dargestellt werden. Dabei wird lediglich ein Überblick über solche Lösungsansätze geboten, die sich der Problemstellung auch aus unternehmensbezogener Sicht nähern. Eine Gesamtdarstellung wäre indessen nicht sachdienlich. Eine detaillierte Auseinandersetzung mit den einzelnen Meinungen erfolgt dann in der Analyse der jeweiligen Begrenzungsvorschläge.

Insgesamt fällt der Meinungsstand in der Literatur stark ausdifferenziert aus. So haben sich viele einzelne Hauptstränge in weitere Unterkategorien aufgeteilt. Als Hauptansatzpunkte sind zu nennen: Die Rückkehr zum Nettoprinzip innerhalb des § 73 Abs. 3 StGB, der Bezug auf die Fallgruppen des BGH, die Eingrenzung über das Unmittelbarkeitskriterium und den Verfallsgegenstand, die Eingrenzung über die Gutgläubigkeit des Dritten sowie Begrenzungen über die Person des Täters.

Ein zur Rechtsprechung gegensätzlicher Ansatzpunkt ist die Anwendung des Nettoprinzips auf Fälle des Verfalls gegen einen Drittbegünstigten.[798] Ausgangspunkt dieses Lösungsansatzes ist der Gedanke, dass der strafähnliche Charakter der Bruttoverfallsanordnung gegen den Drittbegünstigten zu erheblichen Problemen mit dem Schuldprinzip führt.[799] Auch soll aufgrund eines fehlenden Verbandsstrafrechts der Bruttoverfall nicht auf Unternehmen anwendbar sein.[800] Weiterhin sei es nicht möglich, wie bei der Verfallsanordnung gegen den Tatbeteiligten, den Verfall bei der Berechnung der Hauptstrafe zu berücksichtigen.[801] Insgesamt müsse das Bruttoprinzip auch nur dort Anwendung finden, wo sich Beweisschwierigkeiten bei der Ermittlung der Aufwendungen finden. Denn nur in solchen Fällen würde sich der Hauptzweck des Bruttoprinzips erfüllen.[802] Zum Teil wird nicht die generelle Anwendbarkeit des Nettoprinzips vertreten,

---

798 *Rönnau*, Vermögensabschöpfung, Rn. 290; *Hofmann*, wistra 2008, 401, 408; wohl auch: *Michalke* in: Nelles, Money, money, money…, S. 104; differenzierend: *Hellmann/Beckemper*, Wirtschaftsstrafrecht, Rn. 995.

799 *Hellmann/Beckemper*, Wirtschaftsstrafrecht, Rn. 994.

800 *Hofmann*, wistra 2008, 401, 408.

801 *Rönnau*, Vermögensabschöpfung, Rn. 290.

802 *Rönnau*, Vermögensabschöpfung, Rn. 194.

sondern vielmehr zwischen der Stellung der handelnden Personen differenziert. Bekleiden diese eine verantwortliche Stellung innerhalb des Unternehmens, soll die Schuld dieser Leitungspersonen dem Unternehmen zugerechnet werden. In solchen Fällen, bei denen es sich um Personen, vergleichbar mit dem Personenkreis des § 75 StGB handelt, soll dann das Bruttoprinzip Anwendung finden.[803] Handelt ein Mitarbeiter unterhalb dieser Verantwortungsebene oder gar ein Dritter, soll das Nettoprinzip angewendet werden.

Diese differenzierende Lösung führt zu einem weiteren Ansatzpunkt. So wird über die Person des Tatbeteiligten die Reichweite der Norm eingegrenzt. So betont *Eser* ebenfalls, mit Verweis auf das Schuldprinzip, die Nähe des Tatbeteiligten zum Drittempfänger. Dieser müsse zumindest im Einflussbereich des Dritten stehen und darüber hinaus in dessen Interesse handeln.[804] Dabei wird ähnlich dem § 75 StGB ein organschaftliches oder organschaftsähnliches Verhältnis für eine mögliche Bruttoabschöpfung gegen eine juristische Person gefordert. Gegenüber natürlichen Personen soll stets nur die Nettoabschöpfung zulässig sein. Teilweise wird sogar der gesamte Anwendungsbereich des § 73 Abs. 3 StGB auf Vertretungsfälle im engeren Sinne reduziert.[805] Ansonsten könnte dem Unternehmen kein Vorwurf gemacht werden, der eine Verfallsanordnung rechtfertige.[806]

Ein anderer Ausweg in Fällen, in denen die Unternehmensleitung gutgläubig ist, wird in § 73 c StGB gesehen. Dabei bemerkt schon der BGH, dass in solchen Sachverhalten die Gutgläubigkeit der Organe einer juristischen Person in der Regel für das Vorliegen einer unbilligen Härte ausschlaggebend sein kann.[807] Teilweise wird die Bösgläubigkeit der Unternehmensleitung auch als Voraussetzung für eine uneingeschränkte Abschöpfung nach § 73 Abs. 3 StGB gesehen.[808]

Auch die Ansätze des 5. Strafsenats erhielten Zustimmung. Sowohl die Fallgruppenbildung[809], als auch die Eingrenzung über die Bestimmung des

---

803 *Hellmann/Beckemper*, Wirtschaftsstrafrecht, Rn. 994 f.

804 *Eser,* in: Schönke/Schröder, § 73, Rn. 37. Wann ein Handeln im Interesse noch vorliegt, wird indessen nicht erläutert.

805 So: *Hofmann,* wistra 2008, 401, 408, dies jedoch lediglich unter der Prämisse, dass der Bruttoverfall keine strafähnliche Maßnahme sei.

806 *Hofmann,* wistra 2008, 401, 408.

807 Bereits *Fischer,* StGB, § 73, Rn. 30; BGHSt 47, 369, 376.

808 *Hofmann,* wistra 2008, 401, 408, auch hier unter obiger Prämisse.

809 Vgl. *Schmidt,* Gewinnabschöpfung, Rn. 278.

unmittelbar erlangten Verfallsgegenstandes[810] fanden teilweise Anklang. So wird v.a. die konsequente Anwendung des Unmittelbarkeitsprinzips anerkannt sowie die Trennung zwischen Gegenstand und Umfang des Verfalls herausgestellt.[811] Dennoch gaben die Entscheidungen auch Anlass zur Kritik. Zuvorderst werden die Auslegung des Unmittelbarkeitskriteriums bei Bestechungsdelikten und die Annäherung an die Berechnungsmethode des Nettoprinzips beanstandet.[812]

Insgesamt sind zahlreiche Begrenzungsvorschläge ersichtlich. Diese sollen nun im Detail analysiert werden.

VII. Begrenzungsvorschläge für den Verfall gegen den tatunbeteiligten Dritten

1. Die Bildung von Fallgruppen durch den 5. Strafsenat des BGH

Zunächst soll der Ansatzpunkt des 5. Strafsenats im Mittelpunkt der Betrachtung stehen. Ausgangspunkt ist somit die bereits oben dargestellte Untergliederung in Vertretungs-, Verschiebungs- und Erfüllungsfälle. Der Grund für die Bildung einzelner Fallgruppen soll in der Möglichkeit der Konkretisierung der in der Literatur gefundenen Auslegungskriterien dienen. Dabei wird auf die Gesetzesmaterialien verwiesen, in denen die genannten Kriterien schon anhand von Fallgruppen diskutiert wurden.[813] Tatsächlich erscheint die Bildung von Fallgruppen zunächst nützlich bei der Auslegung des § 73 Abs. 3 StGB. So kann zumindest konkret festgelegt werden, welche Fallgruppe vorliegt und somit, ob der Verfall nach § 73 Abs. 3 StGB anzuordnen ist. Für unternehmensbezogene Delikte ist v.a. die Vertretungsfallgruppe relevant. Dabei wird das Handeln eines Organisationsangehörigen stets unter den Anwendungsbereich des § 73 Abs. 3 StGB gefasst. Gerade solche Konstellationen soll der Gesetzgeber im Auge gehabt haben.[814] Weitere Argumente werden nicht vorgebracht. Somit erfolgt keine Eingrenzung der Problematik. Auch die weiteren Fallgruppen, namentlich die Verschiebungs- und Erfüllungsfälle, können die Problematik nicht befriedigend eingrenzen. Letztlich werden nur völlig vom Unternehmen unabhängige Dritte von den Vertretungsfällen nicht erfasst. Damit wird nur ein kleiner

---

810 *Saliger,* in: NK StGB, § 73, Rn. 17; *Janssen,* Gewinnabschöpfung, Rn. 268; *Kudlich/ Noltensmeier,* wistra 2007, 121, 127.

811 *Saliger,* in: NK StGB, § 73, Rn. 17.

812 *Saliger,* NJW 2006, 3377, 3381; *Hohn,* wistra 2006, 321, 322 ff; *Lohse,* JR 2009, 188, 191.

813 BGHSt 45, 235, 245.

814 BGHSt 45, 235, 245.

Abschnitt der Materie abgedeckt. Der Schwerpunkt, in dem Unternehmensangehörige als Tatbeteiligte handeln, führt somit immer zu einer Verfallsanordnung nach § 73 Abs. 3 StGB. Auch die zu den Fallgruppen hervorgebrachte Kritik wiegt schwer. Bei den Verschiebungsfällen beruft sich der BGH auf § 822 BGB. Dies stellt eine Durchbrechung des Grundsatzes des Vorrangs der Leistungskondiktion dar. Die Norm gestattet einen direkten Durchgriff auf den Dritten, wenn dieser aufgrund der Unentgeltlichkeit des dazwischen geschalteten Geschäftes nicht schutzwürdig ist. Dabei wird jedoch verkannt, dass der Drittempfänger sich bei gemachten Aufwendungen auf § 818 Abs. 3 BGB berufen kann. Demnach können auch Vermögensnachteile vor der Bereicherung in Ansatz gebracht werden, wodurch sich der Anspruch auf die tatsächlich noch vorhandene Bereicherung beschränkt.[815] Eine solche Möglichkeit steht dem Drittbegünstigten, der vom Bruttoverfall betroffen ist, nicht zu. Zwar kann er sich auf § 73 c Abs. 1 S. 2 Alt. 1 StGB berufen. Hierdurch sollen jedoch gerade nicht die Härten des Bruttoprinzips berücksichtigt werden. Das erlangte Etwas bestimmt sich ohne etwaige Aufwendungen in Ansatz zu bringen. Folglich sind nur solche Nachteile erfasst, die nach der Erlangung des Verfallsgegenstandes eintreten. Auch ist der Grundsatz des Vorrangs der Leistungskondiktion und dessen Durchbrechung einer des Bereicherungsrechts. Einen Solchen für das Verfallsrecht nutzbar zu machen, ist aufgrund der Zweckrichtung beider Institute nicht nachvollziehbar.[816] Mithin ist der Versuch, § 822 BGB auch für das Verfallsrecht in Ansatz zu bringen, kaum überzeugend. Auch die Abschöpfung der Vorteile bemakelter Rechtsgeschäfte beim Drittbegünstigten überzeugt nicht. Zunächst bleibt völlig unklar, was unter einem bemakelten Geschäft zu verstehen ist. Weiterhin könnte im Falle einer entgeltlichen bemakelten Weitergabe eine Abschöpfung über § 73 Abs. 2 S. 2 StGB erfolgen.[817] Auch scheint es fraglich, inwiefern Fälle des unentgeltlichen Erwerbs tatsächlich auftreten.[818]

Lediglich die Erfüllungsfallgruppe führt zu einer Nichtanwendung der Verfallsvorschriften gegen den Drittbegünstigten. Gleichermaßen wird auf § 822 BGB verwiesen. Der Verfall sollte nicht weitergehen als der Durchgriff nach § 822 BGB.[819] Auch hier wird eine zu enge Anbindung an die bereicherungsrechtlichen Vorschriften vorgenommen.[820] Zugleich ist die Begründung zum

815 *Sprau*, in: Palandt, § 818, Rn. 28 m.w.N.

816 *Rönnau*, Vermögensabschöpfung, Rn. 285.

817 *Rönnau*, Vermögensabschöpfung, Rn. 286.

818 *Rönnau*, Vermögensabschöpfung, Rn. 287.

819 BGHSt 45, 235, 247.

820 Vgl. hierzu auch: *Fischer*, StGB, § 73, Rn. 37 f.

fehlenden Unmittelbarkeitskriterium inkonsequent. Warum soll die unmittelbare Erlangung davon abhängig sein, ob der Dritte den Gegenstand durch ein entgeltliches oder unentgeltliches Rechtsgeschäft erlangt hat.

Insgesamt überzeugt die Fallgruppenbildung nicht. Die Tatbestandsmerkmale werden teilweise überdehnt oder widersprüchlich angewendet. Vielmehr wäre eine klare Auslegung des Tatbestandes wünschenswert. So könnte der durch entgeltliches Rechtsgeschäft begünstigte Dritte schon anhand des Merkmals „im Interesse“ geschützt werden. Der Tatbeteiligte müsste dann schon bei Tat für den Dritten gehandelt haben.[821] Hatte er zu diesem Zeitpunkt nicht die Absicht etwaige Forderungen zu bedienen, handelte er auch nicht „für“ den Dritten. Selbst wenn er diese Absicht bei Tatbegehung hat, so kann es nicht im Interesse des Dritten liegen, sich einer etwaigen Bruttoverfallsforderung auszusetzen. Folglich ist in den meisten Fällen dieser Art ein Handeln „für einen anderen“ zu verneinen. Die Fallgruppen bieten kaum wesentliche Vorteile und lösen v.a. die Hauptproblematik des unternehmensbezogenen Verfalls nicht. Folglich sind andere Lösungsansätze gefordert.

2. Lösung des 5. Strafsenats durch die Begrenzung des erlangten Etwas

Ein weiterer Versuch des 5. Strafsenats des BGH die Folgen des Verfalls gegen Unternehmen einzugrenzen, erfolgt über den Verfallsgegenstand selbst. Hierbei lohnt es sich die zentralen Aussagen des BGH v.a. in der Entscheidung zum „Kölner Müllskandal“ näher zu beleuchten. Als Erstes weist der 5. Strafsenat darauf hin, dass für die Bestimmung des Verfallsgegenstands das Bruttoprinzip bedeutungslos ist. Erst wenn dieser feststeht, verhindert die Bruttoberechnungsmethode die Anrechnung von etwaigen Aufwendungen, die im Zusammenhang mit der Erlangung des Vorteils getätigt wurden.[822] Bei der Bestimmung des Verfallsbetrages wird mithin ein Zweischritt vorgenommen. Dabei muss der Verfallsgegenstand spiegelbildlich dem Vorteil gleichen, der gerade unmittelbar aus der Tat erlangt wurde. Der zweite zentrale Punkt des 5. Strafsenats bezieht sich auf das Unmittelbarkeitskriterium. Demnach ist durch die Tat nur der Vorteil erlangt, der aus dem bemakelten Geschäft selbst stammt. Eine spätere Ausführung ist nur dann erfasst, wenn auch diese selbst bemakelt ist.[823] Im konkreten Fall wurde damit nur das Verpflichtungsgeschäft als bemakelt angesehen, da nur

821 Ebenso: *Eser*, in: Schönke/Schröder, § 73, Rn. 37 a.
822 Vgl. BGH NStZ 2006, 210, 212.
823 BGH NStZ 2006, 210, 212.

die Art und Weise der Auftragserlangung ein Odium darstellt. Die Ausführung hingegen stellt einen völlig legetimen Prozess dar und soll somit nicht vom Verfall betroffen sein. Im Ergebnis ist folglich der Vertragsschluss erlangt und dieser entspricht im Wert dem zu erwartenden Gewinn. Hinzu können etwaige zusätzliche Vorteile kommen.

Im Fall des verbotenen Insidergeschäfts wird ebenfalls konsequent auf den erzielten Gewinn abgestellt. Gleichfalls finden sich weitere Konkretisierungen zu den zentralen Aussagen des „Kölner Müllskandals". Die Bemakelung des Geschäftes bestimmt sich danach, was an dem Geschäft strafbewehrt ist. Ist das Geschäft an sich verboten, soll der gesamte erlangte Wert dem Verfall unterliegen. Ansonsten ist nur der aus der Tat stammende, gerade durch die strafbewehrte Art und Weise erlangte Sondervorteil abzuschöpfen. Mithin werden die mit Makel behafteten Geschäfte als solche definiert, die an sich schon strafbewehrt sind. Nur in diesen Fällen ist der gesamte erlangte Wert aus dem Geschäft abzuschöpfen.

Zunächst ist die erste zentrale Aussage zu untersuchen. Eine zweigeteilte Prüfung, in der zunächst der Verfallsgegenstand bestimmt wird und dann das Bruttoprinzip zur Berechnung des Verfallsbetrages genutzt wird, ist ebenso konsequent wie logisch.[824] Dennoch ist durch diese Formulierung zunächst nicht viel gewonnen, ist sie doch nur Ausfluss der nach dem Tatbestand vorgegebenen Methodik unter Berücksichtigung des Bruttoprinzips. Eine Eingrenzung durch diese Formulierung erfolgt hingegen nicht. Sie dient vielmehr nur der Klarstellung und ist wohl der Versuch, die nachfolgende Formulierung des 5. Strafsenats zu stützen, ohne einen Mehrwert für diese zu erlangen. Letztlich bedeutsamer sind die Ausführungen zum Unmittelbarkeitskriterium. Über dieses wird versucht die v.a. im „Kölner Müllskandal" drohende, erhebliche Abschöpfungssumme zu umgehen. Hierfür wird bewusst zwischen dem Verpflichtungsgeschäft und der späteren Auftragsausführung unterschieden. Durch diese Unterscheidung soll die strafbewehrte Handlung von der eigentlichen Vertragsleistung isoliert werden. Denn nur die Auftragserlangung ist strafbewehrt und soll damit einziger Anknüpfungspunkt für den Verfall sein. Zunächst mag dieses Ergebnis vom Unmittelbarkeitskriterium her gestützt sein, erlangt das Unternehmen doch erst den Werklohn durch den Einsatz des Erlangten.[825] Allerdings fällt mit Blick auf die Berechnung des Verfallsbetrages im Fall des „Kölner Müllskandals"

824 Ebenso: *Wehnert/Mosiek*, StV 2005, 568, 574; *Hellmann/Beckemper*, Wirtschaftsstrafrecht, Rn. 992; *Saliger*, in: NK StGB, § 73, Rn. 17; *Saliger*, NJW 2006, 3377, 3381.

825 *Saliger*, in: NK StGB, *§ 73*, Rn. 17.

sofort ein Begriff in den Fokus: Nettoprinzip. Wird nur der Gewinn aus dem Werkvertrag in Ansatz gebracht, so wird geradezu eine Verrechnung von Aufwendungen mit dem eigentlichen Auftragsvolumen vorgenommen.[826] Dadurch wird in einer derart bedeutenden Konstellation der mit dem Bruttoprinzip beabsichtigte Präventionszweck konterkariert. Denn das wirtschaftliche Risiko bleibt bei der Abschöpfung des Gewinns gleich null.[827] Insgesamt scheint die Trennung der einzelnen Geschäfte in bemakelte und solche, bei denen lediglich die Art und Weise des Erlangens illegitim ist, nicht nachvollziehbar. So geht schon das oft angeführte Beispiel des Embargoverstoßes dann fehl, wenn hiermit nur absolut verbotene Geschäfte gemeint sind.[828] Denn letztlich ist der Verkauf von Waren in andere Länder keine verbotene Handlung, sondern nur die Tatsache, dass es sich um die Lieferung von Waren in ein bestimmtes von einem Embargo betroffenes Land handelt.[829] Es erscheint unter diesen Umständen kaum möglich zu beurteilen, wann genau ein bemakeltes Geschäft vorliegen soll und wo die Grenze liegt.[830] Ebenso bleibt unklar, warum die Beurteilung des Verpflichtungsgeschäftes nach dem Nettoprinzip erfolgen soll.[831] Erlangt wurde letztlich der Vertragsschluss. Dieser hat einen Forderungswert in Höhe des Zahlungsanspruchs. Etwaige Kosten zur Erfüllung der Gegenforderung sollen nach dem Bruttoprinzip gerade nicht berücksichtigt werden. Durch das Aufbrechen jedes einzelnen Verhaltens in unterschiedliche Gruppen in Abhängigkeit von bemakelten Handlungen wird letztlich Rechtsunsicherheit geschaffen. Der Verfallsbetroffene kann unter dieser Prämisse kaum abschätzen, ob gegen ihn das Bruttoprinzip mit seiner strafähnlichen Wirkung oder nur das Nettoprinzip zur Anwendung kommt. Mit Blick auf Art. 103. Abs. 2 GG ist eine solche Unsicherheit nicht unbedenklich. Dies wirkt sich auch auf die Insidergeschäfte aus. Auch hier wird versucht, zwischen dem bemakelten und dem legetimen Verhalten zu differenzieren. Demnach liegt der Unrechtskern hier im Ausnutzen der Insiderinformation zur Erlangung des Vorteils, der der Information inhärent ist. Daraus wird gefolgert, dass letztlich nur dieser Sondervorteil erlangt wird.[832]

826 So auch *Hohn,* wistra 2006, 321, 322 f.; *Saliger,* NJW 2006, 3377, 3381.

827 *Lohse,* JR 2009, 188, 190.

828 Dies lässt sich bei der Formulierung zum „Insiderfall" BGH NJW 2010, 882, 884 durchaus so verstehen, wenn vom 5. Strafsenat die Formulierung „Soweit das Geschäft an sich verboten ist" verwendet wird.

829 Ebenso: *Hellmann/Beckemper*, Wirtschaftsstrafrecht, Rn. 993.

830 Vgl. hierzu auch *Claus,* Gewinnabschöpfung, S. 159 ff.

831 BGHSt 52, 227, 251.

832 *Kudlich/Noltensmeier,* wistra 2007, 121, 124.

Gleich dem Fall der Bestechung wird auch hier wieder argumentiert, dass es sich beim Wertpapierhandel an sich um ein rechtmäßiges Verhalten handelt.[833] Letztlich sind im Fall des verbotenen Insiderhandelns noch deutlicher die Schwierigkeiten einer Aufspaltung zu erkennen. Ein dazwischen geschaltetes Geschäft wie bei der Korruption existiert hier nicht. Somit wird der Schwerpunkt nicht am Unmittelbarkeitskriterium, sondern am Erlangten selbst festgemacht. Insgesamt ist die Argumentation auch hier nicht überzeugend. Zu den bereits zum „Kölner Müllskandal" genannten Bedenken kommen noch weitere hinzu. Denn der Tatbestand bestraft gerade nicht das Wissen um die Insiderinformation, sondern den Erwerb oder die Veräußerung der Insiderpapiere. Erlangt aus der Veräußerung ist somit spiegelbildlich der gesamte Veräußerungserlös. Dieses Ergebnis ist folglich auch im Einklang mit der Entscheidung des 1. Strafsenats des BGH zur unerlaubten Werbung. Denn letztlich besteht durch die unerlaubte Werbung auch nur eine Chance auf Warenbestellung, ähnlich bei der korrupten Manipulation der Auftragsvergabe oder der Chance den Vorteil der Insiderinformation zu nutzen, deren Werthaltigkeit für den Begünstigten nur in der Realisierung der Aussicht liegt.[834]

Insgesamt ist der Vorschlag des 5. Strafsenats kaum geeignet die Probleme ohne Rückgriff auf das Nettoprinzip, verbunden mit erheblicher Rechtsunsicherheit, zu lösen. Des Weiteren kommt hinzu, dass andere Fälle des unternehmensbezogenen Verfalls von dieser Lösung nicht abgedeckt wären, wie z.B. der Embargofall.

3. Begrenzung des Bruttoprinzips

Wenngleich der Ansatz des 5. Strafsenats des BGH als versteckter Rückschritt zum Nettoprinzip kritisiert wurde, so gibt es teilweise Versuche beim Verfall gegen den Drittbegünstigten vollends auf die Anwendung des Bruttoprinzips zu verzichten. Die Grundlage dieser Ansätze ist in der Rechtsnatur des Verfalls verankert. Da der Verfall Strafcharakter hat, muss für die Anordnung das Schuldprinzip berücksichtigt werden. Sowohl bei der Verfallsanordnung nach § 73 Abs. 1 S. 1 StGB, als auch beim Verfall gegen den Drittempfänger nach § 73 Abs. 3 StGB. Diese Forderung ist letztlich konsequent und verdient im Großteil Zustimmung. Der Strafcharakter des Bruttoverfalls kann nur unter der Prämisse des Schuldprinzips durchgehalten werden. Mithin muss bei der Bruttoverfallsanordnung gegen den Tatbeteiligten eine schuldhafte Tat vorliegen. Gegen den

833 *Kudlich/Noltensmeier*, wistra 2007, 121, 124; BGH NJW 2010, 882, 884.

834 Vgl. BGHSt 52, 227, 247.

Drittbegünstigten i.S.v. § 73 Abs. 3 StGB kann somit keine Strafe verhangen werden. Hierfür spricht auch die fehlende Möglichkeit die Bruttoverfallsanordnung bei der Bildung einer Hauptstrafe anzurechnen.[835] Folglich ist gegen den Drittbegünstigten das Nettoprinzip anzuwenden. Teilweise wird dieser Standpunkt auf den gesamten Drittempfängerverfall, insbesondere die Anordnung gegen Unternehmen, ausgedehnt.[836] Als Begründung wird ein fehlendes Verbandsstrafrecht innerhalb des deutschen Strafrechtssystems genannt, so dass eine Strafe gegen ein Unternehmen nicht zulässig sein kann.[837] Allerdings ist hier auf § 75 StGB zu verweisen, der genau diese Möglichkeit bereits bietet.[838] Auch beim Verfall gegen ein Unternehmen handelt es sich um einen Vorwurf bezüglich der Organisationsstruktur.[839] Denn gerade die Entfaltung einer Präventionswirkung gegenüber unternehmensbezogener Straftaten ist der Zweck des Bruttoverfalls nach § 73 Abs. 3 StGB.[840] Eine solche Präventionswirkung würde mit der Rückkehr zum Nettoprinzip verloren gehen, da das Unternehmen dann das Risiko einer Bruttoabschöpfung nicht zu befürchten hat. Andere Maßnahmen wie etwa die Verbandsgeldbuße sind hierfür nicht derart geeignet. Vielmehr sollte versucht werden dem Präventionsgedanken durch die Tatbestandsauslegung mehr Gewicht zu verleihen, um so den Zweck der Norm zu fördern.

4. Bösgläubigkeit des Drittbegünstigten

Um diesem Normzweck besser zu entsprechen wird teilweise gefordert, die Unternehmensführung müsse für eine Verfallsanordnung bösgläubig oder zumindest grob fahrlässig gehandelt haben.[841] Ein solcher Ansatzpunkt kann nur bei einer juristischen Person Bestand haben, da die Bösgläubigkeit bei natürlichen Personen eine Strafbarkeit nach §§ 257, 259 oder 261 StGB nach sich ziehen würde.[842] Damit wäre eine Verfallsanordnung bereits nach § 73 Abs. 1 StGB anzuordnen. Fordert man die Bösgläubigkeit bereits als Tatbestandsmerkmal, gestaltet sich dies nicht unproblematisch, da eine solche nicht ausdrücklich verlangt wird. Sie könnte allerdings Eingang durch das Merkmal „für einen anderen

---

835 *Rönnau,* Vermögensabschöpfung, Rn. 290.

836 *Hofmann,* wistra 2008, 401, 408; *Rönnau,* Vermögensabschöpfung, Rn. 290.

837 *Hofmann,* wistra 2008, 401, 406 ff.

838 Vgl. hierzu die bereits in F. I. gemachten Ausführungen, die sich der Problematik konkret widmen.

839 Siehe F. I.

840 Vgl. im Detail C. II. 2. c.

841 *Hofmann,* wistra 2008, 401, 408 f.

842 *Joecks,* in: MüKo, StGB, § 73, Rn. 75; *Fischer,* StGB, § 73, Rn. 38.

gehandelt" finden. Ist die Unternehmensführung bösgläubig, kann ohne Zweifel ein Handeln für diese angenommen werden, da hier der Mitarbeiter, selbst nur bei Billigung des Verhaltens, mit dem Einverständnis der Unternehmensführung gleichsam als Teil des Verbandes so handelt, als würde die Organisation selbst die Handlung vornehmen. Ist das Unternehmen gutgläubig, könnte nun das Tatbestandsmerkmal mit der Begründung verneint werden, dass der Mitarbeiter selbst, gerade nicht als Teil des Unternehmens, sondern selbständig und eigenverantwortlich gehandelt hat. Dem Unternehmen könnte dann kein Vorwurf bezüglich der Tat des Mitarbeiters gemacht werden, wenn es von dieser nichts wusste. Der Grundgedanke, Straftaten sollen sich nicht lohnen, soll dann nicht übertragen werden und würde schlichtweg den Falschen treffen.[843]

Auch an dieser Stelle wird der Ansatzpunkt für die Vorwerfbarkeit verfehlt. Es wird nicht der Schuldvorwurf gegen den Mitarbeiter auf die Organisation übertragen, sondern dem Unternehmen selbst ein eigener Vorwurf bezüglich seiner Organisationsstruktur gemacht. Diese habe es zugelassen, dass innerhalb des Einflussbereiches des Verbandes Straftaten zu dessen Gunsten begangen werden. Mithin wird gerade nicht der „Falsche" getroffen. Würde man den Nettoverfall nur gegen ein bösgläubiges Unternehmen zulassen, hätte dies erheblich negative Folgen. Das Unternehmen könnte sich mit dem Verweis auf eine Gutgläubigkeit vor der Verfallsanordnung schützen. Mithin wäre es für die Organisation wesentlich wirtschaftlicher, ein Klima zu schaffen, in dem die Unternehmensleitung nicht in illegale Prozesse verwickelt wird. Dies bedeutet im nächsten Schritt einen Abbau von Kontroll- und Überwachungsmechanismen. Das Unternehmensklima könnte sich dadurch in eine negative Richtung bewegen, in der der Mitarbeiter gerade dazu angehalten wäre, rechtswidrige Vorgänge ohne Wissen der Unternehmensführung durchzuführen. Der Präventionsgedanke der Vorschrift würde somit konterkariert. Warum sollte ein Unternehmen Maßnahmen zur Verhinderung von Straftaten einführen, ohne einen Anreiz hierfür zu haben. Der gesetzte Anreiz bedingt eine gegenteilige Wirkung. Es lohnt sich vielmehr, wenig über die rechtswidrigen Prozesse innerhalb der Organisation an die Unternehmensführung weiterzuleiten, selbstverständlich im Interesse des Unternehmens selbst. Schließlich will die Unternehmensführung dann auch nicht über diese Prozesse informiert werden, solange die „Zahlen" stimmen. Ansonsten bestände das Risiko einer Bruttoverfallsanordnung nach § 73 Abs. 3 StGB. Folglich ist der Ansatz, bei einer Verfallsanordnung nach § 73 Abs. 3 StGB

843 *Hofmann*, wistra 2008, 401, 409.

gegen ein Unternehmen die Bösgläubigkeit der Unternehmensführung zu verlangen, nicht mit dem Zweck der Vorschrift vereinbar.

5. Zurechnungsverhältnis im Sinne des § 75 StGB

Eine weitere Möglichkeit der Begrenzung wird in der Beschränkung des handelnden Personenkreises gesehen. Dabei wird ein an § 75 StGB[844] angelehntes Verhältnis zwischen dem Tatbeteiligten und der juristischen Person für die Anordnung des Verfalls nach § 73 Abs. 3 StGB gefordert.[845] Ausgangspunkt dieses Ansatzes ist auch hier das Tatbestandsmerkmal „für einen anderen gehandelt". Ein solches Handeln soll zumindest nur dort vorliegen können, wo der Tatbeteiligte nicht völlig außerhalb des Einflussbereiches des Dritten steht.[846] Dies wird dann derart eingeschränkt, dass nur ein Handeln von Organen bzw. ausdrücklich bestimmten Vertretern dem Unternehmen vorwerfbar zugerechnet werden kann.[847] Als Personenkreis, der eine dem Unternehmen zurechenbare und vorwerfbare Handlung begehen kann, wird der des § 75 StGB angenommen. Insbesondere die vorhandenen Zurechnungsvorschriften der §§ 14 und 75 StGB dienen als Argument für diesen Begrenzungsansatz. Beide Normen beschränken sich auf Personen in Leitungspositionen. Eine solche Einschränkung müsse dann, um sich dem Normengefüge systematisch anzupassen, auch bei § 73 Abs. 3 StGB erfolgen.[848] Gleichzeitig wird auf den Wortlaut des § 73 Abs. 3 StGB verwiesen, der insoweit passgleich mit der gesetzlichen Überschrift des § 14 StGB ist.[849] Insgesamt scheint der Verweis auf § 75 StGB auf den ersten Blick überzeugend. Wird so doch eine sinnvolle Beschränkung des § 73 Abs. 3 StGB erreicht. Dem Unternehmen droht nur dann eine Abschöpfung des Bruttoerlangten, wenn offensichtlich ein Vorwurf bezüglich der fehlerhaften Organisationstruktur gemacht werden kann. Dies wird durch die Ausnahme gestützt, dass eine Haftung auch dann möglich sein soll, wenn eine nicht aus dem Personenkreis des § 75 StGB stammende Person handelt und die Unternehmensleitung bösgläubig ist.[850] Gleichwohl ist dieser Lösungsansatz nicht mit der Normgestaltung des § 73 Abs. 3 StGB vereinbar. Zunächst hat der Gesetzgeber gerade für § 73 Abs. 3 StGB eine andere Fassung

844 Vgl. zu diesem Verhältnis die Ausführungen zu § 75 StGB unter D. II. 2.
845 *Hofmann*, wistra 2008, 401, 407; *Eser*, in: Schönke/Schröder, § 73, Rn. 37.
846 *Eser*, in: Schönke/Schröder, § 73, Rn. 36.
847 *Hofmann*, wistra 2008, 401, 408.
848 *Hofmann*, wistra 2008, 401, 407.
849 *Hofmann*, wistra 2008, 401, 407.
850 *Hofmann*, wistra 2008, 401, 407.

als in den §§ 14 und 75 StGB gewählt. Deutlich tritt durch den offenen Wortlaut hervor, dass eine weitergehende Abschöpfung des rechtswidrig erlangten Vorteils über die Grenzen des § 75 StGB hinaus beabsichtigt ist. Eine Begrenzung auf den genannten Personenkreis schränkt eine Abschöpfung derart ein, dass der gesetzgeberische Zweck des Verfalls in vielen Fällen nicht erreicht werden kann. Selbst unter der Bedingung, dass das Nettoerlangte immer dem Verfall unterliegt und die Begrenzung des Personenkreises nur bei einer Bruttoabschöpfung relevant ist[851], wird zumindest der Präventionszweck der Bruttoabschöpfung sowie der gesetzgeberische Wille ausgeblendet. Insgesamt werden letztlich wenige Anreize geschaffen, präventive Maßnahmen innerhalb des Unternehmens zu fördern. Des Weiteren wird die Problemstellung nicht vollends entschärft. So können weiterhin erhebliche Abschöpfungssummen zumindest im Bereich einer Handlung von Leitungspersonen auf das Unternehmen zukommen, ohne das viel durch diese Beschränkung gewonnen wird.

6. Berücksichtigung bei der Strafzumessung

Mithin bedarf es einer Möglichkeit die Härten des Bruttoverfalls in kritischen Fällen abzufedern. Hierfür könnte ein weiterer, der Einziehung ähnlicher Ansatz, zweckdienlich erscheinen. Die repressive Einziehung ist als Strafe bei der Strafzumessung zu berücksichtigen. Der Bruttoverfall als Strafe könnte ebenfalls unter diesem Gesichtspunkt zu beachten sein. Hier ergeben sich jedoch sogleich erhebliche Probleme. Denn gegen das Unternehmen selbst wird keine Hauptstrafe verhangen, sondern lediglich der Bruttoverfall nach § 73 Abs. 3 StGB. Eine Anrechnung innerhalb des Strafmaßes der Hauptstrafe ist somit nicht möglich. Gleichwohl könnte die Bruttoverfallsanordnung unter einem anderen Aspekt berücksichtigt werden. Denn gegen das Unternehmen kommt in einer Vielzahl von Fällen auch die Verhängung einer Verbandsgeldbuße nach § 30 OWiG in Betracht. Der Anwendungsbereich wird durch § 130 OWiG noch beachtlich ausgedehnt. Somit könnte der Bruttoverfall, da er vor der Verbandsgeldbuße festzulegen ist, im OWiG-Verfahren über § 30 OWiG berücksichtigt werden. Ansatzpunkt ist der Zweck der Vorschrift. Dieser ist identisch mit dem des gegen einen Verband gerichteten Bruttoverfalls nach § 73 Abs. 3.[852] Wenn nun die Anordnung des Bruttoverfalls gegen das Unternehmen den Zweck einer Verbandsgeldbuße vollends ausfüllt, bedarf es keiner Verhängung dieser. Fällt der Verfall niedriger aus, kann er auch innerhalb der Festlegung der Höhe der

851 *Eser*, in: Schönke/Schröder, § 73, Rn. 37.
852 Vgl. B. IV.

Verbandsgeldbuße berücksichtigt werden. So ist es möglich, zumindest teilweise die Höhe des Bruttoverfalls zu berücksichtigen. Indessen ist diese Berücksichtigung jedoch nicht ausreichend, um die Härten der Bruttoabschöpfung abzufedern. Zwar kann nach der erheblichen Änderung des Bußgeldrahmens nach § 30 Abs. 2 OWiG ein Großteil des Verfallsbetrages berücksichtigt werden. Dennoch findet diese Berücksichtigung gerade in den kritischen Fallgruppen, bei denen ein außergewöhnlich hoher Verfallsbetrag droht, ihre Grenzen. Gleichwohl kann eine maximale Berücksichtigungssumme von 10 Mio. Euro in einem beachtlichen Maße zu einer Abfederung der Bruttoverfallshärte führen. Dagegen kann der Bruttoverfall nicht in allen Fällen bei der Verbandsgeldbuße berücksichtigt werden. Denn diese ist auf die in § 30 Abs. 1 OWiG genannten Personengruppen begrenzt. In Fällen, in denen ein Mitarbeiter der unteren Ebene eine Tat zugunsten des Unternehmens begeht, ist eine Berücksichtigung des Verfallsbetrages nicht möglich. Nicht problematisch hingegen ist, dass die zuständige Bußgeldbehörde zeitlich vollends von der Entscheidung über den strafrechtlichen Verfall abhängig wäre. Denn nach § 444 Abs. 1 StPO ist die Verbandsgeldbuße ohnehin von dem für die Bezugstat zuständigen Gericht zu verhängen.[853]

7. Ausschöpfung der Grenzen des Verfalls

Um eine zweckmäßige Begrenzung des Bruttoverfalls gegen Unternehmen vornehmen zu können, bietet sich weiterhin ein Blick auf die vom Gesetzgeber geschaffenen Grenzen der Verfallsanordnung an. Insgesamt kommt jedoch nur § 73 c Abs. 1 S. 1 StGB als möglicher Ansatzpunkt in Betracht. Dabei spielt die Auslegung des Tatbestandmerkmals „unbillige Härte" eine zentrale Rolle. Das Merkmal ist dann erfüllt, wenn die Verfallsanordnung völlig außer Verhältnis zum gesetzgeberischen Zweck der Maßnahme steht.[854] Bei dieser Beurteilung soll die Gutgläubigkeit der Organe des Unternehmens von entscheidender Bedeutung sein.[855] Auch wird teilweise vertreten, dass eine Unverhältnismäßigkeit dann vorliegen soll, wenn das Unternehmen durch die Maßnahme in seiner Existenz gefährdet werden würde.[856]

---

853 Zu beachten ist hier allerdings die Ausnahme des § 82 S. 1 Nr. 1 GWB.

854 Vgl. hierzu D. I. 1.

855 BGHSt 47, 369, 376; BGH wistra 2004, 465, 466; *Nack*, GA 2003, 879, 885; *Eser*, in: Schönke/Schröder, § 73 c, Rn. 2; *Fischer*, StGB, § 73 c, Rn. 3 a.

856 *Eser*, in: Schönke/Schröder, § 73 c, Rn. 2 m.w.N.; vgl. schon *Eser*, Sanktionen, S. 364; a.A. *Schmidt*, in: LK, § 73 c, Rn. 8; *Joecks*, in: MüKo, StGB, § 73 c, Rn. 20; *Wallschläger*, Verfallsvorschriften, S. 123.

Das nun im Zusammenhang mit § 73 c Abs. 1 S. 1 StGB abermals die Gutgläubigkeit der Unternehmensführung für die Beurteilung herangezogen wird, mag nicht verwundern. Denn der Verband erscheint in einer solchen Konstellation schützenswert. Die Tat des einzelnen Täters, der ohne Wissen der Unternehmensleitung Straftaten begeht und dadurch die gesamte Organisation gefährdet, soll dann dem Unternehmen nicht angelastet werden. Argumente, warum die Gutgläubigkeit der Unternehmensleitung eine entscheidende Rolle bei der Prüfung des Merkmals der „unbilligen Härte" spielen soll, bleiben indessen aus. Wohl dürften sie den bereits beim Tatbestand des § 73 Abs. 3 StGB vorgebrachten ähneln. Allerdings werden damit die gleichen Schwächen der Argumentation offenbart. Des Weiteren bleibt auch unklar, wann die Gutgläubigkeit nun tatsächlich zu einem Ausschluss des Verfalls nach § 73 c Abs. 1 S. 1 StGB führt. In diesem Zusammenhang beachtenswert ist der zwingende Charakter des Tatbestands. Wird die unbillige Härte bejaht, muss auch die Verfallsanordnung unterbleiben. Folglich würde die reine Annahme, dass die Gutgläubigkeit der Unternehmensführung zur Bejahung der unbilligen Härte genügt, letztlich einem Ausschluss im Tatbestand des § 73 Abs. 3 StGB gleichstehen. Mithin müsste die Gutgläubigkeit mit weiteren Kriterien verknüpft werden. Letztlich vermag dies die Problematik nur in die Prüfung der Härteklausel verlagern. Zweck der Härteklausel ist es, besonders drastische Fälle einer Verfallsanordnung auszusondern. Dies sind Fälle, in denen ein unverhältnismäßiger Eingriff, hier im Speziellen gegen ein Unternehmen, vorliegen würde. Dass die Unternehmensführung im konkreten Fall gutgläubig war, ist hierbei kaum erheblich. Denn wie bereits oben aufgezeigt, kann ihre Gutgläubigkeit bereits ein Hinweis auf mangelhafte Organisationsstrukturen sein. Vielmehr soll die Norm Fälle abdecken, bei denen besonders erschwerende Gründe hinzukommen, die eine Verfallsanordnung im Vergleich mit dem zu erreichenden Zweck in ein völliges Missverhältnis stellen.

Dabei steht die Eingriffsintensität im Mittelpunkt der Betrachtung, mithin bei unternehmensbezogenen Delikten die Höhe des Abschöpfungsbetrages. Folglich kann eine Existenzgefährdung des Verbandes ein erheblicher Anhaltspunkt für das Vorliegen einer unbilligen Härte sein. Gleichwohl ist auch ein weiteres Kriterium ausschlaggebend, das Verhältnis von Bruttoabschöpfungsbetrag zum Nettoabschöpfungsbetrag. Hauptziel der Verfallsregelung ist der Entzug rechtswidrig erlangter Gewinne. Der durch den Bruttoverfall hinzukommende Strafcharakter soll hingegen die präventive Wirkung v.a. durch Abschreckungseffekte verstärken. Wie bereits oben aufgezeigt, sind gegen solche Wirkungen des Verfalls erhebliche Einwände vorgebracht. Mithin muss im Mittelpunkt der

Entzug des Nettoerlöses stehen. In Fällen, in denen beispielsweise die Existenz des Unternehmens durch eine sehr hohe Verfallssumme bedroht ist, muss nun festgestellt werden, inwiefern der Hauptzweck und die damit verbundene Abwägung zugunsten der Zweckerreichung ausfällt. Im Beispiel des „Kölner Müllskandals", in denen das Nettoerlangte im Vergleich zu einer Bruttoabschöpfung verschwindend gering scheint, kann der Zweck des Verfalls kaum erreicht werden. Gleichzeitig nimmt die Eingriffsintensität ein erhebliches Ausmaß an. Folglich ist der Eingriff unverhältnismäßig und stellt eine unbillige Härte dar. Mithin ist im Einzelfall immer auf die Härte der Abschöpfung im Verhältnis zum Unternehmenswert sowie auf die Zweckerreichung der Verfallsanordnung abzustellen. Insbesondere ist auf das Verhältnis zwischen Netto- und Bruttoabschöpfung einzugehen. Denn dieses legt fest, inwiefern dem Strafcharakter entscheidende Bedeutung zukommt oder der Abschöpfungsgedanke überwiegt. Im Übrigen trägt der Einwand, die Norm diene nicht dem Zweck, etwaige Härten des Bruttoprinzips zu mindern, nicht. Ist der Eingriff unverhältnismäßig, weil die Bruttoabschöpfung zu einer überhöhten Abschöpfung im Verhältnis zum Zweck der Verfallsanordnung führt, so muss er von der Härteklausel umfasst sein, deren Ziel gerade in diesem Bereich liegt.

8. Handeln des Tatbeteiligten im Interesse des Dritten

An dieser Stelle soll nun nochmals das viel kritisierte Gutgläubigkeitskriterium bemüht werden. Letztlich liegt der Mangel hier in einem falschen Verständnis der Gutgläubigkeit im Bereich der Unternehmensverantwortung. Diese hängt weniger vom Wissen der Organisationsführung ab, als von Maßnahmen die innerhalb der Organisationstruktur getroffen worden, um Wirtschaftsstraftaten im Unternehmen zu unterbinden. Die Gutgläubigkeit soll somit nicht nur negativ das Unwissen über die konkret begangene Tat sein, sondern gleichzeitig einen aktiven Aspekt enthalten. Dieser zeichnet sich dadurch aus, dass die Unternehmenspolitik sich deutlich von Wirtschaftsstraftaten, mithin auch von unternehmensbezogenen Taten distanziert.

Zunächst soll die rechtliche Einbindung des Kriteriums erfolgen. Das Merkmal der Gutgläubigkeit ist am Tatbestandsmerkmal „für einen anderen gehandelt" angebunden. Ähnlich dem bereits oben dargestellten Ansatz soll bei Vorliegen von Gutgläubigkeit der Führungsorgane des Unternehmens ein Handeln im Interesse des Verbandes durch den Täter ausgeschlossen sein. Der Täter handelt also dann nicht mehr im Interesse, wenn die Unternehmensleitung von der konkreten Tat keine Kenntnis hatte und gleichzeitig deutlich Maßnahmen innerhalb der Unternehmensstruktur zu finden sind, die dazu dienen, Taten dieser Art zu verhindern.

Gerade durch präventive Maßnahmen zur Unterbindung von Wirtschaftsstraftaten zeigt die Organisation, dass es dem begangenen Delikt widerspricht. In einer solchen Sachlage zu behaupten, die Tat wurde „für" das Unternehmen begangen, ist verfehlt. Es wird ja gerade aufgezeigt, dass nicht nur kein Interesse an der Begehung der konkreten Tat bestand, sondern dass solche Taten abgelehnt werden.

Gleichwohl verfängt diese Voraussetzung nur bei der Bruttoabschöpfung. Hier muss der Sinn und Zweck der Norm für die Betrachtung herangezogen werden. Die Bruttoabschöpfung soll durch den Entzug des gesamten Erlangten, ohne Rücksicht auf etwaige Aufwendungen weitere Straftaten, aufgrund der dadurch entstehenden Kosten verhindern. Diese Zielsetzung in Verbindung mit dem verursachten Vermögensentzug hat Strafcharakter. Dieser stützt sich auf den Vorwurf einer mangelhaften Unternehmensstruktur, welche Strafanreize nicht unterbindet oder sogar positiv setzt. Mithin bedarf es dieses Vorwurfes bei der Bruttoabschöpfung gegen ein Unternehmen nach § 73 Abs. 3 StGB. Kann dieser Vorwurf nicht erhoben werden, muss zumindest die Anordnung des Bruttoverfalls unterbleiben. Gleichwohl bleibt der Zweck des Nettoverfalls unberührt. Mithin wäre die rechtswidrig erlangte Bereicherung abzuschöpfen. Dies kann allerdings dann nicht mehr durch § 73 Abs. 3 StGB erfolgen. Die Voraussetzungen des Tatbestandes liegen nun gerade nicht mehr vor. Damit ist eine Abschöpfung durch den strafrechtlichen Verfall gesperrt. Das Risiko des Verbleibens des rechtswidrig erlangten Vorteils beim Unternehmen wiegt allerdings nicht derart schwer. Die Abschöpfung der rechtswidrig erlangten Vorteile kann dann zumeist über §§ 30 in Verbindung mit 17 Abs. 4 OWiG erfolgen. Durch diese Unterteilung können auch die Möglichkeiten des Instituts bei unternehmensbezogenen Straftaten berücksichtigt werden. Damit werden Anreize geschaffen, präventive Maßnahmen zur Verhinderung von Wirtschaftsstraftaten zu installieren. Denn so ist es für den Verband möglich, einem erheblichen Eingriff nach § 73 Abs. 3 StGB zu entgehen. Dies schlägt auch auf eine etwaige Kosten-Nutzen Bilanz durch.

Welche Maßnahmen konkret ergriffen werden müssen, um eines Vorwurfes bezüglich der Organisationstruktur zu entgehen, soll nicht anhand eines starren Katalogs festgelegt sein. Vielmehr muss sich aus einer Gesamtschau des präventiven Konzepts plausibel ergeben, dass die Begehung von unternehmensbezogenen Delikten völlig außerhalb des Unternehmensinteresses liegt. Besonders offensichtlich ist dies, wenn die Straftat durch die ergriffenen Maßnahmen innerhalb des Unternehmens aufgedeckt und zur Anzeige gebracht wurde. Die Begehung der Straftat allein zeigt indessen kein fehlerhaftes Konzept, sondern kann im Einzelfall Ausnahmecharakter haben. Allerdings wird die Glaubwürdigkeit eines schlüssigen Präventionsprogramms dort erschüttert, wo zahlreiche

Taten zugunsten des Unternehmens begangen worden. Dieser Anhaltspunkt für ein solches „Alibikonzept" verstärkt sich auch dort, wo v.a. Personen auf höheren Leitungsebenen involviert sind, da gerade diese ein Beispiel für das Präventionskonzept darstellen sollen. Bei der Auswahl der konkret geeigneten Maßnahmen soll dem Unternehmen ein Einschätzungsspielraum zugestanden werden. Gleichwohl genügen vereinzelte, nicht ineinander greifende Vorkehrungen nicht aus. Es bedarf eines konsistenten Gesamtkonzepts, orientiert an derzeitigen Standards. Durch ein geordnetes Programm muss die Zielsetzung verfolgt werden, von der Unternehmensleitung bis hin zur untersten Ebene der Mitarbeiter ein Bewusstsein zu schaffen, welches die Einhaltung der Gesetze als Unternehmensleitlinie vermittelt.[857]

In der Praxis soll dem Gericht keine umfassende Prüfung des gesamten Präventionssystems aufgelastet werden. Vielmehr steht zunächst die Vermutung, dass die Tat, soweit sie das Unternehmen begünstigt, im Interesse der Organisation war. Diese Vermutung kann nun vom Unternehmen durch entsprechende Verweise auf die Unternehmenspolitik und präventive Maßnahmen erschüttert werden. Dem Gericht obliegt die Prüfung, ob durch das entsprechende Konzept deutlich wird, dass Taten der konkreten Art dem Verbandsklima offensichtlich zuwider laufen. Eine positive Feststellung bedingt dann eine Anordnung des Verfalls nach dem Nettoprinzip. Liegt kein oder nur ein unschlüssiges Präventionskonzept vor, ist der Bruttoverfall anzuordnen, da dem Unternehmen somit ein Vorwurf bezüglich der Organisationsstruktur zu machen ist. Mithin ist eine Vereinbarkeit zwischen dem Strafcharakter des Verfalls und dem sodann nötigen Kriterium einer Vorwerfbarkeit gegen das Unternehmen erreicht. Gleichzeitig wird der präventive Zweck des Verfalls gefördert. Der hierdurch entstehende Mehraufwand für den Strafprozess ist mit Blick auf die Verhängung einer Strafe gegen den Verband hinzunehmen, insbesondere da die Folgen einer Bruttoverfallsanordnung erheblich für die Unternehmenssubstanz sein können.

---

857 Zu den in Betracht kommenden Maßnahmen gibt es inzwischen zahlreiche Literatur. Eine Auseinandersetzung mit den zahlreichen zur Verfügung stehenden Mitteln würde an dieser Stelle die Thematik der Arbeit verlassen. Im Übrigen ist die Auswertung der effektiven Wirkweise jeder einzelnen Maßnahme bei der Bewertung nicht erforderlich und würde vielfach zu einem erheblichen Arbeitsaufwand innerhalb der Praxis führen. Zu den einzelnen Verfahren siehe beispielsweise *Lampert*, in: Corporate Compliance, § 9, Rn. 4 ff.; *Kaptein*, in: Handbuch Compliance-Management, S. 291 ff. u.v.m.

G. Vorschlag des Europäischen Parlaments und des Rates für eine Richtlinie über die Sicherstellung und Einziehung von Erträgen aus Straftaten in der Europäischen Union

Dass die Thematik der Vermögensabschöpfung hoch aktuell ist, zeigt sich im besonderen Maße an einer Initiative des Europäischen Parlaments und des Rates zum Erlass einer Richtlinie, die sich der Einziehung von Erträgen aus Straftaten innerhalb der Europäischen Union widmet.[858] Bei dem Vorschlag handelt es sich um die Festlegung von Mindestvorschriften innerhalb der Mitgliedsstaaten zur Sicherstellung von inkriminiertem Vermögen. Umfasst sind hiervon Vorschriften über die direkte Einziehung, die Einziehung von Wertersatz, die Einziehung ohne vorherige Verurteilung sowie Vorschriften über die Dritteinziehung. Zweck der Vorschriften ist die Bekämpfung der grenzüberschreitenden, schweren und organisierten Kriminalität. Im Blick stehen dabei v.a. der Drogen-, Menschen- und Waffenhandel sowie die Korruption.

Inwiefern der Richtlinienvorschlag die aktuellen Vorschriften, insbesondere mit Blick auf die Dritteinziehung, berührt, soll an dieser Stelle im Mittelpunkt der Betrachtung stehen. Zunächst finden sich in Art. 2 der Richtlinie Begriffsbestimmungen zu den nachfolgenden Vorschriften. Art. 3 enthält die Grundvorschrift zur Einziehung inkriminierten Vermögens. Demnach sind Tatwerkzeuge und Erträge aus Straftaten nach einer rechtskräftigen Verurteilung wegen einer Straftat einzuziehen. An dieser Formulierung fällt zunächst auf, dass der Ersteller des Richtlinienvorschlags nicht zwischen der Einziehung i.e.S. und dem Verfall differenziert, sondern gleich dem historischen Gedanken innerhalb der deutschen Gesetzgebung beide Ausprägungen als ein einheitliches Institut ansieht. Folglich ist unter Einziehung auch der Verfall zu verstehen. Eingezogen werden sollen Tatwerkzeuge sowie Erträge aus Straftaten. Hierzu finden sich Definitionen im bereits genannten Art. 2 (1) und (2). Interessant ist vordergründig der Begriff „Ertrag". Dieser wird als jeder wirtschaftliche Vorteil, der durch eine Straftat erlangt wird, konkretisiert. Dabei soll eine spätere Umwandlung oder Reinvestition direkter Erträge mitumfasst sein. Insgesamt steht die Formulierung „jeder wirtschaftliche Vorteil" der Formulierung der historischen

858 Siehe unter: http://eur-lex.europa.eu/LexUriServ/LexUriServ.do?uri=COM:2012:0085:FIN:DE:PDF.

Verfallsregelung nahe. Mithin scheint hier nur eine Abschöpfung des Nettoerlangten beabsichtigt zu sein. Dennoch ist dies nicht eindeutig aus dem Wortlaut bestimmbar. Auch eine eindeutige Bestimmung des erlangten Vorteils erreicht die Definition nicht.[859] Gleichwohl dürfte sich durch diese Begriffsbestimmung als Mindestanforderung an die Abschöpfung keine wesentliche Änderung innerhalb der deutschen Verfallsvorschriften ergeben. Hinzuweisen ist noch auf die Problematik, dass es an einer Vorschrift im Sinne des § 73 Abs. 1 S. 2 StGB fehlt.[860] Damit ist ein effektiver Schutz von Verletztenrechten vor Entzug der Mittel zur Befriedigung ihrer Ansprüche nicht gewährleistet. Auch bestünde die Gefahr einer doppelten Inanspruchnahme des Verfallsbetroffenen.

In Art. 4 werden erweiterte Einziehungsmöglichkeiten normiert. Die Vorschrift ähnelt damit der Regelung des § 73 d StGB. Mithin sollen auch Gegenstände eingezogen werden, die nicht nachweisbar aus Straftaten erlangt sind. Voraussetzung hierfür ist das Vorliegen von konkreten Tatsachen, die das Gericht zu der Annahme führen, die Herkunft der Gegenstände ist mit wesentlicher Wahrscheinlichkeit auf eine kriminelle Handlung zurückzuführen. Ein Unterschied zum § 73 d StGB ist betreffs dieser Formulierung kaum ersichtlich. Gleichwohl hat der BGH die Anwendung auf eine sehr hohe Wahrscheinlichkeit begrenzt.[861] Die ohnehin problematische Vorschrift würde somit wohl grundrechtswidrig ausgedehnt.[862] Ebenso ist die Begrenzung auf einen Katalog von Straftaten durch den Verweis in § 73 d Abs. 1 S. 1 StGB nicht enthalten. Mithin müsste der Regelungsgehalt des § 73 d StGB durch die Mindestvorschriften der Richtlinie ausgedehnt werden. Dies hätte bezüglich der Verfallsanordnung gegen Verbände keine Auswirkungen.

---

859 Ebenso Stellungnahme des Deutschen Richterbundes zum Vorschlag für eine Richtlinie des Europäischen Parlaments und des Rates über die Sicherstellung und Einziehung von Erträgen aus Straftaten in der Europäischen Union COM(2012) 85 abrufbar unter: http://www.drb.de/cms/index.php?id=781&L=%2Fproc%2Fself%2Fenviron.

860 Stellungnahme des Deutschen Richterbundes zum Vorschlag für eine Richtlinie des Europäischen Parlaments und des Rates über die Sicherstellung und Einziehung von Erträgen aus Straftaten in der Europäischen Union COM(2012) 85 abrufbar unter: http://www.drb.de/cms/index.php?id=781&L=%2Fproc%2Fself%2Fenviron.

861 BGHSt 40, 371, 373.

862 Stellungnahme des Deutschen Anwaltvereins durch den Strafrechtsausschuss zum Vorschlag der Kommission für eine Richtlinie des Europäischen Parlaments und des Rates über die Sicherstellung und Einziehung von Erträgen aus Straftaten in der Europäischen Union [COM(2012) 85 final] abrufbar unter: http://anwaltverein.de/downloads/Stellungnahmen-11/SN-70-2012-zur-Einziehung-von-Ertraegen-aus-Straftaten.pdf.

Art. 5 des Richtlinienvorschlags ähnelt der selbständigen Anordnung von Verfall und Einziehung nach § 76 Abs. 1 a StGB. Demnach soll eine Einziehungsanordnung auch dann möglich sein, wenn eine strafrechtliche Verfolgung aus bestimmten tatsächlichen Gründen nicht möglich ist. Diese Ursachen werden im Gegensatz zur Vorschrift des § 76 a Abs. 1 StGB in den Buchstaben (a) und (b) konkretisiert. Demzufolge kann die Einziehung auch dann angeordnet werden, wenn die Verfolgung aufgrund von Tod oder dauerhafter Erkrankung der verdächtigen oder beschuldigten Person ausgeschlossen ist. Dies soll ebenso in Fällen möglich sein, in denen Krankheit oder Flucht die Strafverfolgung innerhalb angemessener Frist verhindert und die konkrete Gefahr des Ablaufs der Verjährungsfristen besteht. Der Vorschlag führt damit zu einer problematischen Abweichung im Hinblick auf das deutsche Recht, die Eröffnung der Möglichkeit einer Einziehung nach dem Tod des Tatverdächtigen. Zwar wird teilweise auch in einem solchen Fall zu § 76 a Abs. 1 StGB die Möglichkeit einer Einziehung angenommen.[863] Überzeugend ist diese Auffassung nicht. Zusätzlich zu den weitreichenden Bedenken bezüglich der Gesetzesauslegung mit Blick auf die Voraussetzung, dass dem Tatbeteiligten der Verfallsgegenstand, außer in den Fällen des § 73 Abs. 3 und Abs. 4 StGB zustehen muss[864], ist auch die Anordnung der Maßnahmen gegen die Erben im hohen Maße problematisch[865]. Diese Problematik verschärft sich unter der Prämisse, dass es sich beim Verfall im deutschen Recht um eine Maßnahme mit strafendem Charakter handelt. Die Erben haften auch für Verbindlichkeiten des Verstorbenen. Dies kann in Konstellationen der Bruttoverfallanordnung zu einer Vermögenseinbuße bei den Erben führen. Dies hätte eine Strafe gegen völlig unbeteiligte Dritte zur Folge. Genau hier liegt die Schwäche des Richtlinienvorschlags. Es fehlt an einer konkreten Ausformulierung, wie eine solche Abschöpfung gegen den Rechtsnachfolger ausgestaltet werden soll und aufgrund welcher Erwägungen diese zulässig ist.[866]

Durch Art. 6 des Richtlinienvorschlags sollen Regelungen zur Einziehung von Erträgen und Tatwerkzeugen bei Drittempfängern geschaffen werden. Dabei muss die Einziehung beim Tatbeteiligten ohne Aussicht auf Erfolg sein. Hinzu kommt, dass der Dritte die Vermögensgegenstände unter ihren Marktwert oder

---

863 OLG Stuttgart NJW 2000, 2598, 2598.

864 Ausführlich: OLG Frankfurt NStZ-RR 2006, 39, 40 m.w.N.

865 OLG Frankfurt NStZ-RR 2006, 39, 41.

866 Stellungnahme des Deutschen Richterbundes zum Vorschlag für eine Richtlinie des Europäischen Parlaments und des Rates über die Sicherstellung und Einziehung von Erträgen aus Straftaten in der Europäischen Union COM(2012) 85 abrufbar unter: http://www.drb.de/cms/index.php?id=781&L=%2Fproc%2Fself%2Fenviron.

unentgeltlich von dem Tatbeteiligten erlangt hat. Weiterhin bedarf es eines „Quasi-Verschuldens“ des Dritten bei der Abschöpfung von Taterträgen im Hinblick auf die illegale Herkunft, bei der Einziehung von anderen Vermögensgegenständen mit Blick auf die Absicht der Vermeidung des Entzugs durch den Staat. Dabei soll dieses quasi schuldhafte Verhalten schon in der Leichtgläubigkeit des Dritten gesehen werden. Damit sind im Wesentlichen Sachverhalte aus den Fallgruppen der Verschiebungs- und Erfüllungsfälle abgedeckt. Die Möglichkeit der Einziehung gegen Unternehmen im Rahmen eines Vertretungsverhältnisses, scheint in dem Vorschlag zur Regelung nicht enthalten zu sein.[867] Die Formulierung, dass die Gegenstände dem Dritten unentgeltlich oder unter ihrem Marktwert übertragen worden sein müssen, klammert Fälle aus, in denen durch die Tat der Vermögensvorteil beim Unternehmen unmittelbar ohne Zwischenstation beim Täter angefallen ist. Somit ist eine Vielzahl von unternehmensbezogenen Straftaten von der Vorschrift nicht umfasst, da in einem Großteil der Sachverhalte der Vorteil nicht vom Täter auf das Unternehmen durch einen Übertragungsakt übergeht. Hier geht die deutsche Fassung der Norm wesentlich weiter. Folglich sind mit Bezug auf unternehmensbezogene Straftaten keine Änderungen zu erwarten. Gleichwohl ist die Weite des quasi schuldhaften Verhaltens nicht unbedenklich. Das Kriterium der Leichtgläubigkeit als ausreichend anzusehen, ist mit Blick auf den Drittverfall als auch die Einziehung gegen Dritte nicht unbedenklich. Die Einziehung gegen den Dritten hat zumindest strafähnlichen Charakter und sorgt bereits unter der deutschen Formulierung für erhebliche Kritik.[868] Nun auch die Leichtgläubigkeit für eine Einziehung gegen den tatunbeteiligten Dritten zuzulassen, dürfte kaum mit den Grundrechten vereinbar sein.[869] Auch beim Verfall gegen den tatunbeteiligten Dritten geht die Formulierung zu weit. Hat dieser den Vorteil aus der Tat durch ein entgeltliches Geschäft erlangt, gleich ob dieser unter dem Marktwert des Gegenstandes zurückblieb, würde man ihm an seinem Vermögen schädigen, ohne einen Schuldvorwurf erheben zu können.

---

867 Stellungnahme des Deutschen Anwaltvereins durch den Strafrechtsausschuss zum Vorschlag der Kommission für eine Richtlinie des Europäischen Parlaments und des Rates über die Sicherstellung und Einziehung von Erträgen aus Straftaten in der Europäischen Union [COM(2012) 85 final] abrufbar unter: http://anwaltverein.de/downloads/Stellungnahmen-11/SN-70-2012-zur-Einziehung-von-Ertraegen-aus-Straftaten.pdf.

868 Vgl. C.II. 1.c.

869 Ebenso Stellungnahme des Deutschen Richterbundes zum Vorschlag für eine Richtlinie des Europäischen Parlaments und des Rates über die Sicherstellung und Einziehung von Erträgen aus Straftaten in der Europäischen Union COM(2012) 85 abrufbar unter: http://www.drb.de/cms/index.php?id=781&L=%2Fproc%2Fself%2Fenviron.

Denn dieser hat bereits eine Gegenleistung für den Gegenstand erbracht und hatte somit Kosten für diesen aufgewendet. Zwar wären diese niedriger als der Marktwert. Dennoch tritt beim Dritten ein Vermögensschaden in Form seiner Gegenleistung ein. Mithin würde der Richtlinienvorschlag dazu führen, dass auch Erfüllungsfälle umfasst wären.

In Art. 7 des Richtlinienvorschlags wird die Notwendigkeit von Sicherstellungsmaßnahmen festgehalten. Hierbei ist in Nr. 1 der Grundfall geregelt, welcher der richterlichen Anordnung bedarf. Weiterhin muss die Gefahr bestehen, dass die Vermögensgegenstände verloren gehen könnten oder beiseite geschafft werden. Hingegen sieht Nr. 2 eine Sonderzuständigkeit von Behörden für den Fall einer dringenden Entscheidung vor. Ähnliche Regelungen existieren im deutschen Recht bereits.[870] Insbesondere besteht auch die Möglichkeit, dass die Staatsanwaltschaft bei Gefahr im Verzug gem. § 111 e StPO die Sicherstellung anordnet. Die von dem Vorschlag geforderten Maßnahmen werden durch die Regelungen der §§ 111 b ff. bereits abgedeckt. Ein Regelungsbedarf würde mithin nicht bestehen.

Auch die in den Artikeln 8 ff. des Richtlinienvorschlags enthaltenen Ausführungen würden keinen Änderungsbedarf der deutschen Vorschriften begründen. Letztlich hat damit der Richtlinienvorschlag keine erheblichen Auswirkungen auf die Problematik der Verfallsanordnung bei unternehmensbezogenen Delikten.

---

870 Siehe hierzu C. IIII. 1.

H. Zusammenfassung

Im Ergebnis ist festzuhalten, dass der Verfall unter Anwendung des Bruttoprinzips strafenden Charakter besitzt und sich im Form des Drittverfalls ähnlich der Einziehung gem. § 75 StGB als Strafe gegen einen Verband darstellt.[871] Dabei ist er gegenüber der Abschöpfungsmöglichkeit über die Verbandsgeldbuße das vorrangige Institut.[872] Gleichwohl bringt eine solche Abschöpfung von Unternehmensvermögen über den Verfall aufgrund der unscharfen und weiten Formulierung der Norm erhebliche Konsequenzen für die betroffenen Unternehmen mit sich. Die Eingriffsintensität kann zum Teil beachtliche Ausmaße annehmen. Eine Einschränkung über den handelnden Personenkreis oder die Möglichkeit von der Sanktion abzusehen, wie bei der Einziehung, gibt es nicht. Auch die vom Gesetzgeber geschaffenen Grenzen, insbesondere die des § 73 c StGB reichen allein für eine Begrenzung der Folgen nicht aus.

Wirft man nun den Blick auf die Zielrichtung des Instituts, ist das Ergebnis ernüchternd.[873] Zwar mag dem Abschöpfungsgedanken selbst, vor allem mit Blick auf die positive Generalprävention, eine gewisse Wirkung auch bei unternehmensbezogenen Straftaten inhärent sein, allerdings sind die tatsächlichen Auswirkungen schwer nachvollziehbar und kaum nachweisbar. Gleiches gilt für die zusätzliche Wirkung der Bruttoabschöpfung. Diese bringt zwar den weiteren Aspekt einer negativ-generalpräventiven Wirkung mit sich, gleichwohl fällt eine solche wenig ins Gewicht. Dies liegt vor allem an dem geringen Entdeckungsrisiko bei Wirtschaftsstraftaten. Gleiches konnte auch für die Einziehung gegen Verbände festgestellt werden, jedoch wiegt dies aufgrund der wesentlich geringeren Eingriffsintensität im Gegensatz zum Verfall nicht derart schwer. Setzt man im nächsten Schritt die Möglichkeiten des Verfalls in Verhältnis zu den möglichen Folgen wie eine Insolvenz des Unternehmens, wird die Schieflage deutlich. Die Bruttoverfallsanordnung genügt dem Verhältnismäßigkeitsgrundsatz nicht.[874] Der nur wenig vorhandene präventive Charakter der Vorschrift kann dann nicht mehr für eine Abwägung zugunsten der Bruttoabschöpfung ausreichen,

---

871 C. II. 2. c.

872 C. I. 2.

873 Zu den Möglichkeiten beider Institute s.o. E.

874 F. III.

wenn die Wirkung derart erheblich Verbandseigentum betrifft, dass bedeutende Schäden drohen, von denen letztlich sogar Mitarbeiter und Aktionäre des Unternehmens mittelbar betroffen sein können.

Auch die hierfür in Rechtsprechung und Literatur gefundenen Lösungsvorschläge führen kaum zu befriedigenden Ergebnissen.[875] Insbesondere die Bildung von Fallgruppen durch den BGH löst die Problemstellung nicht auf. Auch die faktische Rückkehr zum Nettoprinzip ist mit dem gesetzgeberischen Willen nicht zu vereinen.

Im Ergebnis muss die Vorschrift über die vorhandene Normensystematik und einer teleologischen Auslegung des Wortlauts begrenzt werden. Hierfür sind mehrere Ansatzpunkte entscheidend. Zunächst muss der Dritte im Interesse des Unternehmens handeln. Anknüpfungspunkt dieser Voraussetzung ist der Wortlaut, der insofern von „für einen anderen gehandelt" spricht. Die Tat ist nur dann im Interesse des Unternehmens, wenn dieses keine Maßnahmen zur Bekämpfung von unternehmensbezogenen Delikten getroffen hat. Hat es genügend Vorkehrungen zur Prävention von Wirtschaftsstraftaten unternommen und ist die Unternehmensleitung hinsichtlich der begangenen Tat unwissend, kann dem Unternehmen kein Vorwurf bezüglich der Organisationsstruktur gemacht werden. In diesem Fall kann auch praktisch von einer Gutgläubigkeit der Unternehmensleitung gesprochen werden. Das gegenteilige Interesse an der Begehung von Straftaten zugunsten des Unternehmens verneint es gerade mit der Einführung von Präventionsmaßnahmen. Damit bleibt nur der Entzug des Nettoerlangten über §§ 30 in Verbindung mit 17 Abs. 4 OWiG. Dies wird dem Präventionszweck der Maßnahme gerecht, da es Vorkehrungen gegen Straftaten, innerhalb des Verbandes belohnt und damit fördert.[876]

Weiterhin ist die Grenze des § 73 c StGB auch für etwaige Härten des Bruttoprinzips heranzuziehen. Steht die Abschöpfung über das Nettoerlangte hinaus völlig außer Verhältnis zu dem mit der Maßnahme verfolgten Zweck, muss von der Verfallsanordnung abgesehen werden. Als letzter Aspekt kann sodann eine Berücksichtigung der Verfallsanordnung bei der Verhängung einer Verbandsgeldbuße nach § 30 OWiG erfolgen.

Insgesamt greifen diese drei Möglichkeiten der Eingrenzung ineinander. Zunächst bestimmt sich, inwiefern überhaupt eine Bruttoabschöpfung nach § 73 Abs. 3 StGB gegen das Unternehmen möglich ist. Dann können unverhältnismäßige Verfallsanordnungen nach § 73 c StGB verhindert werden. Im letzten

---

875 F. V., VI.

876 F. VII. 8.

Schritt kann dann durch die Berücksichtigung der Verfallsanordnung bei der Festlegung der Höhe der Verbandsgeldbuße eine spätere Unverhältnismäßigkeit vermieden werden.

Unter Verwendung dieser Begrenzungsvorschläge werden dann auch billige Ergebnisse erzielt. So hätte man im Fall des „Kölner Müllskandal" nach § 73 c StGB von der Verfallsanordnung absehen müssen, da der Bruttoabschöpfungsanteil im Ergebnis 792 Mio. DM betrug und das Unternehmen durch das Geschäft sogar Verlust machte. Denn die Abschöpfung einer solchen Summe stünde völlig außer Verhältnis zu dem mit der Bruttoabschöpfung verfolgten Zweck. Hätte das Unternehmen präventive Maßnahmen derart vorgehalten, dass die Tat nicht mehr im Interesse des Verbandes erscheint, hätte schon eine Verfallsanordnung nach § 73 Abs. 3 StGB unterbleiben müssen. Für die Abschöpfung des Nettogewinns wäre ohnehin kein Raum gewesen, da es insoweit an einer Bereicherung fehlte. Damit hätte man eine präventive Unternehmenspolitik belohnen können und somit den Präventionszweck der Verfallsanordnung betont, indem die Gefahr einer Bruttoabschöpfung für den Verband minimiert wird.

Dass mit einer solchen faktischen Belohnung der Einführung von Präventionsmaßnahmen ein erhöhter Aufwand im gerichtlichen Verfahren aufgrund der Einbeziehung von Präventionsmaßnahmen verbunden ist, ist selbsterklärend. Allerdings darf dieser Aufwand auf Kosten einer verfassungskonformen Anwendung der Norm nicht gescheut werden.

www.ingramcontent.com/pod-product-compliance
Ingram Content Group UK Ltd.
Pitfield, Milton Keynes, MK11 3LW, UK
UKHW021905290926
8980IPUK00015B/1066

9 783631 737378